2013年第四季度

Quarter Four, 2013

中国货币政策执行报告

CHINA MONETARY POLICY REPORT

中国人民银行货币政策分析小组

Monetary Policy Analysis Group of
the People's Bank of China

中国金融出版社

China Financial Publishing House

责任编辑：吕冠华
责任校对：潘　洁
责任印制：裴　刚

图书在版编目(CIP)数据

2013年第四季度中国货币政策执行报告(2013 nian Disi Jidu Zhongguo Huobi Zhengce Zhixing Baogao)/中国人民银行货币政策分析小组编.—北京：中国金融出版社，2014.4
ISBN 978-7-5049-7475-4

I.①2… II.①中… III.①货币政策－工作报告－中国－2013 IV.①F822.0

中国版本图书馆CIP数据核字(2014)第055720号

出版
发行　中国金融出版社
社址　北京市丰台区益泽路2号
市场开发部　(010)63266347，63805472，63439533 (传真)
网 上 书 店　http://www.chinafph.com
(010)63286832，63365686 (传真)
读者服务部　(010)66070833，62568380
邮编　100071
经销　新华书店
印刷　北京侨友印刷有限公司
装订　平阳装订厂
尺寸　210毫米×285毫米
印张　12.75
字数　267千
版次　2014年4月第1版
印次　2014年4月第1次印刷
定价　98.00元
ISBN 978-7-5049-7475-4/F.7035
如出现印装错误本社负责调换　联系电话 (010)63263947

本书执笔人

总　　纂：张晓慧　张翠微

审　　稿：李　波　纪志宏　宣昌能　盛松成　张正鑫　王　宇
刘　薇

统　　稿：李　斌　张　蓓　郑志丹

执　　笔：

第一部分：胡　婧　曾冬青　陈文弢

第二部分：赵　婷　王文静　穆争社　杨　璐

第三部分：胡新杰　康健卓　林　毅

第四部分：丁　康　朱微亮　马志扬　方悦平　杨　娉

第五部分：付竞卉　刘　琨

附录整理：段　炼　林振辉等

提供材料的还有：管　化　李文喆　邱潮斌　史蓉菊　罗　瑜
程艳芬　曾圆圆　曹红钢　黄明皓　伍圆恒
董　琦　车士义　侯蕴涵　于洋慧　陈建新
陈　勉　陈　敏　张文红　刘　晔　徐彩霞
徐　昕

英文总纂：宋湘燕

英文统稿：曹志鸿

英文翻译：曹志鸿　刘文中　马　辉　齐　璠

英文审校：Nancy Hearst（美国哈佛大学费正清东亚研究中心）

Contributors to This Report

CHIEF EDITORS:

ZHANG Xiaohui ZHANG Cuiwei

READERS:

LI Bo JI Zhihong XUAN Changneng SHENG Songcheng ZHANG Zhengxin WANG Yu Liu Wei

EDITORS:

LI Bin ZHANG Bei ZHENG Zhidan

AUTHORS:

PART ONE: HU Jing ZENG Dongqing CHEN Wentao

PART TWO: ZHAO Ting WANG Wenjing MU Zhengshe YANG Lu

PART THREE: HU Xinjie KANG Jianzhuo LIN Yi

PART FOUR: DING Kang ZHU Weiliang MA Zhiyang FANG Yueping YANG Ping

PART FIVE: FU Jinghui LIU Kun

APPENDIX: DUAN Lian LIN Zhenhui et al.

OTHER CONTRIBUTORS: GUAN Hua LI Wenzhe QIU Chaobin SHI Rongju LUO Yu CHENG Yanfen ZENG Yuanyuan CAO Honggang HUANG Minghao WU Yuanheng DONG Qi CHE Shiyi HOU Yunhan YU Yanghui CHEN Jianxin CHEN Mian CHEN Min ZHANG Wenhong LIU Ye XU Caixia XU Xin

ENGLISH EDITION

CHIEF EDITOR: SONG Xiangyan

EDITOR: CAO Zhihong

TRANSLATORS: CAO Zhihong LIU Wenzhong MA Hui QI Fan

PROOFREADER:

Nancy Hearst (Fairbank Center for East Asian Research, Harvard University)

内容摘要

2013年，中国经济呈现稳中有进、稳中向好的发展态势。消费平稳增长，投资增长较快，进出口结构优化；农业生产再获丰收，工业生产增速企稳回升；消费价格涨幅和就业基本稳定。全年实现国内生产总值（GDP）56.9万亿元，同比增长7.7%，居民消费价格指数（CPI）同比上涨2.6%，经常项目顺差与GDP之比为2.1%。

中国人民银行根据党中央和国务院统一部署，坚持稳中求进的工作总基调，继续实施稳健的货币政策，创新调控思路和方式，保持定力，精准发力，不放松也不收紧银根，适时适度预调微调。根据流动性形势变化，灵活调整流动性操作的方向和力度，综合运用并适时创新流动性管理工具，有效应对了多种因素引起的短期资金波动。认真落实国务院关于金融支持经济结构调整和转型升级的决策部署，适当调整差别准备金动态调整机制有关参数，加强信贷政策与产业政策协调配合，加大支农再贷款和再贴现支持，引导金融机构加大对“三农”、小微企业等重点领域和薄弱环节的金融支持。利率市场化改革迈出新步伐，金融机构贷款利率管制全面放开，金融机构市场利率定价自律机制建立健全，贷款基础利率集中报价和发布机制开始运行，同业存单发行交易稳步推进。继续按照主动性、可控性和渐进性原则，进一步完善人民币汇率形成机制。扩大人民币在跨境贸易和投资中的使用。金融市场创新和规范管理进一步加强。

总的来看，稳健货币政策取得了较好效果。2013年前几个月货币信贷和社会融资总量增长偏快的势头得到控制，全年趋近于预期目标，对经济薄弱环节的资金支持力度进一步加大。货币金融环境的基本稳定促进了经济平稳可持续发展和经济结构调整，使得下半年以后一度趋于上行的通胀形势初步稳定下来，也对抑制全社会债务和杠杆水平的过快上升发挥了积极作用。2013年年末，广义货币供应量M2同比增长13.6%。人民币贷款余额同比增长14.1%，比年初增加8.89万亿元，同比多增6 879亿元。小微企业、涉农贷款增速均高于各项贷款的平均增速，增量均高于上年。社会融资规模为17.29万亿元，比上年多1.53万亿元。金融机构存贷款利率总体平稳，12月非金融企业及其他部门贷款加权平均利率为7.20%。年末，人民币对美元汇率中间价为6.0969元，比上年年末升值3.09%。

从经济发展的潜能和动力等综合情况看，未来一段时期中国经济仍有望保持平稳向好、稳中有进的态势。特别是改革的全面推进，将有利于激发经济活力，把增长的潜力释放出来。但也要看到，当前经济运行中面临不少风险和挑战。全球经济仍有不确定因素，中国经济的内生增长动力尚待增强，对投资和债务的依赖还在上升，经济金融领域的潜在风险值得关注，结构调整和转变发展方式的任务艰巨。价格形势基本稳定，要继续引导、稳定好通胀预期。

中国人民银行将按照党中央、国务院的战略部署，贯彻落实党的十八大、十八届三中全会和中央经济工作会议精神，坚持稳中求进、改革创新，继续实施稳健的货币政策，坚持“总量稳定、结构优化”的取向，保持政策的连续性和稳定性，增强调控的前瞻性、针对性、协同性，统筹稳增长、调结构、促改革和防风险，适时适度预调微调，继续为结构调整和转型升级创造稳定适宜的货币金融环境。综合运用数量、价格等多种货币政策工具组合，健全宏观审慎政策框架，保持适度流动性，实现货币信贷及社会融资规模合理增长。同时，盘活存量、用好增量，改善和优化融资结构和信贷结构。把货币政策调控与深化改革紧密结合起来，重视从提高资源的配置效率、扩大消费者主权的角度继续深化改革，更充分地发挥市场在资源配置中的决定性作用，针对金融深化和创新发展，进一步完善调控模式，疏通传导机制，提高金融运行效率和服务实体经济的能力。有效防范系统性金融风险，促进经济持续健康发展。

Executive Summary

In 2013 the Chinese economy maintained stable growth, made progress, and took a turn for the better. The growth of consumption was stable; investment expanded rapidly; the structure of imports and exports was optimized; the agricultural sector faced another bumper-harvest year; growth of industrial output rebounded after stabilizing; and the hike in both consumer prices and employment remained fairly stable. In 2013 GDP reached RMB56.9 trillion yuan, up 7.7 percent year on year and the consumer price index was up 2.6 percent year on year. The current account surplus as a share of GDP was 2.1 percent.

In accordance with the overall arrangements of the State Council, the PBC followed the principle of making progress while maintaining stability, continued its sound monetary policy, and made innovations in the conduct of macro-economic management. The PBC remained sober-minded, maintained a focus on policy measures, neither loosening nor tightening the supply of money, and when necessary conducted fine-tunings and preemptive adjustments with appropriate strength. The direction and intensity of liquidity operations were adjusted in a flexible manner based on changes in the liquidity situation. A combination of innovations in liquidity-management tools was used when necessary and as appropriate to address fluctuations in the supply of short-term funds caused by various factors. The PBC implemented the State Council's decisions on stepping up financial-sector support to adjust and upgrade the economic structure, adjusted the parameters of the dynamic adjustment mechanism of the differentiated required reserve ratio, strengthened coordination of credit policy and industrial policy, increased central banking lending and discounts for the agricultural sector, and guided financial institutions to beef up support to key sectors and weak links in the economy, such as the agricultural sector, rural areas and farmers, small and micro enterprises, and so forth. The market-based interest-rate reform made new progress, with the lifting of controls on lending interest rates offered by financial institutions, the creation and improvement of a self-regulatory mechanism for market interest-rate pricing by financial institutions, the launch of centralized quotations and release mechanisms for loan prime rates and interbank certificates for deposit. The RMB exchange-rate regime was improved, continuing a self-initiated, controllable, and progressive approach to reform. The use of RMB was expanded in cross-border trade and investment activities, and financial-market innovations and regulations were further enhanced.

In general, the sound monetary policy produced good results. The rapid expansion of money, credit, and all-system financing aggregates, as witnessed in the first several months of the year, was controlled, and overall annual growth was close to the anticipated goals. Credit support to the weak links in the economy was enhanced. The relatively stable monetary and financial environment contributed to sustainable and steady growth in the economy and structural adjustments, to stabilization of inflation in the second half of the year after moving upward in the first half of the year, and to containment of the excessive expansion of the total debt and leverage rate. In 2013, broad money M2 was up 13.6 percent year on year. Outstanding RMB loans were up 14.1 percent year on year, an increase of RMB8.89 trillion yuan from the beginning of 2013 and RMB687.9 billion yuan more than the growth registered in 2012. The growth of loans to small and micro enterprises and agro-related loans both exceeded the average growth of total lending, and the amount of new loans to small and micro enterprises and agro-related new loans both exceeded that in 2012. All-system financing aggregates totaled RMB17.29 trillion yuan, an increase of RMB1.53 trillion yuan year on year. Lending and deposit interest rates offered by financial institutions were generally stable. In December, the weighted average lending rate offered to non-financial enterprises and other sectors was 7.20 percent. At end-2013, the central parity of the RMB against the US dollar was RMB6.0969 yuan per dollar, an appreciation of 3.09 percent from end-2012.

In terms of the potential drivers of economic growth, the Chinese economy is likely to continue the momentum of stable economic growth and make progress toward higher- quality growth. In particular, the advance of comprehensive reforms will help release the potentials for growth and will stimulate economic dynamism. But there are many risks and challenges ahead, including those due to the uncertainties in the global economy, the- yet-to-be strengthened indigenous growth drivers, the growing reliance on investment and borrowing, the potential risks in the financial sector, and the arduous task of making structural adjustments and transforming the growth pattern. As the price situation is generally stable, continued guidance is needed to manage inflation expectations.

The PBC will follow the overall arrangements of the State Council and implement the decisions adopted at the 18th CPC National Congress and the 3rd Plenary Session of the 18th CPC Central Committee, following the principle of making progress while maintaining stability and continuing reform and innovation. The PBC will continue its sound monetary policy, maintaining aggregates at stable levels, and optimize the structure, maintain the stability and continuity of policy, make macro-economic measures more forward looking, targeted, and coordinated, strike a balance among preserving stable economic growth, adjusting the economic structure, promoting reform, and preventing risks, and conduct fine-tunings and preemptive adjustments where appropriate and with a proper intensity in order to continue to provide a stable and opportune monetary and financial environment. A combination of quantitative and price instruments will be used and the macro-prudential policy framework will be improved to keep liquidity at a reasonable volume and to realize opportune growth of money, credit, and all-system financing aggregates. The stock of credit assets will be properly managed and the use of new loans will be optimized to improve the financing and credit structures. The use of monetary policy measures will be combined with deepened reforms, with a focus on higher efficiency in terms of resource allocations and increasing consumer dominance to deepen the reform, allowing the market to play a decisive role in resource allocations, further improving the approach to macro-economic management in view of the deepening of and innovations in the financial market, straightening up the transmission mechanism, and improving the efficiency of the financial sector and services to the real economy. Measures will also be taken to effectively prevent systemic financial risks and to support the sustained and sound development of the economy.

目　录

第一部分　货币信贷概况　1

一、货币供应量向预期目标逐步回归　1
二、金融机构存款增长总体平稳　1
三、金融机构贷款保持较快增长　1
四、社会融资规模有所扩大，融资结构多元发展　2
五、金融机构存贷款利率小幅波动　2
六、人民币汇率呈现升值走势　4

第二部分　货币政策操作　5

一、灵活开展公开市场操作　5
二、适时开展常备借贷便利操作　6
三、加强宏观审慎管理，继续发挥差别准备金动态调整机制的逆周期调节作用　7
四、多措并举促进信贷结构优化，提高金融服务实体经济的效率　7
五、加快推进利率市场化改革　8
六、进一步完善人民币汇率形成机制　9
七、推动跨境人民币业务平稳发展　10
八、深入推进金融机构改革　10
九、深化外汇管理体制改革　13

第三部分　金融市场分析　14

一、金融市场运行　14
二、金融市场制度性建设　20

第四部分　宏观经济分析　22

一、世界经济金融形势　22
二、中国宏观经济运行　27

第五部分　货币政策趋势　33

一、中国宏观经济展望　33
二、下一阶段主要政策思路　34

专栏

专栏1　完善再贷款体系　增强央行履职能力　6
专栏2　利率市场化改革步伐加快　8
专栏3　完善货币政策调控与推进金融体制改革　11
专栏4　观察市场利率变化的几个视角　15
专栏5　近期美国经济观察　22

表

表1　2013年分机构人民币贷款情况　2
表2　社会融资规模　3
表3　2013年1~12月金融机构人民币贷款各利率区间占比　3
表4　2013年1~12月大额美元存款与美元贷款平均利率　4
表5　2013年银行间外汇即期市场人民币对各币种交易量　10
表6　2013年金融机构回购、同业拆借资金净融出、净融入情况　14
表7　利率衍生产品交易情况　17
表8　2013年各类债券发行情况　18
表9　2013年年末主要保险资金运用余额及占比情况　19
表10　主要经济体宏观经济金融指标　25

图

图1　跨境贸易人民币结算情况　11
图2　银行间市场国债收益率曲线变化情况　17
图3　美国金融部门权益资产比率变动　23
图4　美国住户部门总债务及其构成变动　23
图5　进出口增速与贸易差额　28

附录一　2013年中国货币政策大事记　92

附录二　2013年主要经济体中央银行货币政策　105

一、美联储　105
二、欧洲中央银行　105
三、日本银行　105
四、英格兰银行　105

附录三　中国主要经济和金融指标[①]　109

一、经济增长与经济发展水平　109
二、价格走势　116
1. 各种价格指数一览　116
2. 分类指数　118
三、就业、失业与收入　119
四、国内需求　120
1. 按支出法计算的国内生产总值　120
2. 社会消费品零售额　122
3. 固定资产投资完成额　123
4. 房地产　128
五、对外部门　132
1. 外贸　132
2. 外资　139
3. 国际收支　140
4. 外汇储备　141
5. 外债　142
六、财政收支与债务　143
七、货币银行　145
1. 货币供应量　145
2. 存贷款　148
3. 基础货币　154
4. 社会融资规模　157
5. 利率　158
八、金融市场　163
1. 货币市场　163
2. 债券市场　165
3. 股票市场　168
4. 票据市场　170
5. 外汇市场　171
九、中央银行公开市场业务　176

附录四　世界主要经济体经济和金融指标[②]　181

一、经济增长率　181
二、消费价格指数　183
三、失业率　183
四、国际收支　184
五、利率　185
1. 中央银行目标利率　185
2. 短期利率　186
3. 长期利率　186
六、汇率　187
七、股票市场指数　188

①数据来源：中国人民银行、国家统计局、商务部、海关总署、国家外汇管理局、世界银行、国际货币基金组织、世界贸易组织、联合国贸易和发展会议等。

②数据来源：相关中央银行、国家统计机构、世界银行、国际货币基金组织等。

Contents

PART 1 Monetary and Credit Performance 37

I. The growth of money supply gradually declined, approaching the annual target 37
II. Deposits in financial institutions increased steadily 37
III. New loans by financial institutions maintained relatively rapid growth 38
IV. The amount of all-system financing aggregates increased somewhat and the financing structure was diversified 39
V. Deposit and lending rates of financial institutions fluctuated within small margins 40
VI. The RMB exchange rate showed an appreciating trend 42

PART 2 Monetary Policy Operations 43

I. Flexible open market operations 43
II. Standing Lending Facility (SLF) operations were conducted in an appropriate manner 44
III. Macro-prudential management was strengthened and the dynamic adjustment of the differentiated reserve requirement continued to play a role in counter-cyclical management 47
IV. A mix of measures was taken to optimize the credit structure and to strengthen the financial sector's capacity to serve the real economy 47
V. Advancing the market-based interest-rate reform 48
VI. Further improvements in the RMB exchange-rate regime 50
VII. Promoting steady development of cross-border RMB business 51
VIII. Deepening the reform of financial institutions 52
IX. Deepening the reform of foreign-exchange administration 55

PART 3 Financial Market Analysis 57

I. Financial market analysis 57
II. Institutional building in the financial market 66

PART 4 Macroeconomic Analysis 69

I. Global economic and financial developments 69
II. Analysis of China's macroeconomic performance 76

PART 5 Monetary Policy Stance to be Adopted in the Next Stage 86

I. Outlook for the Chinese economy 86
II. Monetary policy during the next stage 88

Boxes

Box 1 The Central Bank Lending System Was Improved to Enhance Its Capability to Perform Its Duties 45
Box 2 The Market-based Interest-rate Reform Made New Strides 48
Box 3 The Relationship between Improving the Monetary Policy Measures and Promoting the Financial System Reform 53
Box 4 Several Perspectives on the Changes in Market Interest Rates 58
Box 5 Observations on the Recent U.S. Economic Situation 69

Tables

Table 1 RMB Loans of Financial Institutions in 2013 38
Table 2 All-system Financing Aggregates 40
Table 3 Shares of Loans with Rates at Various Ranges of the Benchmark Rate, January through December 2013 41
Table 4 Average Interest Rates for Large-value Deposits and Loans Denominated in US Dollars, January through December 2013 41
Table 5 Trading Volume of the RMB against Other Currencies on the Interbank Foreign-Exchange Spot Market in 2013 51
Table 6 Fund Flows among Financial Institutions in 2013 58
Table 7 Transactions of Interest-rate Derivatives 61
Table 8 Issuances of Major Bonds in 2013 63
Table 9 Use of Insurance Funds, End-2013 65
Table 10 Macroeconomic and Financial Indices in the Major Economies 73

Figures

Figure 1 RMB Settlement of Cross-border Trade 51
Figure 2 Yield Curves of Government Securities on the Interbank Bond Market 62
Figure 3 Equity-to-Asset Ratio in the Financial Sector 71
Figure 4 Total Debt of the Household Sector and Changes in Its Composition 71
Figure 5 Import and Export Growth and the Trade Balance 78

Appendix 1 Highlights of China's Monetary Policy in 2013 97

Appendix 2 Monetary Policies of the Central Banks of the Major Economies in 2013 107

I. U.S. Federal Reserve 107
II. European Central Bank 107
III. Bank of Japan 107
IV. Bank of England 108

Appendix 3 China's Major Economic and Financial Indicators[1] 109

1. Economic Growth 109
2. Price Development 116
   (1) Overview of price indices 116
   (2) Breakdown of indices 118
3. Employment, Unemployment and Income 119
4. Domestic Demand 120
   (1) Expenditure-based GDP 120
   (2) Retail sales of consumer goods 122
   (3) Completed fixed-asset investment 123
   (4) Real estate development 128
5. External Sector 132
   (1) Foreign trade 132
   (2) Foreign investment 139
   (3) Balance of payments (BOP) 140
   (4) Foreign exchange reserves 141
   (5) External debt 142
6. Fiscal Revenue, Expenditure and Debt 143
7. Money and Banking 145
   (1) Money supply 145
   (2) Deposits and loans 148
   (3) Monetary base 154
   (4) All-system financing aggregate 157
   (5) Interest rates 158

1. Source: The People's Bank of China, National Bureau of Statistics, Ministry of Commerce, General Administration of Customs, State Administration of Foreign Exchange, World Bank, International Monetary Fund, World Trade Organization, and United Nations Conference on Trade and Development, etc..

8. Financial Market 163
(1) Money market 163
(2) Bond market 165
(3) Stock market 168
(4) Commercial paper market 170
(5) Foreign exchange market 171
9. Central Bank Open Market Operations 176

Appendix 4 Economic and Financial Indicators of Major Economies[1] 181

1. Economic Growth Rate 181
2. CPI 183
3. Unemployment Rate 183
4. BOP 184
5. Interest Rates 185
(1) Central bank base rates 185
(2) Short-term interest rates 186
(3) Long-term interest rates 186
6. Exchange Rates 187
7. Stock Market Indices 188

1. Source : Central banks, national statistical agencies in relevant countries, The World Bank, IMF, etc..

第一部分　货币信贷概况

2013年，银行体系流动性总量合理适度，社会融资结构多元发展，信用总量继续较快增长，货币金融环境基本稳定。

一、货币供应量向预期目标逐步回归

2013年年末，广义货币供应量M2余额为110.7万亿元，同比增长13.6%，增速比上年年末略低0.2个百分点，与年初确定的调控目标较为接近。M2同比增速1~5月较高，6月后稳步回落，年末较当年最高点回落2.5个百分点。狭义货币供应量M1余额为33.7万亿元，同比增长9.3%，增速比上年年末高2.8个百分点。流通中货币M0余额为5.9万亿元，同比增长7.1%。全年现金净投放3 899亿元，与上年基本持平。受2013年年初货币总量扩张较快的影响，2014年年初M2同比增速可能出现一定回落。

2013年年末，基础货币余额为27.1万亿元，同比增长7.4%，比年初增加1.9万亿元。货币乘数为4.08，比上年年末高0.22。金融机构超额准备金率为2.3%，其中，农村信用社为7.3%。

二、金融机构存款增长总体平稳

2013年年末，金融机构本外币各项存款余额为107.1万亿元，同比增长13.5%，增速比上年年末低0.6个百分点，比年初增加12.7万亿元，同比多增1.0万亿元。人民币各项存款余额为104.4万亿元，同比增长13.8%，增速比上年年末高0.4个百分点，比年初增加12.6万亿元，同比多增1.7万亿元。外币存款余额为4 386亿美元，同比增长7.9%，比年初增加284亿美元，同比少增1 030亿美元。

从人民币存款部门分布看，住户存款增长有所放缓，非金融企业存款增速总体回升。年末金融机构住户存款余额为46.1万亿元，同比增长13.6%，增速比上年年末低3.1个百分点，比年初增加5.5万亿元，同比少增2 160亿元。非金融企业人民币存款余额为36.2万亿元，同比增长10.4%，增速比上年年末高2.5个百分点，比年初增加3.5万亿元，同比多增7 563亿元。财政存款余额为3.0万亿元，比年初增加5 768亿元，同比多增7 550亿元。

三、金融机构贷款保持较快增长

2013年年末，金融机构本外币贷款余额为76.6万亿元，同比增长13.9%，比年初增加9.3万亿元，同比多增2 249亿元。

人民币贷款平稳较快增长。年末人民币贷款余额为71.9万亿元，同比增长14.1%，增速与6月末和9月末基本持平，比年初增加8.89万亿元，同比多增6 879亿元，信贷投放总量仍处于较高水平。

从贷款结构看，住户贷款增长较快，非金融企业及其他部门贷款相对平稳；新增中长期贷款占比上升。年末，人民币住户贷款同比增长23.1%，增速比上年年末高4.5个百分点，比年初增加3.7万亿元，同比多增1.2万亿元。其中，个人住房贷款比年初增加1.6万亿元，同比多增7 204亿元。非金融企业及其

表1　2013年分机构人民币贷款情况

单位：亿元

	2013年		2012年	
	新增额	同比多增	新增额	同比多增
中资全国性大型银行①	40 995	2 211	38 784	1 323
中资全国性中小型银行②	27 798	4 596	23 202	619
中资区域性中小型银行③	12 545	-668	13 214	5 884
小型农村金融机构④	13 324	1 780	11 544	1 532
外资金融机构	386	-391	777	-3

注：①中资全国性大型银行是指本外币资产总量大于等于2万亿元的银行（以2008年年末各金融机构本外币资产总额为参考标准）。

②中资全国性中小型银行是指本外币资产总量小于2万亿元且跨省经营的银行。

③中资区域性中小型银行是指本外币资产总量小于2万亿元且不跨省经营的银行。

④小型农村金融机构包括农村商业银行、农村合作银行、农村信用社。

数据来源：中国人民银行。

他部门贷款同比增长11.1%，增速与6月末和9月末均持平，比年初增加5.2万亿元，同比少增4 835亿元。从期限看，中长期贷款比年初增加4.6万亿元，同比多增1.7万亿元，在新增人民币贷款中占比达51.6%，比2012年高16.5个百分点。包含票据融资在内的短期贷款平稳增长，比年初增加4.1万亿元。分机构看，中资全国性大型银行、中资全国性中小型银行与小型农村金融机构贷款同比多增较多。

外币贷款增速高位逐步放缓。2013年年末，金融机构外币贷款余额为7 769亿美元，同比增长13.7%，比6月末和9月末分别回落19.5个和9.2个百分点，比年初增加935亿美元，同比少增517亿美元。从投向看，进出口贸易融资增加214亿美元，同比少增710亿美元；境外贷款与境内中长期贷款增加555亿美元，同比多增38亿美元。

四、社会融资规模有所扩大，融资结构多元发展

初步统计，2013年全年社会融资规模为17.29万亿元，比上年多1.53万亿元。其中，上半年为10.15万亿元，比上年同期多2.38万亿元；下半年为7.14万亿元，比上年同期少8 497亿元。从结构上看，主要有四个特点：一是人民币贷款占全年社会融资规模的51.4%，为历史最低水平，比上年低0.6个百分点。二是外币贷款比上年少增较多，主要是下半年同比少增6 340亿元。三是企业债券融资少于上年，股票融资继续处于较低水平。四是委托贷款和信托贷款增加较多，拉动表外融资占比大幅上升。全年实体经济以委托贷款、信托贷款和未贴现银行承兑汇票方式合计融资占全年社会融资规模的29.9%，占比较上年高7.0个百分点。

五、金融机构存贷款利率小幅波动

12月，非金融企业及其他部门贷款加权平均利率为7.20%，比年初上升0.42个百分点。其中，一般贷款加权平均利率为7.14%，比年初上升0.07个百分点；票据融资加权平均利率为7.54%，比年初上升1.90个百分点，票据利率上升主要受金融机构调整资产负债结

表2　社会融资规模

单位:亿元

时期	社会融资规模[①]	其中:人民币贷款[③]	外币贷款(折合人民币)	委托贷款	信托贷款	未贴现银行承兑汇票	企业债券	非金融企业境内股票融资
2010年	140 191	79 451	4 855	8 748	3 865	23 346	11 063	5 786
2011年	128 286	74 715	5 712	12 962	2 034	10 271	13 658	4 377
2012年	157 631	82 038	9 163	12 838	12 845	10 499	22 551	2 508
2013年[②]	172 904	88 917	5 848	25 465	18 448	7 751	18 021	2 219

注：①社会融资规模是指一定时期内实体经济从金融体系获得的资金总额，是增量概念。

②当期数据为初步统计数。

③表中的人民币贷款为历史公布数。

数据来源：中国人民银行、国家发展和改革委员会、中国证券监督管理委员会、中国保险监督管理委员会、中央国债登记结算有限责任公司和中国银行间市场交易商协会等。

构、压缩票据业务影响，也是贷款加权平均利率上行的主要因素。个人住房贷款利率小幅走高，12月加权平均利率为6.53%，比年初上升0.31个百分点。

从利率浮动情况看，执行下浮、基准利率的贷款占比有所下降，执行上浮利率的贷款占比上升。12月，一般贷款中执行下浮、基准利率的贷款占比分别为12.48%和24.12%，比年初分别下降1.68个和1.98个百分点；执行上浮利率的贷款占比为63.40%，比年初上升3.66个百分点。

外币存贷款利率在国际金融市场利率波动、境内外币资金供求变化等因素的综合作用下，总体较年初有所上升。12月，活期、

表3　2013年1～12月金融机构人民币贷款各利率区间占比

单位：%

月份	下浮	基准	上浮					
			小计	(1.0，1.1]	(1.1，1.3]	(1.3，1.5]	(1.5，2.0]	2.0以上
1月	10.62	25.08	64.30	19.84	25.23	7.87	8.28	3.07
2月	11.69	25.05	63.26	19.57	23.96	7.88	8.83	3.02
3月	11.44	23.79	64.77	19.55	24.71	8.15	9.28	3.09
4月	10.56	23.53	65.91	18.96	25.52	8.96	9.23	3.24
5月	11.89	22.45	65.66	19.65	25.92	8.84	8.46	2.79
6月	12.55	24.52	62.93	19.47	24.95	7.95	8.04	2.52
7月	10.54	23.32	66.14	19.99	27.07	8.61	7.96	2.51
8月	10.23	21.95	67.82	19.70	27.33	9.46	8.60	2.73
9月	10.70	23.31	65.99	19.59	26.58	9.33	8.03	2.46
10月	9.81	24.23	65.96	19.85	26.26	8.86	8.41	2.58
11月	10.41	24.09	65.50	19.13	26.15	8.90	8.45	2.87
12月	12.48	24.12	63.40	17.89	24.66	9.64	8.55	2.66

数据来源：中国人民银行。

表4　2013年1～12月大额美元存款与美元贷款平均利率

单位：%

月份	大额存款						贷款				
	活期	3个月以内	3(含3个月)~6个月	6(含6个月)~12个月	1年	1年以上	3个月以内	3(含3个月)~6个月	6(含6个月)~12个月	1年	1年以上
1月	0.11	0.90	1.35	1.75	1.90	2.45	1.74	2.04	1.87	2.00	3.25
2月	0.12	0.84	1.42	1.75	2.04	2.12	2.18	1.91	1.82	2.14	4.08
3月	0.11	0.92	1.57	1.91	2.44	1.54	1.97	2.16	2.07	2.35	3.03
4月	0.10	0.82	1.36	2.04	2.36	1.27	1.99	2.13	2.22	2.30	3.26
5月	0.12	0.80	1.39	1.89	2.31	1.20	2.00	2.11	2.34	2.38	3.02
6月	0.12	1.07	1.69	1.86	2.50	1.14	2.23	2.34	2.40	2.78	3.33
7月	0.13	1.14	1.97	2.15	2.57	1.79	2.25	2.58	2.69	2.77	3.13
8月	0.12	1.17	1.84	2.05	2.68	2.39	2.29	2.41	2.57	2.63	3.23
9月	0.19	1.58	2.37	2.06	3.43	2.22	2.28	2.80	2.63	2.49	3.18
10月	0.22	1.63	2.38	2.65	3.18	1.58	2.46	2.60	2.83	2.75	3.36
11月	0.17	1.81	2.69	2.91	3.36	1.87	2.52	2.64	2.88	2.91	3.29
12月	0.18	1.99	3.19	2.89	2.70	1.96	2.66	2.82	2.88	2.95	3.71

数据来源：中国人民银行。

3个月以内大额美元存款加权平均利率分别为0.18%和1.99%，比年初分别上升0.01个和1.48个百分点；3个月以内、3（含）~6个月美元贷款加权平均利率分别为2.66%和2.82%，比年初分别上升0.64个和0.86个百分点。

六、人民币汇率呈现升值走势

2013年，人民币小幅升值，双向浮动特征明显，汇率弹性明显增强，人民币汇率预期总体平稳。2013年年末，人民币对美元汇率中间价为6.0969元，比上年年末升值1 886个基点，升值幅度为3.09%。2005年人民币汇率形成机制改革以来至2013年年末，人民币对美元汇率累计升值35.75%。根据国际清算银行的计算，2013年，人民币名义有效汇率升值7.18%，实际有效汇率升值7.89%；2005年人民币汇率形成机制改革以来至2013年12月，人民币名义有效汇率升值32.05%，实际有效汇率升值42.21%。

第二部分 货币政策操作

2013年以来，面对复杂多变的国内外经济金融形势，中国人民银行根据党中央、国务院统一部署，坚持稳中求进的总基调，继续实施稳健货币政策，创新调控思路和方式，保持定力，精准发力，既不放松也不收紧银根，适时适度进行预调微调。改善和优化融资结构和信贷结构，更有力地支持经济结构调整和转型升级。金融改革取得阶段性进展，利率市场化改革迈出新步伐，人民币跨境使用进一步扩大。

一、灵活开展公开市场操作

2013年银行体系流动性管理面临的形势较为复杂。这一方面与主要经济体政策预期变化、资本流动方向多变的环境有关，另一方面则是随着金融发展和金融创新加快，银行体系流动性水平在引导货币信贷和社会融资总量合理增长方面的作用更为重要。2013年年初，受主要发达经济体加码量化宽松政策（QE）影响，外汇流入大幅增加，银行体系流动性较为宽裕，货币信贷扩张压力较大。5月、6月，市场对美联储退出QE预期有所增强，国内经济亦面临一定下行压力，外汇流入有所放缓，加之节日现金投放、税收清缴入库等短期因素叠加，流动性供应暂时有所减少。8月、9月以后，在美联储延迟退出QE以及中国推进改革释放增长潜力效果逐步显现的共同影响下，外汇流入再度显著增多。同时，财政收支变化及库款波动等也加大了流动性管理的复杂性。而另一方面，银行资产扩张及表外诸多金融产品创新又加大了对流动性的需求。金融机构在利润压力、监管套利等因素作用下，利用同业、理财等短借长贷，资产负债结构对利率风险敞口十分灵敏，对货币市场高度依赖，也是加大市场流动性波动的主要原因。

在流动性影响因素复杂、流向反复变化的环境下，中国人民银行加强对银行体系流动性的分析监测，灵活把握公开市场操作的方向、力度和节奏，合理调节流动性水平。上半年，根据银行体系流动性变化，灵活开展公开市场双向操作，保持流动性水平合理适度；下半年以来，针对流动性供求波动有所加大的新情况，综合运用公开市场逆回购操作、短期流动性调节工具（SLO）等有效熨平多种因素引起的短期流动性波动，同时对部分到期的3年期中央银行票据开展了续做操作。全年累计开展正回购操作7 650亿元，开展逆回购操作约2.2万亿元，发行央行票据5 362亿元。

结合市场环境和各阶段市场利率走势变化，中国人民银行合理把握公开市场操作利率弹性，有效引导市场预期。在外部环境复杂多变的情况下，前三个季度保持公开市场操作利率总体稳定；第四季度以来，结合物价走势和市场利率变化，公开市场逆回购操作利率略有上行，这有利于管理通胀预期，并发挥市场利率调节资金供求的作用。截至2013年年末，7天期和14天期逆回购操作利率分别为4.1%和4.3%。

适时开展中央国库现金管理操作。2013年共开展10期中央国库现金管理商业银行定期存款业务，操作规模共计4 300亿元，其中3个月期2 600亿元，6个月期1 700亿元；年末余额为1 100亿元。

二、适时开展常备借贷便利操作

2013年以来，中国人民银行创新流动性管理工具，积极发挥常备借贷便利的流动性供给功能。春节前即开始通过常备借贷便利解决部分商业银行因现金大量投放产生的资金缺口，6月在货币市场受多种因素叠加影响出现波动时，对部分金融机构开展了常备借贷便利操作，6月末常备借贷便利余额为4 160亿元。9月以来，根据外汇流入等形势变化，为保持货币市场流动性合理适度，中国人民银行在继续向符合宏观审慎要求的金融机构开展常备借贷便利的同时，根据金融机构具体情况适度有序减量操作，引导商业银行调整资产负债管理模式。随着金融机构贷款过快投放、同业业务加速扩张和期限错配等问题有所改善，6月通过常备借贷便利提供的流动性在年末前已大部分收回。2013年年末，常备借贷便利余额1 000亿元，比6月末下降3 160亿元；当年累计发放常备借贷便利23 650亿元。

为进一步加强和改善银行体系流动性管理，2014年1月，中国人民银行在北京、江苏、山东、广东、河北、山西、浙江、吉林、河南、深圳开展分支机构常备借贷便利操作试点。这是中央银行短期流动性调节方式的创新尝试，主要解决符合宏观审慎要求的地方法人金融机构流动性需求，完善中央银行对中小金融机构提供正常流动性供给的渠道。春节前，人民银行总行通过常备借贷便利向符合条件的大型商业银行提供了短期流动性支持，试点地区人民银行分支机构向符合条件的中小金融机构提供了短期流动性支持，稳定了市场预期，促进了货币市场平稳运行。

专栏1　完善再贷款体系　增强央行履职能力

为进一步改善宏观调控，规范再贷款的功能定位，充分发挥中央银行流动性管理和引导金融机构优化信贷结构的功能，更好地服务于中央银行履职，人民银行决定调整再贷款分类，由现行的三类调整为四类，即将原流动性再贷款进一步细分为流动性再贷款和信贷政策支持再贷款，金融稳定再贷款和专项政策性再贷款分类不变。

作出上述调整，主要是考虑到原来的流动性再贷款承担了双重功能。其中，人民银行总行对全国性存款类金融机构发放的流动性再贷款和分支机构对地方性存款类法人金融机构发放的短期再贷款，发挥了流动性供给功能；而支持城市商业银行扩大中小企业贷款和消费信贷的中小金融机构再贷款，以及支持农村金融机构扩大涉农信贷投放的支农再贷款，主要发挥促进信贷结构调整的作用。本次调整后，流动性再贷款和2013年创新的常备借贷便利工具一起，用于向符合宏观审慎要求的金融机构按需提供流动性支持；信贷政策支持再贷款则包括支农再贷款和支小再贷款（即原中小金融机构再贷款）。

在分类调整的基础上，进一步优化再贷款管理。为贯彻落实国务院办公厅《关于金融支持经济结构调整和转型升级的指导意见》，支持金融机构扩大小微企业贷款投放，将中小金融机构再贷款更名为“支小再贷款”。支小再贷款发放对象由现行的城市商业银行调整为小型城市商业银行（按人民银行统计标准确定）、农村商业银行、农村合作银行和村镇银行四类金融机构，用途由支持扩大中小企业贷款和消费信贷调整为支持以上金融机构发放小微企业贷款。贷款条件设定为小微企业贷款增速和增量“两个不低于”，即上季度末小微企业贷款增速不低于同期各项贷款平均增速、贷款增量不低于上年同期水平。支农再贷款管理不变。

调整优化再贷款分类体系、发放对象和用途，有利于进一步加强对金融机构的流动性管理，促进结构调整。流动性再贷款和常备借贷便利等工具将一起发挥流动性供给功能，可以丰富央行流动性管理工具箱，强化对金融机构流动性管理的激励和约束，提高货币政策传导效率，稳定市场预期。同时，单独设立信贷政策支持再贷款，可以更好地发挥央行资金引导信贷资金流向、促进信贷结构调整的功能，强化央行“支农支小”的信贷导向作用。支农再贷款和支小再贷款在对象上覆盖面较广，在用途上各有侧重，进一步增强了针对性。

三、加强宏观审慎管理，继续发挥差别准备金动态调整机制的逆周期调节作用

2013年，中国人民银行继续运用差别准备金动态调整机制加强宏观审慎管理。根据国内外经济金融形势变化、金融机构稳健性状况和信贷政策执行情况，对差别准备金动态调整机制的有关参数进行调整，引导信贷平稳适度增长，增强金融机构抗风险能力。年初时，注意引导农村金融机构充分考虑农时和农业生产经营特点，及时安排春耕备耕贷款资金，切实满足“三农”信贷需求。第三季度以来，适当加大了对有关政策参数的调整力度，以进一步鼓励和引导金融机构增加小微企业、“三农”及中西部欠发达地区的信贷投入。

四、多措并举促进信贷结构优化，提高金融服务实体经济的效率

中国人民银行认真贯彻中央经济工作会议和国务院关于金融支持实体经济发展指导意见的有关精神，继续发挥支农再贷款、再贴现、存款准备金率在引导信贷结构优化方面的作用，加强货币信贷政策与产业、区域等政策的协调配合，增强金融服务实体经济的水平。整合金融资源支持小微企业发展，继续支持商业银行发行金融债券专项用于小微企业贷款，2013年共有21家商业银行发行金融债券1 100亿元专项用于支持小微企业。大力推进农村金融产品和服务方式创新，加

大对“三农”领域的信贷投入，服务现代农业发展。引导金融机构加强对国家重点在建续建项目、现代服务业、科技创新、战略性新兴产业等经济社会发展重要领域的金融支持，加大对就业、助学等民生领域的金融支持和服务。严格实施差别化住房信贷政策。发挥人民银行连片特困地区扶贫开发金融服务联动协调机制的作用，扎实做好扶贫开发金融服务。严格控制对“两高一剩”行业的贷款，促进产能过剩矛盾化解。扎实推进扩大信贷资产证券化试点，发挥其盘活存量信贷资产的作用。积极改进完善信贷政策导向效果评估，发挥评估工作的导向力和积极作用。

从实施效果看，信贷结构变化更好地支持了经济结构调整和转型升级。一是对小微企业和“三农”的信贷支持保持了较强力度。2013年年末，金融机构小微企业人民币贷款余额同比增长14.2%，比同期各项贷款增速高0.1个百分点；全年新增小微企业贷款2万亿元，同比多增3 576亿元。2013年年末，本外币涉农贷款余额同比增长18.4%，比同期各项贷款增速高4.5个百分点；全年新增涉农贷款3.39万亿元，同比多增3 806亿元。二是服务业贷款增长明显加快。2013年年末，服务业（第三产业剔除基础设施和房地产业）中长期贷款同比增长13.7%，增速较上年年末上升11.5个百分点。三是部分“两高一剩”限制行业的贷款增速放缓。2013年年末，钢铁业中长期贷款同比下降10.7%，建材业中长期贷款同比下降3.3%。

五、加快推进利率市场化改革

按照国务院的统一部署，2013年以来，中国人民银行加快推进利率市场化改革，全面放开贷款利率管制，建立健全市场利率定价自律机制，构建贷款基础利率集中报价和发布机制，推动同业存单发行交易，利率市场化改革迈出新的步伐。

专栏2 利率市场化改革步伐加快

2013年，按照党中央、国务院的统一部署，人民银行通过放松利率管制、加强机制建设和推动产品创新等多个层面加快推进利率市场化改革，建立健全市场化利率形成机制，更好地发挥市场在资源配置中的决定性作用，利率市场化改革迈出新的步伐。

贷款利率管制全面放开。经国务院批准，人民银行自2013年7月20日起取消金融机构贷款利率0.7倍的下限，放开贴现利率管制，对农村信用社贷款利率不再设立上限。至此，贷款利率管制全面放开，人民银行仅对存款利率实行上限管理，金融机构的自主定价空间进一步扩大，市场机制在利率形成中的作用显著增强。

市场利率定价自律机制建立健全。市场利率定价自律机制（以下简称自律机制）是由金融机构组成的市场定价自律和协调机制，旨在符合国家有关利率管理规定的前提下，对金融机构自主确定的货币市场、信贷市场等金融市场利率进行自律管理，维护市场正当竞争秩序，促进市场规范健康发展。2013年9月24日，自律机制成立会议召开。首批自律机制成员包括工商银行等10家银行。自律机制下设合格审慎及综合实力评估、贷款基础利率（LPR）、同业存单、上海银行间同业拆借利率（Shibor）四个专门工作小组，已在建立贷款基础利率报价机制、发行同业存单中发挥了积极作用。

贷款基础利率集中报价和发布机制正式运行。贷款基础利率是商业银行对其最优质客户执行的贷款利率，其他贷款利率可在此基础上加减点生成。在报价行自主报出本行贷款基础利率的基础上，指定发布人对报价进行加权平均计算，形成报价行的贷款基础利率报价平均利率并对外公布。贷款基础利率机制是市场基准利率报价从货币市场向信贷市场的进一步拓展，为金融机构信贷产品定价提供重要参考。2013年10月25日，贷款基础利率集中报价和发布机制在试运行一个月后正式运行。首批报价行由9家自律机制成员组成。目前，贷款基础利率总体运行平稳，在金融机构信贷产品、衍生产品定价中的运用也在不断扩大。据统计，至2013年年末商业银行累计发放以贷款基础利率为基准定价的贷款逾300亿元，以其为基准的利率互换交易也在逐步开展。

同业存单发行交易稳步推进。同业存单是指由银行业存款类金融机构法人在全国银行间市场上发行的记账式定期存款凭证，是一种货币市场工具。2013年12月8日，人民银行发布《同业存单管理暂行办法》并于12月9日正式实施。12月12~13日，中国银行、建设银行、国家开发银行等10家金融机构分别发行了首批同业存单产品，并在此后陆续开展了二级市场交易，并初步建立同业存单双边报价做市制度。同业存单以市场化方式定价，具有电子化、标准化、流动性强、透明度高等特点，可以为中长端Shibor提供更透明、市场化的报价参考，对于提高中长端Shibor的基准性、拓宽银行业存款类金融机构融资渠道、促进规范同业业务发展具有积极意义，同时可为发行面向企业及个人的大额存单积累经验，探索稳妥有序推进存款利率市场化的有效途径。

六、进一步完善人民币汇率形成机制

继续按主动性、可控性和渐进性原则，进一步完善人民币汇率形成机制，重在坚持以市场供求为基础，参考一篮子货币进行调节，增强人民币汇率弹性，保持人民币汇率在合理均衡水平上的基本稳定。中国人民银行继续支持人民币对新兴市场货币直接交易市场的发展，2013年4月10日在银行间外汇市场推出人民币对澳大利亚元直接交易。2013年，人民币对美元汇率中间价最高为6.0969元，最低为6.2898元，238个交易日中126个交易日升值、112个交易日贬值，最大单日升值幅度为0.20%（126点），最大单日贬值幅度为0.15%（91点）。人民币对欧元、日元等其他国际主要货币汇率双向波动。2013年年末，人民币对欧元、日元汇率中间价分别为1欧元兑8.4189元人民币、100日元兑5.7771元

表5　2013年银行间外汇即期市场人民币对各币种交易量

单位：亿元人民币

币种	美元	欧元	日元	港币	英镑	澳元	加元	林吉特	卢布	泰铢
交易量	231 646.2	2 748.2	12 737.4	1 455.5	171.6	1 496.0	8.5	11.4	54.4	5.4

数据来源：中国外汇交易中心。

人民币，分别较上年年末贬值1.20%和升值26.45%。2005年人民币汇率形成机制改革以来至2013年年末，人民币对欧元汇率累计升值18.95%，对日元汇率累计升值26.46%。银行间外汇市场人民币直接交易成交活跃，流动性明显提升。

2013年，在中国人民银行与境外货币当局签署的双边本币互换协议下，境外货币当局共开展交易1.03万亿元人民币，对促进双边贸易投资发挥了积极作用。

七、推动跨境人民币业务平稳发展

2013年7月，中国人民银行发布《关于简化跨境人民币业务流程和完善有关政策的通知》（银发[2013]168号），简化了经常项下跨境人民币业务办理流程，对银行卡人民币账户跨境清算业务进行了梳理，明确了境内非金融机构可开展人民币境外放款业务、境外参加行人民币账户之间资金划转等相关内容，调整了境外参加行人民币账户融资期限和限额，切实满足了银行和企业业务办理需求，进一步促进了跨境贸易和投资便利化。

2013年，跨境贸易和投资人民币结算业务保持平稳有序增长。初步统计，全年银行累计办理跨境贸易人民币结算业务4.63万亿元，同比增长57%。其中，货物贸易结算金额3.02万亿元，服务贸易及其他经常项目结算金额1.61万亿元。2013年，跨境贸易人民币结算业务实收1.88万亿元，实付2.75万亿元，收付比为1：1.46。直接投资方面，2013年全年银行累计办理人民币跨境直接投资结算业务5 337.4亿元，其中，对外直接投资结算金额856.1亿元，同比增长1.8倍；外商直接投资结算金额4 481.3亿元，同比增长76.7%。

2013年，中国人民银行与欧洲中央银行、英格兰银行等五家境外货币当局签署了双边本币互换协议，新签署协议总规模为7 520亿元人民币；与新加坡金融管理局等三家境外货币当局续签双边本币互换协议，续签协议总规模为4 035亿元人民币。双边本币互换协议的目的一方面是维护金融稳定，另一方面是便利中国与其他国家或经济体的双边贸易和投资。

八、深入推进金融机构改革

中国农业银行“三农金融事业部”改革扎实推进。2013年10月，经国务院批准，将中国农业银行江苏、浙江、湖南、云南、江西、陕西、广东7个省538个县的县域支行纳入到深化“三农金融事业部”改革试点范围，并延续差别化存款准备金率、监管费减免和营业税减免等扶持政策。改革试点范围扩大后，试点行的业务量及利润额占农业银行整体县域支行的比例从40%提升至80%左右，对试点地区“三农”和县域经济发展起到了重要的推动作用。

资产管理公司转型改制工作稳步推进。中国信达资产管理股份有限公司于2013年12

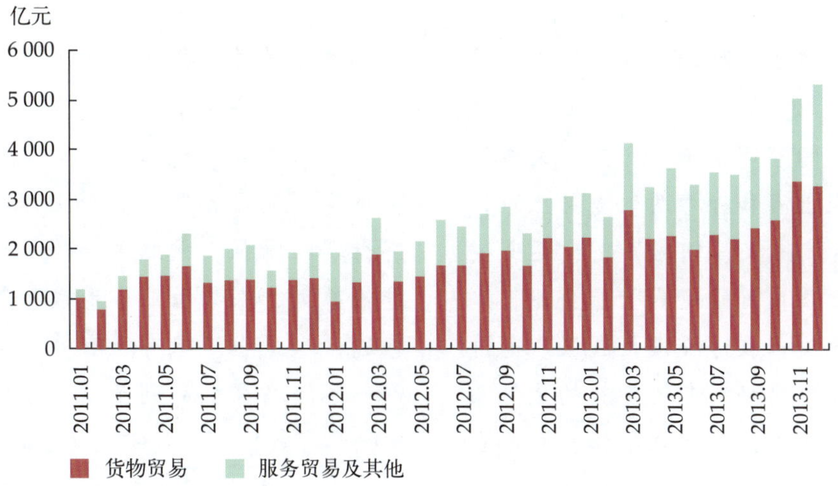

数据来源：中国人民银行。

图1　跨境贸易人民币结算情况

月在香港成功上市，是第一家实现上市的全国性金融资产管理公司，标志着金融资产管理公司股份制改革和商业化转型取得阶段性成果。

农村信用社改革成果显现。一是可持续发展能力显著增强。按贷款五级分类口径统计，2013年年末，全国农村信用社不良贷款比例为4.1%，比上年年末下降0.4个百分点；资本充足率为12.5%，比上年年末提高0.7个百分点；2013年实现利润1 962亿元。二是农村金融服务水平明显提升。2013年年末，全国农村信用社的各项存贷款余额分别为14.3万亿元和9.2万亿元，占同期全部金融机构各项存贷款余额的比例分别为13.7%和12.7%，比上年年末分别提高0.5个和0.3个百分点。全国农村信用社涉农贷款余额和农户贷款余额分别为6.2万亿元和3万亿元，比上年年末分别增长16.4%和14.5%。三是产权制度改革稳步推进。截至2013年年末，全国共组建以县（市）为单位的统一法人农村信用社1 690家，农村商业银行468家，农村合作银行122家。

专栏3　完善货币政策调控与推进金融体制改革

完善货币政策调控与推进金融改革相辅相成。2013年是大型商业银行、农村信用社改革十周年。十年来，在党中央、国务院的统一部署下，中国人民银行始终注意将短期调控与中长期金融改革结合起来，一方面通过宏观调控为金融改革创造有利环境，另一方面发挥好央行“在线修复”金融体系、维护金融稳定的功能，通过深化金融改革理顺货币政策的传导机制，提高货币政策调控的有效性，实现了两者的相互促动。

抓住有利时机，对金融机构进行重组和改造，金融机构公司治理结构不断完善、对间接调控的灵敏度提高，货币政策传导的微观基础进一步夯实。一是大型商业银行改革取得突破性进展。五家大型商业银行通过核销已实际损失掉的资本金、剥离处置不良资产、外汇储备注资、境内外发行上市的“四步曲”，先后完成股份制改革并在上海和香港两地成功上市，逐步成长为资本充足、内控严密、运营安全、服务和效益良好的现代金融企业。二是农村信用社改革取得阶段性成果。通过把中央银行专项票据和专项贷款的兑付与农村信用社实际改革成效相挂钩，引导农村信用社完善其产权制度、治理结构和内部管理，农村信用社资产质量和经营效益不断提升，服务“三农”的主力军作用显著增强。三是政策性金融和其他金融机构改革平稳推进。国家开发银行改革取得阶段性成果，中国出口信用保险公司改革方案逐步落实，进出口银行和农业发展银行改革工作也在加快推进中。同时，中信银行、北京银行等一批股份制商业银行立足自身努力和地方政府支持，逐步建立起现代金融企业制度。证券业和保险公司改革重组也取得重大进展。近年来，中国人民银行还会同相关部门积极推动建立分层次、市场化的风险处置安排，先后成立了证券投资者保护基金、期货投资者保障基金和保险保障基金，推动实行证券客户交易结算资金第三方存管制度，并对建立存款保险制度进行深入研究和反复论证，目前建立存款保险制度的各项准备工作已基本就绪。

推进利率市场化和人民币汇率形成机制改革，货币政策传导的价格基础逐步完善。利率和汇率作为要素市场的重要价格，在有效配置内外部金融资源中发挥着十分重要的作用。近年来，利率市场化改革稳步推进并取得重要进展。目前仅对人民币存款利率上限进行管理，市场利率定价自律机制逐步建立健全，金融机构自主定价空间明显拓宽，微观主体对利率的敏感性不断增强。按照主动性、可控性、渐进性原则，人民币汇率形成机制改革有序推进，人民币汇率有贬有升，双向浮动，弹性不断增强，有利于增强宏观调控的主动性和有效性，提升宏观调控的科学性。

大力发展金融市场，直接融资比重显著提高，货币政策传导的市场基础更加坚实。近年来，货币市场、资本市场、外汇市场、黄金市场、期货市场和保险市场在创新中发展壮大，多功能、全方位的金融市场体系逐步形成，市场深度与广度不断拓展。金融产品创新稳步推进，品种日益丰富，商业银行次级债券、混合资本债券、短期融资券、中期票据、信贷资产证券化、信用风险缓释工具等先后推出，债券远期交易、远期利率协议和人民币利率互换等一系列创新工具和产品被引入市场。日益发展的金融市场为宏观调控提供了更为完善的市场基础，有助于将货币政策操作意图通过参与其中的金融机构、企业和个人传导到实体经济中，各项市场指标也为宏观调控提供了有益的参考信息。

党的十八届三中全会对进一步全面深化改革作出了战略部署，提出要加快完善现代市场体系，使市场在资源配置中起决定性作用。下一阶段，要把改善货币政策调控与深化金融改革紧密结合起来，重视从提高资源配置效率、扩大消费者主权的角度深化改革。进一步发挥市场供求在利率、汇率等资金要素价格形成中的决定作用，扩大金融业对内对外开放，建设多层次资本市场体系，加快实现人民币资本项目可兑换，让微观经济主体有更多的自主选择权。随着调控所面临的环境向更加市场化和平衡增长的常态状况转变，货币政策调控也要作出相应的调整和优化，进一步完善数量、价格、宏观审慎政策相结合的调控框架，加强预期引导，促进经济平稳可持续发展，牢牢守住不发生系统性区域性金融风险的底线。

九、深化外汇管理体制改革

推进外汇管理便利化改革，支持实体经济健康发展。一是深入推进贸易领域外汇管理制度改革，提升贸易便利化程度。开展服务贸易外汇管理改革，缩短企业办理服务贸易资金收付时间。二是改进跨境担保管理，优化投融资政策环境。将中资企业“外保内贷”政策试点推广至全国，开展小额外保内贷业务试点，缓解中小企业“融资难、融资贵”问题。三是支持跨境电子商务和互联网金融发展，在5个地区开展跨境电子商务外汇支付业务试点。

稳步推进人民币资本项目可兑换，提升资金跨境配置效率。一是在前期试点基础上将跨国公司外汇资金集中使用试点范围进一步扩大到广东等7省（市）的32家国有、民营和外资企业，为资本项目可兑换改革探索外汇监管经验。二是加大外债和资本市场管理简政放权，初步建立以登记管理为核心、以统计监测为手段、以主体监管和事后核查为重点的管理框架。三是稳步实施合格境外机构投资者（QFII）、人民币合格境外机构投资者（RQFII）和合格境内机构投资者（QDII）制度。截至2013年年末，共批准QFII投资额度497亿美元、RQFII投资额度1 575亿元人民币、QDII投资额度842亿美元。积极探索资本金境外运用渠道，研究扩大境内金融机构对外投资和合格境内有限合伙人制度试点，有序引导资本流出。

不断完善跨境资金流动监管，促进国际收支趋向平衡。实施新修订的《国际收支统计申报办法》，增强全社会统计申报意识，进一步完善宏观决策支撑体系。在必要时果断启动跨境资金异常流入应对预案。进一步完善贸易融资外汇管理，防范异常外汇资金跨境流入。加强外汇管理信息综合利用，密切跟踪外汇形势变化，及时关注构造贸易套利、虚假转口贸易等新问题。

第三部分 金融市场分析

2013年，金融市场继续健康发展，各项改革和发展的政策措施稳步推进，金融市场对促进经济转型和结构调整的作用进一步发挥。货币市场交易增速放缓，市场利率总体上升；债券发行总量有所增加，银行间债券收益率曲线整体平坦化上移；股票市场成交量大幅上升。

一、金融市场运行

（一）货币市场交易增速放缓，市场利率总体上升

银行间回购交易量增速放缓，拆借交易量同比下降。2013年，银行间市场债券回购累计成交158.2万亿元，日均成交6 327亿元，同比增长11.2%，增速比上年同期下降31.9个百分点；同业拆借累计成交35.5万亿元，日均成交1 421亿元，同比下降24.3%。从期限结构看，市场交易仍主要集中于隔夜品种，2013年回购和拆借隔夜品种的成交量分别占各自总量的78.4%和81.5%，占比较上年分别下降2.3个和4.8个百分点。交易所债券回购累计成交66万亿元，同比增长68.2%。

从融资主体结构看，主要呈现以下特点：一是大型银行仍是市场资金的主要供给方，但资金融出量同比明显减少。2013年大型银行累计净融出47万亿元，同比少融出15.4万亿元，主要是第二、第三季度同比少融出较多。二是中小型银行资金融入量同比大幅减少。2013年中小型银行累计净融入12.7万亿元，同比少融入12.1万亿元，其中在同业拆借市场上，中小型银行由上年的资金净融入转为净融出，与大型银行同为拆借市场的资金提供方。三是证券及基金公司资金融入同比增加3.2万亿元，保险公司融资需求基本稳

表6　2013年金融机构回购、同业拆借资金净融出、净融入情况

单位：亿元

	回购		同业拆借	
	2013年	2012年	2013年	2012年
中资大型银行[①]	-439 669	-550 748	-30 650	-73 486
中资中小型银行[②]	152 761	242 558	-25 633	5 112
证券及基金公司	158 905	130 067	38 354	34 889
保险公司	55 543	53 270	25	0
外资金融机构	12 679	20 734	1 598	9 972
其他金融机构及产品[③]	59 780	104 120	16 307	23 513

注：①中资大型银行包括中国工商银行、中国农业银行、中国银行、中国建设银行、国家开发银行、交通银行、中国邮政储蓄银行。

②中资中小型银行包括招商银行等17家中型银行、小型城市商业银行、农村商业银行、农村合作银行、村镇银行。

③其他金融机构及产品包括城市信用社、农村信用社、财务公司、信托投资公司、金融租赁公司、资产管理公司、社保基金、投资公司、企业年金、其他投资产品等，其中部分金融机构和产品未参与同业拆借市场。

④负号表示净融出，正号表示净融入。

数据来源：中国外汇交易中心。

定，其他金融机构及产品的资金需求同比大幅减少。

2013年，货币市场利率前5个月基本平稳，6月较快上涨后迅速回落，之后平稳运行，第四季度有所上升。12月，质押式债券回购和同业拆借月加权平均利率分别为4.28%和4.16%。2013年年末，隔夜、1周Shibor分别为3.15%和5.25%，分别较年初下降72个和上升67个基点；3个月和1年期Shibor为5.56%和4.96%，分别上升166个和56个基点。

专栏4　观察市场利率变化的几个视角

2013年以来，金融市场利率整体有所上升，波动也有所增多，各方面较为关注。观察这个问题可以有不同视角。值得注意的是，上述现象发生在金融创新加快发展、债务融资较快扩张、利率市场化不断推进以及开放宏观格局下国际资本流向反复变化的大背景中，需要客观分析诸多影响因素之间的关系，剖析市场利率变化加大的内在机理。

作为资金价格的市场利率，其变化是流动性供求相互作用和平衡的结果。2013年6月货币市场出现了一次较大的波动。这与市场传闻扰动、企业税收集中清缴、端午节假期现金需求、外汇市场变化以及商业银行半年末指标考核等多种因素叠加有关。从更宏观和整体的视角看，则反映了过快增长的流动性需求与适度供给之间的“冲突”。2013年前5个月，M2月均增长15.7%，明显超出年初预期目标，社会融资总量屡创新高，1~5月同比大幅多增3.12万亿元，银行同业业务迅速膨胀，5月末同比增速超过50%，其中相当部分具有类贷款的性质，融资和债务呈现快速扩张势头，期限错配等结构性问题也进一步显现。上半年中国还曾出现经济下行压力，呈现出经济与金融不同步的复杂形势。面对复杂格局，中央冷静分析、沉着应对，没有选择放松银根进行刺激的方式，而是保持定力，精准发力，坚持了稳健的货币政策取向。正是得益于坚定实施总量稳定的政策取向，2013年前几个月货币信贷和社会融资总量增长偏快的势头得到控制，全年趋近于预期目标，下半年一度趋于上行的通胀形势初步稳定下来，对抑制全社会债务和杠杆水平的过快上升也发挥了积极作用。下半年以来，金融机构贷款过快投放、同业业务加速扩张和期限错配等问题均有所改善。

市场利率变化加大，也与流动性总闸门调节作用增强的大背景有关。货币政策对货币信贷的引导和调节是常态，之所以2013年以来会更多集中反映在市场利率的变化上，则与市场深化和金融创新加快有关。不少人困惑于为什么在广义货币M2数量庞大的同时市场上会感到所谓“钱紧”。实际上，银行的资产扩张以及表外的诸多金融产品创新，都直接或间接地需要银行体系流动性（基础货币）的支持。各类融资活动越活跃，就越是会消耗银行体系的流动性，从而导致对流动性（基础货币）的需求上升。负债结构和期限结构的复杂化，也会导致金融机构对流动性的变化更为敏感。反过来理解，随着金融创新加快、金融产品更趋复杂，要控制住全社会融资规模和货币条件，就需要更多依靠银行体系流动性这个“总闸门”来发挥作用。而当流动性这个总闸门开始对融资过快扩张起调节和制约作用时，就会以作为流动性价格的货币市场利率的变化表现出来，数量和价格的联动趋于上升。这意味着市场利率对于经济形势和供求变化的反应会较以往更加充分，需要容忍合理的利率波动，由此起到引导资源配置和调节经济主体行为的作用。

利率市场化推进、经济结构性因素和开放环境下的外溢影响也是需要关注的重要内容。利率市场化是一个从利率管制到重新找寻市场化均衡利率的过程。从国际经验看，在这一过程的初期，利率中枢往往会有所抬升，利率的波动幅度也可能会加大，这实际上是利率更充分反映市场供求变化的结果，有利于更好地发挥价格杠杆在资源配置中的决定性作用。此外，一些财务软约束部门资金需求量大，对利率敏感性相对较低，其大量融资也推高了全社会融资成本。同时还要看到，开放格局下各国经济之间联系更为紧密。美联储讨论退出QE以来，美国国债利率上升带动全球长期利率水平抬升，2013年年末美国10年期国债收益率较上年年末提高了126个基点，这对中国利率水平也有一定的影响。

总体来看，市场利率对基本面变化更趋敏感，这是各方面因素综合作用的客观结果。在此期间，各方面会有一个逐步适应和磨合的过程，当然也有一个逐步完善机制的过程。下一阶段，中央银行将进一步完善数量、价格和宏观审慎政策相结合的调控模式，更好地把握流动性管理和利率变动之间的平衡，发挥好调节和引导预期的作用。还应看到，金融问题往往是经济问题的外化和集中反映。要进一步加快结构调整和改革步伐，减少财务软约束等导致的债务过快扩张，完善金融生态环境，提高宏观调控的有效性。

人民币利率互换交易活跃度有所下降，债券远期和远期利率协议交易较少。2013年，人民币利率互换市场交易名义本金总额为2.7万亿元，同比减少6.0%。从期限结构来看，1年及1年期以下交易最为活跃，其名义本金总额为2.1万亿元，占总量的75.6%。从参考利率来看，人民币利率互换交易的浮动端参考利率主要包括7天回购定盘利率和Shibor，与之挂钩的利率互换交易名义本金占比分别为65.4%和33.2%。

（二）债券交易量同比减少，债券发行规模继续增加

银行间债券市场现券交易量同比减少。2013年累计成交41.6万亿元，日均成交1 664亿元，同比下降44.9%。从交易主体看，中资大型银行、保险机构、外资金融机构和其他金融机构及产品是银行间现券市场上的主要净买入方，全年分别净买入现券2 747亿元、1 143亿元、1 728亿元和2 903亿元；中资中小型银行、证券及基金公司是主要净卖出方，全年

表7　利率衍生产品交易情况

	利率互换		债券远期		远期利率协议	
	交易笔数(笔)	名义本金额(亿元)	交易笔数(笔)	交易量(亿元)	交易笔数(笔)	名义本金额(亿元)
2008年	4 040	4 121.5	1 327	5 005.5	137	113.6
2009年	4 044	4 616.4	1 599	6 556.4	27	60.0
2010年	11 643	15 003.4	967	3 183.4	20	33.5
2011年	20 202	26 759.6	436	1 030.1	3	3.0
2012年	20 945	29 021.4	56	166.1	3	2.0
2013年	24 409	27 277.8	1	1.0	1	0.5

数据来源：中国外汇交易中心。

分别净卖出现券6 848亿元和1 673亿元。2013年交易所国债现券成交804亿元，同比少成交83亿元。

2013年，中债综合净价指数由年初的100.69点下降至年末的96.07点，降幅为4.59%；中债综合全价指数由年初的111.63点下降至年末的107.47点，降幅为3.73%。交易所国债指数由年初的135.84点升至年末的139.52点，升幅为2.71%。

2013年，银行间市场国债收益率曲线整体平坦化上移。全年大致分为两个阶段：第一阶段为年初至5月，国债收益率曲线整体震荡下行。第二阶段为6月至12月，国债收益率持续攀升，收益率曲线平坦化特征明显。6月下旬，短期收益率迅速上升，长短期收益率一度出现倒挂。10月下旬之后，国债收益率整体水平进一步上行。12月末，国债收益率曲线1年、3年、5年、7年、10年的收益率比上年年末分别高131个、132个、124个、112个、98个基点。

债券发行规模继续增加，发行方式不断创新。2013年累计发行各类债券（含中央银行票据）8.86万亿元，比上年同期多发行8 879亿元。截至2013年年末，国内各类债券余额

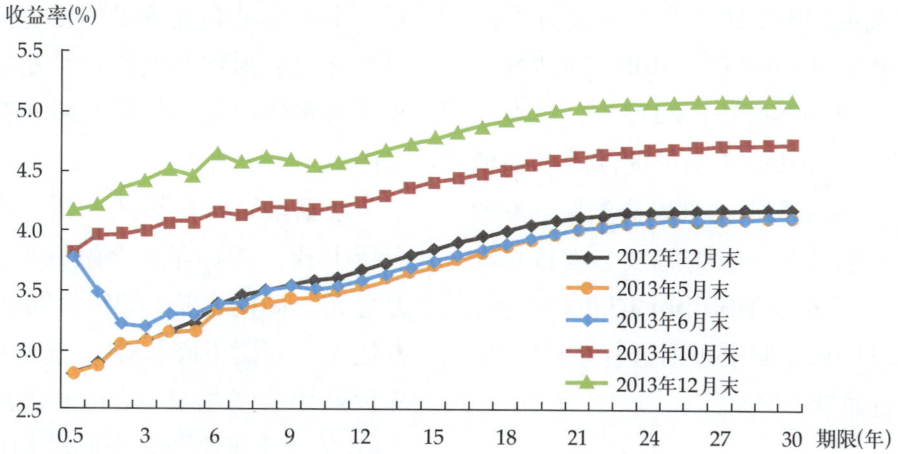

数据来源：中央国债登记结算有限责任公司。

图2　银行间市场国债收益率曲线变化情况

表8　2013年各类债券发行情况

债券品种	发行额(亿元)	比上年增减(亿元)
国债[①]	20 230	4 076
中央银行票据	5 362	5 362
金融债券[②]	26 310	108
其中：国家开发银行及政策性金融债	19 811	-1 604
公司信用类债券[③]	36 699	-667
其中：非金融企业债务融资工具	28 688	2 120
企业债券	6 252	-1 747
公司债	1 395	-1 155
合计	88 601	8 879

注：①国债含财政部代理发行的地方政府债券。

②金融债券包括国家开发银行金融债、政策性金融债、商业银行普通债、商业银行次级债、商业银行资本混合债、证券公司债券等。

③公司信用类债券包括非金融企业债务融资工具、企业债券以及公司债、可转债、可分离债、中小企业私募债等。

数据来源：中国人民银行、国家发展和改革委员会、中国证券监督管理委员会、中央国债登记结算有限责任公司。

约30万亿元，同比增长12.3%。国债预发行开始试点，提高国债发行定价效率。金融债券跨市场发行，进一步促进场内和场外市场互联互通，首批120亿元国开行金融债券已于2013年12月27日在上海证券交易所成功发行。

各期限国债发行利率上升。12月发行的30年期国债利率为5.05%，比上年8月发行的同期限国债利率高93个基点；12月发行的5年期国债利率为4.13%，比上年11月发行的同期限国债利率高118个基点。Shibor对债券产品定价基准作用不断提升。2013年，债券一级市场共发行以Shibor为基准的浮动利率债券1 793亿元，占全部浮动利率债券发行量的59%。发行固定利率企业债371支，发行总量为4 715亿元，全部参照Shibor定价；发行参照Shibor定价的固定利率短期融资券4 453亿元，占其发行总量的54%。

（三）票据融资交易活跃，利率有所上升

票据承兑业务增幅趋缓。2013年，企业累计签发商业汇票20.3万亿元，同比增长13.3%；期末商业汇票未到期金额9.0万亿元，同比增长8.3%。1~8月，票据承兑余额持续增长，8月末达到9.6万亿元，创历史新高。9月以来票据承兑增幅趋缓、余额小幅下降，年末承兑余额比年初增加0.7万亿元。从行业结构看，企业签发的银行承兑汇票余额仍集中在制造业、批发和零售业。从企业结构看，由中小型企业签发的银行承兑汇票约占三分之二。票据承兑的持续稳定增长有效加大了对实体经济，特别是对小微企业的融资支持。

票据融资交易活跃，票据市场利率总体有所上升。2013年，金融机构累计贴现45.7万亿元，同比增长44.3%；期末贴现余额2.0万亿元，同比下降4.1%。上半年票据融资余额波动中有所增长，5月末达到年度最高值2.4万亿元。下半年，金融机构加强了对信贷总量和结构的调整，盘活票据融资存量，年末票据融资余额比年初下降896亿元。受货币

市场利率和票据市场供求变化等多种因素影响，1~5月票据市场利率总体平稳，6月以后票据市场利率波动加大，利率水平总体有所上升。

（四）股票市场成交量大幅增长

2013年年末，上证综合指数和深证综合指数分别收于2 116点和1 058点，比上年年末分别下跌6.8%和上升20%；创业板指数收于1 304点，比上年年末上升82.7%。沪市A股加权平均市盈率从上年年末的12.3倍下降至11倍，深市A股加权平均市盈率从上年年末的22.2倍上升至28倍。

股票市场成交量同比大幅增长。2013年沪、深股市累计成交46.8万亿元，同比增长48.8%，日均成交1 967亿元，同比增长52.3%。其中，创业板累计成交5.1万亿元，同比增长119.6%。年末，沪、深股市流通市值20万亿元，同比增长9.9%；创业板流通市值为8 219亿元，同比增长146.4%。

股票市场筹资额同比基本持平。2013年各类企业和金融机构在境内外股票市场上通过发行、增发、配股、权证行权等方式累计筹资3 867亿元，同比多筹资5亿元。其中，A股筹资2 803亿元，同比少筹资325亿元。

（五）保险投资类资产占比提高

2013年，保险业累计实现保费收入1.7万亿元，同比增长11.2%；累计赔款、给付6 213亿元，同比增长31.7%，其中，财产险赔付同比增长22.1%，人身险赔付同比增长46%。

保险业资产增长放缓，投资类资产占比提高。2013年年末，保险业总资产8.3万亿元，同比增长12.7%，增速比上年年末下降9.6个百分点。其中，银行存款同比减少3.4%；投资类资产同比增长20.3%，占资产总额的65.4%，同比提高4.1个百分点。

（六）外汇掉期交易保持快速增长

2013年，人民币外汇即期成交4.1万亿美元，同比增长21.4%；人民币外汇掉期交易成交金额折合3.4万亿美元，同比增长35%，其中隔夜美元掉期成交1.8万亿美元，占掉期总成交额的52.2%；人民币外汇远期市场成交323.7亿美元，同比下降62.6%。“外币对”成交金额折合642.3亿美元，同比下降25.1%，其中成交最多的产品为欧元对美元，占市场份额比重为44.2%，同比上升15.1个百分点。

外汇市场交易主体进一步扩展。截至2013年年末，共有即期市场会员405家，远期、外汇掉期、货币掉期和期权市场会员分别为88家、87家、80家和33家，即期市场做市商31家，远掉期市场做市商27家。

表9　2013年年末主要保险资金运用余额及占比情况

单位：亿元、%

	余额		占资产总额比重	
	2013年年末	2012年年末	2013年年末	2012年年末
资产总额	82 887	73 546	100.0	100.0
其中：银行存款	22 641	23 446	27.3	31.9
投资	54 232	45 097	65.4	61.3

数据来源：中国保险监督管理委员会。

（七）黄金价格整体震荡下行

2013年，黄金市场价格震荡下跌。国际黄金价格最高达到1 693.75美元/盎司，最低为1 180.1美元/盎司，年末收于1 201.5美元/盎司，较上年年末下跌462.5美元/盎司，跌幅为27.8%。国内金价与国际金价走势总体保持一致，上海黄金交易所AU9999最高价为340.8元/克，最低价为236.36元/克，年末收于236.46元/克，较上年年末下跌98.04元/克，跌幅达29.3%。全年加权平均价为278.6元/克，比上年均价下降17.8%。

上海黄金交易所交易规模大幅增长，创历年最高水平。2013年，黄金累计成交11 614吨，同比增长82.9%；成交金额32 134亿元，同比增长49.4%。白银累计成交430 501吨，同比增长106.0%；成交金额19 835亿元，同比增长46.1%。铂金累计成交90吨，同比增长41.2%；成交金额274亿元，同比增长30.1%。

二、金融市场制度性建设

（一）推动债券市场规范发展和扩大开放

拓宽合格境外机构投资者（QFII）的投资渠道，规范其投资行为，允许获得证监会核发资格及外汇局核批投资额度的QFII向人民银行申请进入银行间债券市场。规范银行间债券市场交易结算行为，明确全部债券交易须通过全国银行间同业拆借中心系统达成，进一步强化银行间债券市场债券交易券款对付结算要求。12月31日批复同意上海清算所发布《人民币利率互换集中清算业务规则》，对逐步构建中国场外金融衍生品集中清算的整体框架具有积极意义。

（二）稳步推动黄金市场创新发展

根据市场需求积极推进黄金市场产品创新。在银行间黄金询价市场推出黄金远期、掉期等品种，为市场参与者提供多元化风险管理工具。加强黄金市场基础设施和制度建设。上海黄金交易所上线2.5代交易系统，进一步提升系统交易效率和安全性。推出周五夜市交易，进一步延长黄金交易时间。

（三）加强外汇市场基础设施建设

修订《银行间外汇市场做市商指引》，进一步提高外汇市场流动性，完善价格发现机制。发布《国家外汇管理局关于调整人民币外汇衍生产品业务管理的通知》，进一步完善国内人民币外汇衍生产品市场功能，方便市场主体管理汇率风险。推动银行间外汇市场交易平台建设，规范银行间外汇市场询价交易净额清算业务发展。

（四）完善证券市场基础性制度建设

正式启动新股发行体制改革。2013年11月30日，证监会发布《关于进一步推进新股发行体制改革的意见》，进一步突出了以信息披露为中心的监管理念，加大信息公开力度和审核力度，切实保护中小投资者的知情权、参与权、监督权和求偿权。进一步按照市场化原则理顺新股发行、定价、配售等环节，强化市场约束，促进市场参与各方归位尽责。2013年年底，新股恢复发行。

继续推动多层次资本市场建设。6月20日，国务院常务会议决定将全国中小企业股份转让系统（以下简称“股转系统”）试点扩大至全国。12月14日，国务院发布《关于全国中小企业股份转让系统有关问题的决定》，对股转系统的功能定位、转板制度建立、行政许可制度简化、投资者适当性管理及监管协作等方面作了规定。股转系统的推出，有利于进一步发挥资本市场支持经济转型升级的重要作用，标志着多层次资本市场建设取得新的进展。

进一步加强资本市场中小投资者合法权益保护。12月25日，国务院发布《关于进一步加强资本市场中小投资者合法权益保护工作的意见》，提出了健全投资者适当性制度、优化投资回报机制、保障中小投资者知情权等九个方面八十多项政策举措。

稳步推进资本市场改革创新。9月6日，国债期货正式上市交易。国债期货的推出，有利于完善国债发行体制，引导资源优化配置，增强金融机构服务实体经济的能力。11月30日，国务院发布《关于开展优先股试点的指导意见》，决定开展优先股试点。优先股的推出，有利于拓展企业补充资本的渠道，加快发展直接融资，推动企业兼并重组，同时为投资者提供多元化投资渠道，促进资本市场稳定发展。

（五）完善保险市场基础性制度建设

保险业市场化改革不断推进。普通型人身保险费率改革正式启动，前端的产品预定利率限制放开，定价权交给保险公司和市场，通过后端的法定责任准备金评估利率来影响和调控前端合理定价，强化准备金和偿付能力监管约束。保险资金运用体制改革进一步推进，加强保险机构投资管理能力建设，保险资产管理公司获准可开展资产管理产品业务和公募基金管理业务。市场准入退出机制改革深化，适度放开保险公司单一股东持股比例，制定保险公司并购管理办法。

加大服务社会和支持实体经济力度。2013年3月1日《农业保险条例》正式实施后，相关部门又进一步明确农业保险业务经营及条款和费率的管理，规范农业保险大灾风险准备金的计提、管理、使用和监督。明确保险公司城乡居民大病保险业务的管理、市场准入和退出等，推动大病保险业务健康发展；出台人身保险伤残评定新标准，意外险伤残理赔范围大幅扩大。开展高环境风险行业环境污染强制责任保险试点。企业年金、职业年金个人所得税递延纳税优惠政策出台，促进多层次养老保险体系建设。

强化保险业监管。第二代偿付能力监管制度体系整体框架发布，为完善符合中国国情的现代偿付能力监管体系奠定了基础；加强保险中介市场监管，提高保险中介市场准入门槛，引导保险专业中介机构规模化发展，加强对保险销售、经纪、公估从业人员的管理，规范保险专业中介机构的基本服务标准；规范保险消费投诉处理管理，更好地维护消费者合法权益。

第四部分　宏观经济分析

一、世界经济金融形势

2013年，世界经济缓慢曲折复苏。美国经济增长动能持续增强，但面临若干政策风险。欧元区经济走出衰退，但复苏态势不稳。日本经济受政策刺激强劲反弹，长期内挑战仍存。部分新兴市场经济体增长放缓，金融市场动荡，面临的风险上升。

（一）主要经济体经济形势

美国经济增长动能持续增强。2013年全年GDP增长1.9%，其中前三个季度增速逐季回升，第三季度实际GDP增长率（环比折年率）达到4.1%，创2012年第一季度以来的新高。美国房地产市场继续复苏，股指屡创历史新高，受房地产市场和股市财富效应推动，个人消费支出增长较快。除5月外，2013年美国供应管理协会（ISM）公布的制造业PMI均位于50荣枯线以上。贸易赤字大幅收窄，全年贸易赤字4 715亿美元，同比下降了11.8%。失业率从1月的7.9%降至12月的6.7%，创2008年11月以来的新低。全年通胀水平持续处于低位。12月18日，美联储将2014年经济增长预期从2.9%~3.1%调整至2.8%~3.2%。

专栏5　近期美国经济观察

近两年，美国的经济复苏势头在主要发达经济体中相对较好。2012年至2013年第三季度，美国季度GDP环比增速平均为2.2%，失业率也从2011年12月的8.5%降至2014年1月的6.6%。美联储于2013年年末宣布小规模缩减量化宽松货币政策，这和美国经济复苏也有关系。从供求角度看，如果供给和需求同时改善，则可以在物价相对稳定甚至下降的情况下实现经济增长提速。就美国而言，供给面和需求面都存在一些有利于经济复苏的因素。

危机后，在美联储连续降息并实行量化宽松货币政策的同时，美国政府也推行了有利于提振需求和改善供给的措施。从需求面来看，一是实施了5 300亿美元的减税和救济，提振消费。共面向个人减税约4 000亿美元，面向低收入、失业、退休等人员提供救济约1 000亿美元，面向企业实施税收刺激300亿美元。二是增加了约3 800亿美元的政府开支。包括医保1 500亿美元、教育1 000亿美元、基础设施投资1 000亿美元。从供给面来看，一是鼓励企业恢复投资、扩大产能，促进中小企业发展。延长折旧优惠政策，企业投资购买房地产或设备当期即可折旧一半。2009~2010年共推出面向小企业的17次减税，奖励小企业新增雇工，并推出便利中小企业通过中小企业局贷款的措施。二是把保护知识产权作为鼓励创新的重要举措来抓。美国司法部和国土安全部加强了打击网络侵权、窃取商业秘密的执法力度，并加强国际协作打击制贩非授权药品。

美国私人部门债务水平经历了明显变化。在债务下降初期，居民资产负债表收缩，会减少消费和投资支出，拖累经济增长；但下降到一定阶段后，总需求扩张将得到信贷的支撑，可以为下一阶段的经济繁荣打下基础。金融危机爆发后，一方面，美国政府通过推出7 000亿美元的“问题资产解救计划”（TARP）和大规模减税

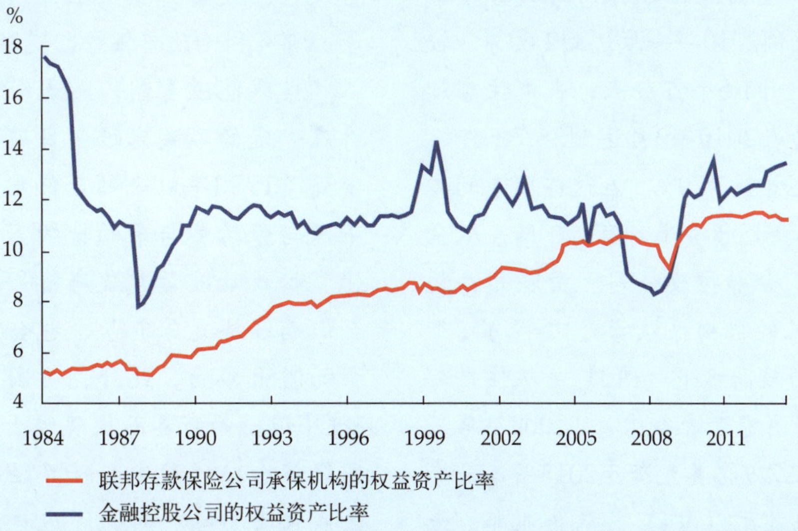

数据来源：CEIC。

图3　美国金融部门权益资产比率变动

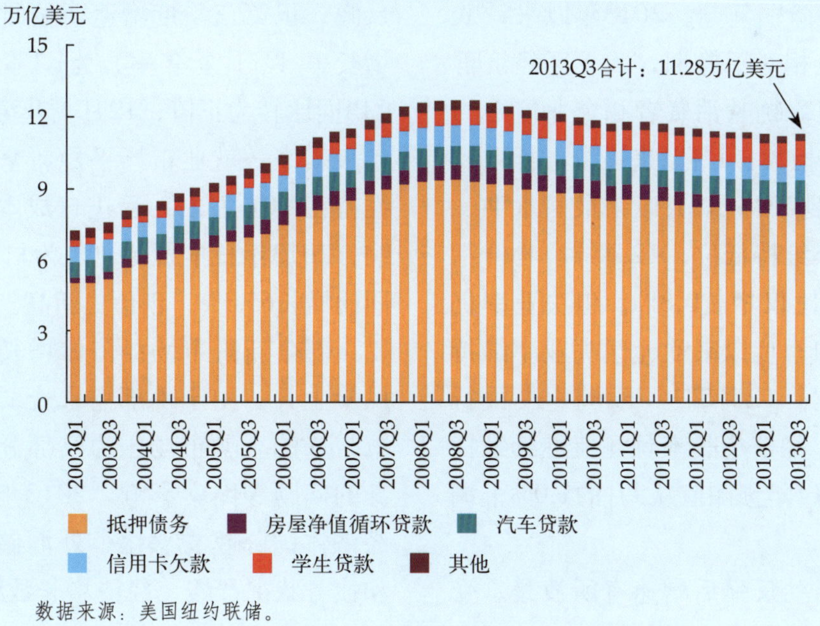

数据来源：美国纽约联储。

图4　美国住户部门总债务及其构成变动

措施来减轻私人部门债务负担。另一方面，金融机构、住户、企业部门通过违约、破产等手段也进行了自我调整。美国银行倒闭数量在2009年和2010年分别达到140家和157家；商业破产申请案件数量大幅上升，2010年第二季度一度高达42万件；居民房屋抵押贷款断供比例2010年一度达到2.63%，较2007年年底上升1.5个百分点；丧失住房赎回权案例数量在2010年3月达到36.7万件，较2007年年底增加了70%。在这些因素的共同作用下，各部门债务率都有所下降。从金融部门来看，金融控股公司和由联邦存款保险公司承保的机构权益资产比率均处于1984年以来的较高水平（图3）。从住户部门来看，美国消费者债务总额从2008年第三季度峰值的12.7万亿美元降至2013年第三季度的11.3万亿美元（图4）。从企业部门来看，据世界银行统计，美国银行部门对私人部门的信贷占GDP的比重已经从2007年的213.9%下降至2012年的192.4%。

此外，美国经济本身具有一定的自我修复能力，发达的市场经济体系促进了新经济增长点的出现，近期观察到的能源供给改善、设备投资率上升、产能恢复扩张等，都有利于改善供给，支持经济复苏。

当然也应看到，美国经济复苏前景仍存在一定的不确定性。目前美国劳动参与率处于1980年以来的最低水平，失业率的下降与劳动参与率的持续下降也有关。量化宽松政策缩量、政府债务问题等因素既会影响经济复苏前景，也会对全球产生较强的溢出影响。此外，美国金融市场可能随QE退出的节奏而出现较大的振荡，对美国经济金融的稳定和世界经济金融的稳定造成较大影响。对此还应持续观察，分析其可能的复苏路径和溢出影响。

欧元区经济微弱复苏。2013年以来，欧债危机暂时进入相对平静期，欧元区经济再次进入复苏通道。衡量消费者和企业信心的欧元区经济景气指数自4月以来逐步上行，12月升至100，达到2011年8月以来最高水平。欧元区物价全年维持低位，12月综合物价指数（HICP）同比仅增长0.8%。但失业率仍居高不下，第四季度以来欧元区失业率维持在12.0%的高位。12月5日，欧洲中央银行将欧元区2013年经济增长率预测值继续维持在-0.4%，将2014年预测值从9月的1.0%上调至1.5%。

日本经济强劲反弹后增速有所放缓。受日元汇率大幅贬值和大规模财政刺激等因素影响，2013年前两个季度日本经济增速大幅反弹，但第三季度增速明显回落，实际GDP增长率（环比折年率）为1.1%。6月以来核心CPI同比转为正值，12月上升至1.3%，触及五年来新高；就业市场平稳，全年失业率基本维持在4.0%左右。受进口成本上升等因素影响，2013年日本贸易逆差为11.47万亿日元，同比增长65.3%，创历史新高。

部分新兴市场经济体增长放缓，面临的风险上升。由于外部需求疲弱、美国货币政策带来的金融市场压力及部分新兴经济体自身的问题等因素影响，2013年部分新兴市场经济体国际收支恶化，外汇储备减少，财政和债务状况严峻，经济增长放缓。5月美联储向市场释放QE退出信号后，国际资本流动逆转，导致一些新兴经济体金融市场一度大幅

表10　主要经济体宏观经济金融指标

国别	指　标	2012年第四季度			2013年第一季度			2013年第二季度			2013年第三季度			2013年第四季度		
		10月	11月	12月	1月	2月	3月	4月	5月	6月	7月	8月	9月	10月	11月	12月
美国	实际GDP增速(环比折年率，%)	0.1			1.1			2.5			4.1			3.2（初值）		
	失业率(%)	7.8	7.8	7.9	7.9	7.7	7.5	7.5	7.5	7.5	7.3	7.2	7.2	7.2	7.0	6.7
	CPI(同比，%)	2.2	1.8	1.7	1.7	2.0	1.5	1.1	1.4	1.8	2.0	1.5	1.2	1.0	1.2	1.5
	道琼斯工业平均指数(期末)	13 096	13 025	13 104	13 861	14 054	14 579	14 840	15 116	14 910	15 500	14 810	15 192	15 237	16 086	16 577
欧元区	实际GDP增速(环比，%)	-0.5			-0.2			0.3			0.1					
	失业率(%)	11.7	11.8	11.9	12.0	12.0	12.0	12.1	12.1	12.1	12.1	12.1	12.1	12.0	12.0	12.0
	HICP综合物价指数(同比，%)	2.5	2.2	2.2	2.0	1.8	1.7	1.2	1.4	1.6	1.6	1.3	1.1	0.7	0.9	0.8
	EURO STOXX 50(期末)	2 525	2 551	2 569	2 641	2 647	2 698	2 725	2 662	2 605	2 699	2 671	2 789	2 774	2 901	2 919
日本	实际GDP增速(环比折年率，%)	0.6			4.5			3.6			1.1					
	失业率(%)	4.2	4.2	4.3	4.2	4.3	4.1	4.1	4.1	3.9	3.8	4.1	4.0	4.0	4.0	3.7
	核心CPI(同比，%)	0.0	-0.1	-0.2	-0.2	-0.3	-0.5	-0.4	0.0	0.4	0.7	0.8	0.7	0.9	1.2	1.3
	日经225指数(期末)	8 928	9 446	10 395	11 139	11 559	12 398	13 861	13 775	13 677	13 668	13 389	14 456	14 328	15 662	16 291

数据来源：各经济体相关统计部门及中央银行。

动荡。总的来看，新兴市场经济体基本面较为脆弱，考虑到美联储QE退出等不确定性因素，个别经济体短期内风险可能上升。

（二）国际金融市场概况

2013年以来，受全球经济缓慢复苏和主要经济体政策预期变动等因素影响，全球金融市场波动较大。其中，发达经济体股市大幅上涨，多次创历史新高。一些新兴市场经济体金融市场一度出现动荡，汇率大幅贬值。

欧元对美元汇率小幅升值，日元和多数新兴市场经济体货币对美元贬值。2013年年末，欧元对美元汇率收于1.3745美元/欧元，较上年年末升值4.2%；日元对美元汇率收于105.30日元/美元，较上年年末贬值17.6%。同期，新兴市场货币多数贬值，其中印尼卢比和阿根廷比索较上年年末贬值超过20%，印度卢比、巴西雷亚尔和南非兰特贬值幅度超过10%。

伦敦同业拆借市场美元Libor低位波动。截至12月31日，1年期Libor为0.5831%，比上年年末下降26个基点。欧元区同业拆借利率Euribor受欧洲中央银行降息等因素影响继续低位运行。截至12月31日，1年期Euribor为0.5560%，比上年年末上升1个基点。

美国、德国国债收益率上扬，日本国债收益率小幅下降，部分新兴市场经济体国债收益率大幅攀升。2013年年末，美国和德国10年期国债收益率分别收于3.04%和2.11%，较上年年末分别上升了126个和73个基点；日本10年期国债收益率收于0.736%，较上年年末下降了近6个基点。部分新兴市场经济体10年期国债收益率持续上升，其中巴西、土耳其、印度尼西亚、南非和俄罗斯升幅较大，2013年年末分别较上年年末上升了403个、372个、327个、153个和86个基点。

主要发达经济体股市大幅上涨，多数新

兴市场经济体股市波动性加大。2013年年末，道琼斯工业平均指数、欧元区STOXX50指数、日经225指数分别收于16 577点、2 919点和16 291点，较上年年末分别上涨26.5%、13.3%和56.7%。一些新兴市场经济体股市波动性加大。其中，印度尼西亚、土耳其和印度6~9月股指波幅较大，分别达到20.4%、23.0%和15.3%。

（三）主要经济体货币政策

主要发达经济体中央银行继续实施量化宽松货币政策。美联储在12月例会后宣布自2014年1月起，每月资产购买规模缩减至750亿美元，其中抵押贷款支持证券和长期国债各缩减50亿美元。同时，美联储也调整了前瞻性指引，称即使失业率跌破6.5%，若预期通胀率仍继续在2%以下水平运行，联邦基金利率在较长一段时间内维持在目前的超低水平可能也还是适当的。欧洲中央银行于5月下调主要再融资利率25个基点至0.5%，并将边际贷款便利利率从1.5%下调至1%。11月，欧洲中央银行再次下调了主要再融资利率25个基点至0.25%，边际贷款便利利率下调25个基点至0.75%。欧洲中央银行多次强调，宽松货币政策将可能保持更长时间，以继续推动欧元区经济复苏。日本银行于1月22日与日本政府发布联合声明，决定引入2%的通胀目标，自2014年起执行无限期的资产购买计划，每月购入13万亿日元的资产，直至通胀目标实现。4月初，日本银行决定实施“量化和质化宽松货币政策”，将货币政策操作目标从无担保隔夜拆借利率改为基础货币，并将基础货币、长期国债购买数量和平均持有期限翻倍，以期在两年内实现2%的通胀目标。英格兰银行全年继续维持0.5%的基准利率和3 750亿英镑的资产购买规模不变，并于8月7日推出“前瞻性货币政策指引”，宣布在失业率降至7%之前不会考虑加息。

2013年年初，新兴市场经济体经济普遍面临下行压力，货币政策趋于宽松。进入第二、第三季度以来，新兴市场经济体货币政策出现分化，部分国家收紧货币政策以应对通胀压力、资本流出和货币贬值的压力，也有一些国家为提振经济继续放松货币政策。其中，印度储备银行上半年连续3次下调基准利率至7.25%，此后为应对通胀压力，又于9月20日和10月28日两次上调基准利率至7.75%。印度尼西亚中央银行6月以来5次上调基准利率至7.5%。巴西中央银行全年6次上调基准利率至10.0%。泰国中央银行2次将政策利率各下调25个基点至2.25%，以进一步提振经济。匈牙利中央银行12次下调基准利率共275个基点至3.0%。智利中央银行2次降低基准利率各25个基点至4.5%，成为自2011年4月以来的最低水平。

（四）国际经济展望及面临的主要风险

IMF在2014年1月更新的《世界经济展望》中，将2013年和2014年全球经济增速预测值分别上调0.1个百分点至3%和3.7%。其中，美国经济增速分别为1.9%和2.8%，较上次预测值上调0.3个和0.2个百分点；欧元区经济增速分别为-0.4%和1.0%，与上次预测值持平；日本经济增速均为1.7%，较上次预测值分别下调0.3个和上调0.5个百分点；新兴市场和发展中经济体经济增速分别为4.7%和5.1%，较上次预测值上调0.2个百分点和持平。展望2014年，全球经济整体复苏步伐有望加快，美国两党政治经过激烈博弈后进入缓和期，财政政策前景的不确定性有所下降；WTO多哈回合取得突破性进展，降低了贸易和投资保护主义风险；中东地区紧张局势有所缓解，地缘政治风险减弱。但全球经济仍可能面临以下风险：

一是美国量化宽松货币政策退出的进度和影响仍存较大不确定性，跨境资本流动、全球汇市、资产价格、大宗商品价格走势有待进一步观察。

二是欧元区经济复苏前景不明。欧元区出口预计会成为增长的推动力。但整体仍面临诸多长期性、结构性问题，如防火墙建设、银行部门风险控制、银行业去杠杆、财政联盟建设、欧元区内部结构性失衡及高失业等。欧洲中央银行第二轮长期再融资操作（LTRO）结束后是否会采取新的措施补充市场流动性仍存在较大不确定性。

三是日本经济内在增长动力不足。日本政府拟推出的5.5万亿日元经济刺激措施短期内可能增加债务压力。短期财政政策和货币政策刺激的效果能否持续具有较大不确定性。暂时的财政刺激应该可以部分抵消2014年4月开始上调消费税的负面影响，但如果日本企业不能实质性提高工资水平，个人消费仍可能受到抑制。一旦消费税率提高对日本经济的负面影响超过预期，日本中央银行可能再次加码宽松货币政策，进而影响全球外汇市场。

四是部分新兴市场仍面临资本外流风险。一方面，新兴市场经济体的外部需求可能有所好转，但仍面临美联储QE退出带来的潜在负面冲击。另一方面，部分新兴市场经济体经济基本面短期内难以取得根本性改善，财政政策和货币政策空间在缩小，一些长期制约经济发展的结构性问题短期内也难以得到实质性解决。在内外因素作用下，个别基本面较弱、外部经常账户赤字的经济体更容易受到影响。

二、中国宏观经济运行

2013年，中国经济发展呈现稳中向好的良好态势。农业生产形势良好，工业生产增速企稳回升，投资、消费稳定增长，消费价格涨幅和就业基本平稳。全年实现国内生产总值（GDP）56.9万亿元，同比增长7.7%，增速与上年持平。居民消费价格（CPI）同比上涨2.6%，涨幅与上年持平。贸易顺差为2 597.5亿美元。

（一）消费需求平稳增长，投资增速稳中有降，进出口结构优化

城乡居民收入继续增加，消费需求平稳增长。2013年，城镇居民人均可支配收入26 955元，比上年增长9.7%，扣除价格因素实际增长7%；农村居民人均纯收入8 896元，比上年增长12.4%，扣除价格因素实际增长9.3%。第四季度城镇储户问卷调查结果显示，居民当期收入感受指数为50.3%，较上季度提高0.4个百分点。社会消费品零售总额23.4万亿元，比上年增长13.1%，扣除价格因素，实际增长11.5%。分城乡看，城镇消费品零售额20.2万亿元，比上年增长12.9%；乡村消费品零售额3.2万亿元，增长14.6%。

固定资产投资增速稳中有降，民间投资占比上升。2013年，固定资产投资（不含农户）完成43.7万亿元，比上年增长19.6%，扣除价格因素，实际增长19.2%。其中，民间投资27.5万亿元，增长23.1%，占全部投资的比重为63%，占比较上年提高1.8个百分点。分地区看，中西部投资增速继续快于东部，东、中、西部地区固定资产投资比上年分别

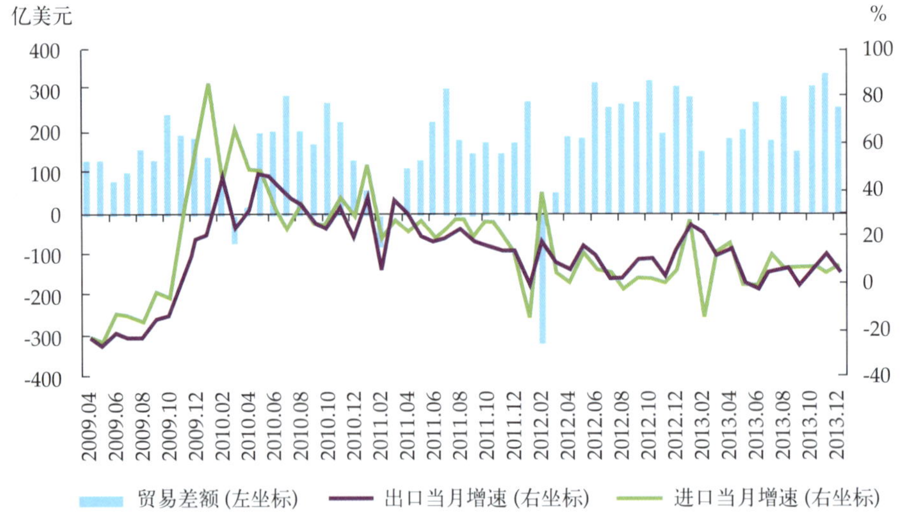

数据来源：海关总署、中国人民银行。

图5 进出口增速与贸易差额

增长17.9%、22.8%和23.0%。分产业看，三次产业投资比上年分别增长32.5%、17.4%和21.0%。

进出口增速回升，结构优化。2013年，进出口总额4.2万亿美元，比上年增长7.6%；其中，出口2.2万亿美元，增长7.9%，增速与上年持平；进口2.0万亿美元，增长7.3%，增速比上年高3个百分点；贸易顺差2 597.5亿美元。从区域结构看，欧美日传统市场份额下滑，东盟等新兴市场成为新增长点。2013年，对欧美日双边贸易额占33.5%，比上年下滑1.7个百分点。对东盟、南非和中亚五国等新兴市场国家双边贸易额分别增长10.9%、8.6%和9.4%。民营企业进出口所占比重提升，对外资企业依赖减轻。2013年，民营企业进出口额增长20.6%，占进出口总值的比重为33.3%，提升了3.6个百分点。外商投资企业进出口额增长1.3%，占46.1%，下滑2.9个百分点。从产品结构看，机电产品以及劳动密集型产品出口稳步增长，消费品、部分资源产品等进口增长较快。对外贸易自主发展能力不断增强，一般贸易比重增加，加工贸易比重减少。2013年实际使用外商直接投资1 175.9亿美元；境内投资者共对全球156个国家和地区的5 090家境外企业进行了直接投资，累计实现非金融类直接投资901.7亿美元。

（二）农业生产形势良好，工业生产增速企稳回升

第三产业比重首次超过第二产业。2013年，第一产业增加值5.7万亿元，比上年增长4.0%；第二产业增加值25.0万亿元，增长7.8%；第三产业增加值26.2万亿元，增长8.3%。三次产业占GDP比重分别为10.0%、43.9%和46.1%。

农业生产再获丰收。2013年，全国粮食产量达到60 194万吨，增长2.1%。猪牛羊禽肉产量8 373万吨，增长1.8%，其中猪肉产量5 493万吨，增长2.8%。

工业生产形势稳定。2013年，全国规模以上工业增加值按可比价格计算同比增长

9.7%。分季度看，各季度分别增长9.5%、9.1%、10.1%和10.0%。全国规模以上工业企业实现利润6.3万亿元，同比增长12.2%，增速比上年高6.9个百分点。其中，主营活动利润6.2万亿元，比上年增长4.0%。全年规模以上工业企业产销率为97.8%，比上年低0.2个百分点。第四季度中国人民银行5 000户工业企业调查显示，企业经营景气状况略有回升。企业经营景气指数为58.1%，较上季度回升1.8个百分点；企业盈利指数为57.6%，较上季度上升2.5个百分点。

（三）消费价格涨幅基本稳定

2013年以来，受国内经济增长变化影响，主要价格指标呈现前低后稳走势，价格形势总体稳定。具体看，上半年，消费价格涨幅基本稳定，工业生产价格降幅加深；下半年，随着经济景气回升，消费价格涨幅扩大，工业生产价格降幅收窄。

居民消费价格涨幅与上年持平。2013年CPI同比上涨2.6%，各季度分别上涨2.4%、2.4%、2.8%和2.9%。从食品和非食品分类看，食品价格涨幅略有回落，非食品价格涨幅基本稳定。食品价格上涨4.7%，涨幅比上年回落0.1个百分点；非食品价格上涨1.6%，涨幅与上年持平。从消费品和服务分类看，消费价格涨幅回落，服务价格涨幅扩大。消费品价格上涨2.5%，涨幅比上年回落0.4个百分点；服务价格上涨2.9%，涨幅比上年扩大0.9个百分点。

工业生产价格降幅略有扩大。2013年，工业生产者出厂价格同比下降1.9%，降幅比上年扩大0.2个百分点，其中各季度分别下降1.7%、2.7%、1.7%和1.4%。工业生产者购进价格同比下降2.0%，降幅比上年扩大0.2个百分点，其中各季度分别下降1.9%、2.8%、1.8%和1.5%。企业商品价格（CGPI）同比下降1.2%，各季度同比降幅分别为1.3%、2.1%、0.7%和0.5%。农产品生产价格涨幅高于农业生产资料价格涨幅。2013年，农产品生产价格上涨3.2%，农业生产资料价格上涨1.4%。

受国际大宗商品价格总体下降等因素影响，进口价格继续下降。2013年各季度，洲际交易所布伦特原油期货当季平均价格分别环比上涨2.3%、-8.2%、6.1%和-0.3%，累计下降0.7%；伦敦金属交易所铜当季平均价格分别环比上涨0.3%、-9.9%、-1.0%和1.1%，累计下降9.5%；伦敦金属交易所铝当季平均价格分别环比上涨0.3%、-8.4%、-2.9%和-0.7%，累计下降11.5%。2013年，进口价格同比下降1.8%，其中各季度分别下降1.8%、2.9%、1.1%和1.5%。出口价格同比下降0.6%，其中各季度分别下降0.1%、0.6%、1.2%和0.7%。

GDP缩减指数有所回落。2013年GDP缩减指数（按当年价格计算的GDP与按固定价格计算的GDP的比率）变动率为1.7%，比上年低0.3个百分点。

资源性产品价格改革继续推进。一是进一步完善成品油价格形成机制，并对油品质量升级实行优质优价政策。二是在总结广东、广西天然气价格形成机制试点改革经验基础上，出台了天然气价格调整方案。三是进一步完善居民阶梯电价制度，对相关制度规定进行了补充和完善。四是发布加快建立完善城镇居民阶梯水价制度的指导意见，要求2015年年底前，设市城市原则上要全面实行居民阶梯水价制度，具备实施条件的建制镇也要积极推进居民阶梯水价制度。

（四）财政收入增长放缓，财政支出结构改善

2013年，全国公共财政收入12.9万亿元，增长10.1%，增速比上年低2.8个百分点；全国公共财政支出14.0万亿元，增长10.9%，增速比上年低4.4个百分点。收支相抵，财政支大于收10 601亿元。

从财政收入结构看，2013年，税收收入11.0万亿元，增长9.8%，增速比上年低2.3个百分点。收入增幅明显回落，主要是受经济增长趋缓、实施结构性减税、一般贸易进口增长放缓等因素影响。分税种看，国内增值税增长9.0%，国内消费税增长4.5%，营业税增长9.3%，企业所得税增长14.0%，进口货物增值税和消费税下降5.4%，个人所得税增长12.2%。

从支出结构看，全国财政支出较多的有教育、社会保障和就业、农林水事务，分别占财政支出的15.7%、10.3%和9.5%。民生等重点支出得到保障，增速较快的项目有城乡社区事务、社会保障和就业、节能环保支出，分别比上年增长21.9%、14.6%和14.2%。

（五）就业形势基本稳定

2013年年末，全国就业人员为76 977万人，比上年年末增加273万人，其中城镇就业人员38 240万人，比上年年末增加1 138万人。

第四季度，中国人力资源市场信息监测中心对全国104个城市的公共就业服务机构市场供求信息进行的统计分析显示，劳动力市场供求总体平衡，需求略大于供给，求人倍率为1.10，较上季度和上年同期均上升0.02。分行业看，教育、采矿业、金融业、房地产业等行业的用人需求有较大幅度增长，而制造业、住宿和餐饮业、居民服务和其他服务业等的用人需求有所减少。与上年同期相比，新成长失业青年的求职比重有所上升，就业转失业人员、本市农村人员和外埠人员的求职比重下降。57.6%的用人需求对技术等级或职称有明确要求，中、高级技能人员及高级专业人员需求缺口依然较大。

（六）国际收支双顺差

国际收支保持经常项目与资本和金融项目双顺差。据国家外汇管理局初步统计，2013年经常项目顺差1 886亿美元，与同期GDP之比为2.1%，较上年下降0.2个百分点，继续处于国际公认的可持续区间。资本和金融项目顺差2 427亿美元，上年为逆差168亿美元。国际储备资产增加4 314亿美元。

外债总规模继续上升。截至2013年9月末，外债余额为8 229亿美元，较上年年末增长11.7%。其中，登记外债余额为4 961亿美元，较上年年末增长11.4%，占外债余额的60.3%；短期外债余额为6 329亿美元，较上年年末增长17%，占外债余额的76.9%。

（七）行业分析

工业企业利润较快增长。2013年，在41个工业大类行业中，31个行业主营活动利润比上年增长，9个行业主营活动利润比上年减少，1个行业主营活动亏损比上年减少。35个行业利润总额比上年增加，电力热力生产和供应业、汽车制造业、非金属矿物制品业、计算机通信和其他电子设备制造业利润增加较多，5个行业新增利润占全部规模以上工业企业新增利润的55.3%。但也有部分行业因需求不振、产品价格下降等原因利润比上年减少。

1. 房地产行业

2013年，全国商品房成交量增速逐月回落，但仍高于2012年全年水平，房价同比上涨的城市个数较年初明显增加，不同城市间房价变动差异较大，房地产开发投资稳定增长，房地产贷款增速回升。

商品房销售增速逐月回落。2013年，全国商品房销售面积为13.1亿平方米，同比增长17.3%，增幅逐月收窄，但仍比上年高15.5个百分点。商品房销售额为8.1万亿元，同比增长26.3%，增速比上年高16.3个百分点。其中，商品住宅的销售面积和销售额分别占商品房销售面积和销售额的88.6%和83.1%，自6月开始办公楼销售增幅超过商品住宅销售增幅。

房价同比上涨的城市个数较年初明显增加。2013年12月，全国70个大中城市中，新建商品住宅价格同比上涨的城市有69个，比1月增加16个，同比价格变动中，最高涨幅为21.9%，最低为下降2.8%；二手住宅价格同比上涨的城市有69个，比1月增加33个，同比价格变动中，最高涨幅为19.7%，最低为下降7.2%。

房地产开发投资稳定增长。2013年，全国完成房地产开发投资86 013亿元，同比增长19.8%，增速比上年高3.6个百分点。其中，住宅投资58 951亿元，同比增长19.4%，增速比上年高8个百分点，住宅投资占房地产开发投资的68.5%。全国房屋新开工面积为20.1亿平方米，同比增长13.5%，而2012年为同比下降7.3%。全国房屋施工面积为66.6亿平方米，同比增长16.1%，增速比上年高2.9个百分点。全国房屋竣工面积为10.1亿平方米，同比增长2.0%，增速比上年回落5.3个百分点。

房地产贷款增速回升。2013年年末，全国主要金融机构（含外资）房地产贷款余额14.6万亿元，同比增长19.1%，增速比上年年末高6.3个百分点。房地产贷款余额占各项贷款余额的21%，比上年年末高1.2个百分点。其中，个人住房贷款余额为9万亿元，同比增长21%，比上年年末高8.1个百分点；房产开发贷款余额为3.5万亿元，同比增长16.3%，比上年年末高6.1个百分点；地产开发贷款余额为1.1万亿元，同比增长9.8%，比上年年末低3.8个百分点。2013年，新增房地产贷款2.3万亿元，同比多增9 987亿元。房地产贷款新增额占各项贷款新增额的28.1%，比上年年末高10.7个百分点。

保障房信贷支持力度继续加大。截至2013年年末，全国保障性住房开发贷款余额为7 260亿元，同比增长26.7%，增速比住房开发贷款高10.9个百分点，占全部住房开发贷款余额的27.7%。此外，利用住房公积金贷款支持保障性住房建设试点工作稳步推进，截至2013年年末，已按进度发放住房公积金贷款634亿元，支持了75个城市301个保障房建设项目，收回贷款本金142亿元。

2. 健康服务业

健康服务业以维护和促进人民群众身心健康为目标，主要包括医疗服务、健康管理与促进、健康保险以及相关服务，涉及药品、医疗器械、保健用品、保健食品、健身产品等支撑产业，覆盖面广，产业链长，是现代服务业的新兴行业和重要内容。随着中国居民收入和消费水平的提高，且老龄人口不断增多，健康服务市场的需求日益增大，迫切需要加快发展内容丰富、层次多样的健康服务业。这既是深化医改、改善民生、提升全民健康素质的必然要求，也是进一步扩大内需、促进就业、转变经济发展方式的重要举措。

新一轮医药卫生体制改革实施以来，全民医保基本实现，基本医疗卫生制度初步建立，为加快发展健康服务业创造了良好条件。截至2012年年末，参加城镇基本医疗保险的人数53 589万人；2 566个县（市、区）开展新型农村合作医疗工作，新型农村合作医疗参合率达98.1%。随着国民对健康发展的日益重视和市场需求的不断涌现，健康服务业发展较快，服务能力和效率有所提升，健康服务相关支撑产业规模不断扩大。2012年，医药制造业、体育用品制造业、保健食品制造业以及家用美容、保健电器具制造业的工业销售产值分别为16 628亿元、1 017亿元、857亿元和271亿元，同比分别增长20.9%、13.1%、41.8%和12.8%。

但也要看到，目前健康服务业发展尚处于初级阶段，与人民群众健康需求及经济社会协调发展要求之间还存在较大差距。一是医疗服务投资主体较为单一，服务能力和利用效率有待进一步提升。目前，民营医院在医保定点、医师执业资格、药品器械等方面尚有很多瓶颈，医疗服务利用效率不高。截至2013年11月末，公立医院13 441个，民营医院11 029个，民营医院数量占医院总数的45.1%。2013年1~11月，公立医院诊疗21.7亿人次，民营医院诊疗2.4亿人次，民营医院诊疗人数仅占医院总诊疗人数的10.0%。二是医疗资源、商业健康保险、养老服务等滞后于经济与社会发展的需要。2012年，每千人医疗卫生机构床位数为4.24张，每千人执业（助理）医师仅为1.94人；商业健康险保费收入占人寿保险保费收入的比例为7.9%，而成熟的保险市场一般比例为30%左右。2013年年末，65周岁及以上人口1.32亿人。但截至2012年年末，全国各类养老服务机构44 304个，拥有床位416.5万张，每千名老年人拥有养老床位21.5张，仍远低于“全国社会养老床位数达到每千名老年人35~40张”的目标。三是支持健康服务业发展的市场准入、土地使用、财税、投融资等各类政策措施还不系统、不完善，与健康服务相关的法律、行政法规还不健全，服务质量和市场日常监督机制亟待强化。

要多措并举发展健康服务业。充分调动社会力量的积极性和创造性，完善市场准入，更充分地发挥市场作用，逐步建立覆盖全生命周期、内涵丰富、结构合理的健康服务业体系。创新业务模式，加快发展健康养老服务，丰富商业健康保险产品，完善财税价格政策，优化投融资引导政策，完善健康服务法规标准和监管，加强健康服务业市场监管，壮大健康服务人才队伍。

第五部分 货币政策趋势

一、中国宏观经济展望

虽然面临的环境依然复杂，制约和挑战不少，但从经济发展的潜能和动力等综合情况看，未来一段时期中国经济仍有望保持平稳向好、稳中有进的态势。一是经济发展的潜能和空间依然较大，各方面发展热情很高，仍有内在扩张的动力，东中西部经济有较大的互补和回旋余地，尤其是经过多年快速发展，人力资本持续积累、基础设施大幅改善、工业生产和配套能力也有较大提升，有利于提高生产效率、降低交易成本。二是改革全面推进，有利于激发经济活力，把增长的潜力释放出来。2014年是落实十八届三中全会精神、全面深化改革的第一年，中央经济会议提出，要大力推进改革创新，把发展的强大动力和内需的巨大潜力释放出来，以转变经济发展方式的主动、调整经济结构的主动、改革开放的主动，赢得在经济发展上的主动和国际竞争中的主动。随着各项改革措施陆续出台，将有利于更充分地发挥市场在资源配置中的决定性作用，提升要素生产效率，夯实经济长期可持续发展的基础。当前，一批新技术产业、新商业模式发展势头较好，一些积极推进转型升级和自主创新的产业和企业呈现出较强的抗风险能力和发展活力。随着收入水平提高和技术进步，旅游、信息消费等新的生活方式也在领引消费结构升级。从外部环境看，美国经济复苏加快，全球经济持续复苏的稳定性有所增强，多数机构预测2014年全球经济增速将高于2013年，从而保持一个较为稳定的外需环境，这也有助于国内经济的平稳运行。中国人民银行2013年第四季度问卷调查显示，企业家信心指数分别较上季度和上年同期提高了3.1个和5.5个百分点，银行家宏观经济信心指数、城镇储户未来收入信心指数和未来就业预期指数均有所上升，分别较上季度上升10.3个、1.3个和1.4个百分点。

但也要看到，经济运行中仍面临不少风险和挑战。从国内情况看，经济增长的内生动力仍有待增强，经济金融领域的潜在风险需要关注。近些年来，中国形成了外需和国内投资“双驱动”的经济增长模式。尤其是近年来地方主导的大规模融资建设模式进一步强化，在稳定了GDP增长率的同时，也增大了经济运行中的潜在风险。当前经济稳定增长的基础尚不稳固，增长对投资和债务的依赖仍在上升，高投资模式以及资源过度向房地产等领域集中，容易导致债务水平上升，并可能对其他经济主体特别是中小企业形成挤出，加剧融资难、融资贵问题，结构性问题也使总量政策的效果受到影响。从国际情况看，全球新的强劲增长动力尚不明朗，欧元区经济整体仍相对疲弱，还存在隐患，新兴经济体经济发展模式调整还在进行，脆弱性尚未消除，随着美国逐步退出量化宽松政策，长期利率可能继续上升，新兴经济体面临资本流动和融资成本变化的冲击，全球经济运行中的不确定因素依然存在，出口面临的国际竞争也可能会更为激烈。总体看，内外部环境依然复杂多变，需要继续推进结构调整和转变发展方式，在调整转型的关键难点上进一步取得突破。

价格形势基本稳定，同时还有不确定因素。物价走势主要取决于内外部经济形势和总需求变化。当前内外部经济较为平稳，货币环境比较稳定，工业生产能力较为充足，加之基数因素的影响与上年大体持平，都有利于CPI继续保持基本稳定。当然也要注意到，农产品、服务业等领域的潜在价格上行压力依然存在，房价整体仍在上涨，特别是一线城市房地产价格涨幅较高，有可能向其他关联领域传导，增大成本压力。PPI涨幅总体仍在负值区间，与结构调整过程中的产能过剩问题有关，与全球主要经济体生产资料及初级产品价格变化的关联度也比较高。随着全球经济逐步复苏，主要经济体PPI变化也会对国内物价产生影响。中国人民银行2013年第四季度城镇储户问卷调查显示，居民未来物价预期指数为72.2%，比上季度提高1.7个百分点。对未来价格走势还需继续观察。

二、下一阶段主要政策思路

中国人民银行将按照党中央、国务院的战略部署，贯彻落实党的十八大、十八届三中全会和中央经济工作会议精神，坚持稳中求进、改革创新，继续实施稳健的货币政策，坚持“总量稳定、结构优化”的取向，保持政策的连续性和稳定性，增强调控的前瞻性、针对性、协同性，统筹稳增长、调结构、促改革和防风险，适时适度预调微调，继续为结构调整和转型升级创造稳定的货币金融环境。同时，进一步优化金融资源配置，改善和优化融资结构和信贷结构。把货币政策调控与深化改革紧密结合起来，重视从提高资源的配置效率、扩大消费者主权的角度继续深化改革，更充分地发挥市场在资源配置中的决定性作用，针对金融深化和创新发展，进一步完善调控模式，疏通传导机制，提高金融运行效率和服务实体经济的能力。

一是综合运用数量、价格等多种货币政策工具组合，健全宏观审慎政策框架，保持适度流动性，实现货币信贷和社会融资规模合理增长。在市场深化和金融创新快速发展的背景下，流动性闸门的调控和引导作用更加重要。继续根据国际收支和流动性供需形势，合理运用公开市场操作、存款准备金率、再贷款、再贴现、常备借贷便利、短期流动性调节等工具组合，管理和调节好银行体系流动性，加强与市场和公众沟通，稳定预期，促进市场利率平稳运行。同时，引导商业银行加强流动性和资产负债管理，做好各时点的流动性安排，合理安排资产负债总量和期限结构，提高流动性风险管理水平。继续发挥宏观审慎政策的逆周期调节作用，根据经济景气变化、金融机构稳健状况和信贷政策执行情况等对有关参数进行适度调整，引导金融机构更有针对性地支持实体经济发展。

二是盘活存量、优化增量，支持经济结构调整和转型升级。整合金融资源支持小微企业发展，引导金融机构加大对“三农”领域的信贷支持力度，进一步发展消费金融促进消费升级，继续引导金融机构加大对重点在建续建项目、有市场发展前景的先进制造业、战略性新兴产业、现代信息技术产业和信息消费、现代服务业、传统产业改造升级领域的资金支持力度。继续完善民生金融服务，努力支持就业、扶贫、助学等民生工程，配合国家区域经济发展政策，继续做好区域经济协调发展的金融支持和服务工作。严格控制对高耗能、高排放行业和产能过剩行业的贷款，促进产能过剩矛盾化解。建立和完善绿色信贷机制，不断提升对节能环保、循环经济、防治大气污染领域的金融服务水平。落实好差别化住房信贷政策，支持保障性住房、中小套型普通商品住房建设和居民首套自住普通商品房消费，坚决抑制投机投资性购房需求。引导金融机构区别情况，有针对性地采取差别化的方式方法，逐步调整盘活存量。鼓励金融机构创新组织、机制、产品和服务模式，完善相应的考核和激励机制，科学合理地考核银行经营绩效，优化金融组织体系，进一步改善金融服务。

三是进一步推进利率市场化和人民币汇率形成机制改革，提高金融资源配置效率，完善金融调控机制。进一步健全市场利率定价自律机制，提高金融机构自主定价能力。继续推进同业存单发行和交易，探索发行面向企业及个人的大额存单，逐步扩大金融机构负债产品市场化定价范围。继续培育上海银行间同业拆借利率（Shibor）和贷款基础利率（LPR），建设较为完善的市场利率体系。建立健全中央银行的利率调控框架，强化价格型调控和传导机制。进一步完善人民币汇率形成机制，加大市场供求决定汇率的力度，增强汇率双向浮动弹性，保持人民币汇率在合理均衡水平上的基本稳定，促进国际收支基本平衡。加快发展外汇市场，推动汇率风险管理工具创新。支持人民币在跨境贸易和投资中的使用，稳步拓宽人民币流出和回流渠道。推动人民币对其他货币直接交易市场发展，更好地为跨境贸易人民币结算业务发展服务。密切关注国际形势变化对资本流动的影响，加强对跨境资本的有效监控。

四是继续推动金融市场规范发展，加大直接融资支持力度，拓宽小微企业融资渠道。推动金融市场创新，增强风险防范意识，着重发挥市场机制作用，不断巩固和加强市场基础设施建设，加强监督管理，推动金融市场健康规范发展。继续推动金融市场、金融产品、投资者和融资中介多元化发展，提高直接融资比重。继续促进银行间债券市场规范发展，进一步完善债券发行定价机制，推进债券产品创新和多元化，提高债券市场信息披露标准，强化市场约束和风险分担机制，进一步提高市场运行透明度，稳步推进债券市场对外开放，发挥公司信用类债券部际协调机制的作用，促进监管协调。继续丰富黄金市场参与主体，鼓励产品创新，加强监测预警和风险防范，推动市场平稳健康发展。

五是深化金融机构改革。继续深化大型商业银行改革，推动其不断完善公司治理，逐步健全现代金融企业制度，加快发展方式转型，提高创新发展能力和国际竞争力。继续深化中国农业银行“三农金融事业部”改革，促进其全面改进“三农”金融服务。加快推进进出口银行和农业发展银行改革，强化政策性职能定位，坚持以政策性业务为主体，审慎发展自营性业务；对政策性业务和自营性业务实施分账管理、分类核算；科学建立资本约束机制，健全治理结构，完善财税扶持政策，构建符合中国特色、能更好地为当前经济发展服务、可持续运营的政策性金融机构及其政策环境。适应国家发展需要和金融体制改革要求，继续深化国家开发银行改革，进一步明确发展方向和战略定位，妥善解决债券信用、资金来源等问题。支持发展民营金融机构，增加对实体经济的竞争性金融供给。继续推动资产管理公司商业化转型。积极稳妥地推进金融业综合经营试点。

六是有效防范系统性金融风险，切实维护金融体系稳定。加强宏观审慎管理，引导金融机构稳健经营，督促金融机构加强流动性、内控和风险管理。在支持金融创新的同时，加强对理财、票据和同业业务发展潜在风险的监测与防范。加强对地方政府性债务和偿债能力的跟踪监测，探索以市场化机制化解地方政府债务问题。健全系统性金融风险的防范预警和评估体系，加强对地方政府融资平台、产能过剩行业和房地产行业贷款信用违约风险的监测，防范部分地区、行业、企业风险及非正规金融风险向金融体系传导。充分发挥金融监管协调部际联席会议制度的作用，强化交叉性、跨市场金融产品的风险监测和监管协调，促进各类金融市场、各类金融工具的协调发展，建立健全金融综合统计体系和信息共享机制。构建危机管理和风险处置框架，推进存款保险制度建设。采取综合措施维护金融稳定，守住不发生系统性、区域性金融风险的底线。

PART 1

Monetary and Credit Performance

In 2013, liquidity in the banking sector was appropriate, the structure of all-system financing aggregates became more diversified, credit aggregates continued to increase at a relatively rapid pace, and the monetary and financial situations were basically stable.

I. The growth of money supply gradually declined, approaching the annual target

At the end of 2013, outstanding M2 stood at RMB110.7 trillion yuan, up 13.6 percent year on year, decelerating by 0.2 percentage point from the end of the last year, close to the target set at the beginning of the year. Year-on-year growth of M2 was relatively high from January to May, gradually slowed down beginning in June, and decelerated by 2.5 percentage points at end-2013 from the yearly high. Outstanding narrow money (M1) stood at RMB33.7 trillion yuan, up 9.3 percent year on year, an acceleration of 2.8 percentage points over end-2012. Currency in circulation M0 stood at RMB5.9 trillion yuan, up 7.1 percent year on year. The central bank injected RMB389.9 billion yuan of cash on a net basis in 2013, at par with that in the previous year. Affected by the rapid monetary expansion at the beginning of 2013, M2 may grow at a reduced pace at the beginning of 2014.

At the end of 2013, outstanding base money registered RMB27.1 trillion yuan, up 7.4 percent year on year and RMB1.9 trillion yuan more than that at the beginning of the year. The money multiplier stood at 4.08, which was 0.22 higher than that at the end of 2012. The excess reserve ratio of financial institutions was 2.3 percent and that of rural credit cooperatives was 7.3 percent.

II. Deposits in financial institutions increased steadily

At the end of 2013, outstanding deposits of domestic and foreign currencies in all financial institutions posted RMB107.1 trillion yuan, up 13.5 percent year on year and a deceleration of 0.6 percentage point from end-2012. This was RMB12.7 trillion yuan more that at the beginning of the year and an acceleration of RMB1.0 trillion yuan year on year. Outstanding RMB deposits registered RMB104.4 trillion yuan, up 13.8 percent year on year, an acceleration of 0.4 percentage point over end-2012. This was RMB12.6 trillion yuan more than that at the beginning of the year and an acceleration of RMB1.7 trillion yuan year on year. Outstanding deposits in foreign currencies posted USD438.6 billion, up 7.9 percent year on year. This was USD28.4 billion more than that at the beginning of the year and a deceleration of USD103 billion year on year.

Broken down by sectors, the growth of household deposits moderated, while that of the non-financial corporate sector accelerated. At the end of 2013, outstanding household deposits in financial institutions posted RMB46.1 trillion yuan, up 13.6 percent year on year, a deceleration of 3.1 percentage points from the beginning of the year; this was RMB5.5 trillion yuan more than that at the beginning of 2013 and represented a deceleration of RMB216 billion yuan year on year. Outstanding deposits of the non-financial corporate sector registered RMB36.2 trillion yuan, up 10.4 percent year on year and an acceleration of 2.5 percentage points over end-2012. This was RMB3.5 trillion yuan more than that at the beginning of the year and represented an acceleration of RMB756.3 billion yuan year on year. At the end of 2013, outstanding fiscal deposits registered RMB3.0 trillion yuan, representing an acceleration of RMB755 billion yuan over that in the previous year.

III. New loans by financial institutions maintained relatively rapid growth

At the end of 2013, outstanding loans in domestic and foreign currencies by all financial institutions registered RMB76.6 trillion yuan, up 13.9 percent year on year. This was RMB9.3 trillion yuan more than that at the beginning of the year and an acceleration of RMB224.9 billion yuan year on year.

New RMB loans increased in a stable and relatively rapid manner. At end-2013, outstanding RMB loans stood at RMB71.9 trillion yuan, representing year-on-year growth of 14.1 percent, which was at par with the growth rates at the end of June and at the end of September. This was also RMB8.89 trillion yuan more than that at the beginning of the year and an acceleration of RMB687.9 billion yuan year on year. Total credit extensions remained at an elevated level.

In terms of the credit structure, RMB loans

Table 1 RMB Loans of Financial Institutions in 2013

Unit: RMB100 million yuan

	2013		2012	
	New loans	Acceleration	New loans	Acceleration
Chinese-funded large-sized national banks [1]	40,995	2,211	38,784	1,323
Chinese-funded small- and medium-sized national banks[2]	27,798	4,596	23,202	619
Chinese-funded small- and medium-sized local banks[3]	12,545	-668	13,214	5,884
Small-sized rural financial institutions[4]	13,324	1,780	11,544	1,532
Foreign-funded financial institutions	386	-391	777	-3

Notes: 1. Chinese-funded large-sized national banks refer to banks with assets denominated in domestic and foreign currencies equivalent to no less than RMB2 trillion yuan (according to the amount of total assets in both domestic and foreign currencies at end-2008).

2. Chinese-funded small- and medium-sized national banks refer to banks operating across provinces with assets of less than RMB2 trillion yuan denominated in domestic and foreign currencies.

3. Chinese-funded small- and medium-sized local banks refer to banks operating within a single province with total assets of less than RMB2 trillion yuan denominated in domestic and foreign currencies.

4. Small-sized rural financial institutions include rural commercial banks, rural cooperative banks, and rural credit cooperatives.

Source: The People's Bank of China.

to the household sector increased relatively rapidly, the growth of loans to the non-financial corporate sector and other sectors was relatively stable, and the share of medium- and long-term loans in total new loans picked up. At the end of 2013, outstanding loans to the household sector registered year-on-year growth of 23.1 percent, an acceleration of 4.5 percentage points over end-2012; this was RMB3.7 trillion yuan more than that at the beginning of the year and an acceleration of RMB1.2 trillion yuan year on year. In particular, individual home mortgage loans increased RMB1.6 trillion yuan from the beginning of the year, representing an acceleration of RMB720.4 billion yuan year on year. Loans to non-financial enterprises and other sectors grew 11.1 percent year on year, at par with the growth at end-June and end-September; this was also RMB5.2 trillion yuan more than that at the beginning of 2013, representing a deceleration of RMB483.5 billion yuan year on year. In terms of loan maturities, compared with the beginning of the year new medium- and long-term loans increased by RMB4.6 trillion yuan, representing an acceleration of RMB1.7 trillion yuan year on year. The share of new medium- and long-term RMB loans was 51.6 percent, up 16.5 percentage points over 2012. Short-term loans including bill financing grew in a stable manner, increasing RMB4.1 trillion yuan from the beginning of the year. Among the different types of financial institutions, loans by Chinese-funded large-sized national banks, Chinese-funded small- and medium-sized national banks, and small-sized rural financial institutions registered larger year-on-year growth.

The growth of foreign currency denominated loans slowed down from an elevated level. At end-2013, outstanding foreign-currency loans of financial institutions posted USD776.9 billion, up 13.7 percent year on year and a deceleration of 19.5 and 9.2 percentage points from end-June and end-September respectively. This was USD93.5 billion more than that at the beginning of the year and a deceleration of USD51.7 billion year on year. In terms of the loan structure, trade financing increased by USD21.4 billion, a deceleration of USD71 billion year on year; outward lending and medium- and long-term domestic loans increased by USD55.5 billion, USD3.8 billion more than the increase registered in the previous year.

IV. The amount of all-system financing aggregates increased somewhat and the financing structure was diversified

According to preliminary statistics, in 2013 all-system financing aggregates reached RMB17.29 trillion yuan, representing an increase of RMB1.53 trillion yuan year on year. Among this total, all-system financing aggregates amounted to RMB10.15 trillion yuan in the first half of the year, representing an increase of RMB2.38 trillion yuan year on year, while all-system financing aggregates in the second half of the year amounted to RMB7.14 trillion yuan, representing a decrease of RMB849.7 billion yuan year on year. In terms of the financing structure, all-system financing aggregates in 2013 displayed the following characteristics: First, the share of new RMB loans in all-system financing aggregates posted 51.4 percent, a historic low, and down 0.6 percentage point from the previous year. Second, new foreign currency denominated loans registered a larger deceleration from the previous year, mainly due

Table 2 All-system Financing Aggregates

Unit: RMB100 million yuan

	All-system financing aggregates[1]	Of which:						
		RMB loans[3]	Foreign currency-denominated loans (RMB equivalent)	Entrusted loans	Trust loans	Undiscounted bankers' acceptances	Enterprise bonds	Financing by domestic non-financial institutions via the domestic stock market
2010	140,191	79,451	4,855	8,748	3,865	23,346	11,063	5,786
2011	128,286	74,715	5,712	12,962	2,034	10,271	13,658	4,377
2012	157,631	82,038	9,163	12,838	12,845	10,499	22,551	2,508
2013[2]	172,904	88,917	5,848	25,465	18,448	7,751	18,021	2,219

Notes: 1. All-system financing aggregates refer to the total volume of funds provided by the financial system to the real economy during a certain period of time. It is a flow rather than a stock value.
2. Data for the current period are preliminary.
3. Data for RMB loans are the historical numbers released in the past.
Sources: The People's Bank of China, National Development and Reform Commission, China Securities Regulatory Commission, China Insurance Regulatory Commission, China Government Securities Depository Trust & Clearing Co., Ltd., National Association of Financial Market Institutional Investors, and so forth.

to the deceleration of RMB634 billion yuan in the second half of the year. Third, net financing via enterprise bonds decreased from the previous year and equity financing continued to remain at a subdued level. Fourth, entrusted loans and trust loans registered larger year-on-year growth, resulting in a larger share of off-balance-sheet financing activities. In 2013 the combined share of entrusted loans, trust loans, and undiscounted bankers' acceptances in all-system financing aggregates was 29.9 percent, up 7.0 percent from the last year.

V. Deposit and lending rates of financial institutions fluctuated within small margins

In December the weighted average lending rate offered to non-financial institutions and other sectors was 7.20 percent, up 0.42 percentage point from the beginning of the year. In particular, the weighted average interest rate of loans was 7.14 percent, up 0.07 percentage point from the beginning of the year; the weighted average bill financing rate was 7.54 percent, up 1.90 percentage points from the beginning of the year. The hike in bill financing rates was mainly due to the restructuring of assets and liabilities by financial institutions and the reduced size of bill financing, which also pushed up the weighted average lending rate. Home mortgage interest rates rose appreciably. In December, the weighted average home mortgage interest rate was 6.53 percent, up 0.31 percentage point from the beginning of the year.

The shares of loans with interest rates lower than or flat with the benchmark rates declined appreciably, while the share of loans with interest rates higher than the benchmark rates rose. In December, the shares of loans with interest rates lower than or flat with the benchmark rates were 12.48 percent and 24.12 percent respectively, down 1.68 and 1.98 percentage points respectively from the beginning of the year, and the share of loans with interest rates higher than the benchmark rates was 63.40 percent, up 3.66 percentage points from the beginning of the year.

Table 3 Shares of Loans with Rates at Various Ranges of the Benchmark Rate, January through December 2013

Unit:%

Month	Lower than the benchmark	At the benchmark	Higher than the benchmark					
			Sub-total	(1.0,1.1]	(1.1,1.3]	(1.3,1.5]	(1.5,2.0]	Above 2.0
January	10.62	25.08	64.30	19.84	25.23	7.87	8.28	3.07
February	11.69	25.05	63.26	19.57	23.96	7.88	8.83	3.02
March	11.44	23.79	64.77	19.55	24.71	8.15	9.28	3.09
April	10.56	23.53	65.91	18.96	25.52	8.96	9.23	3.24
May	11.89	22.45	65.66	19.65	25.92	8.84	8.46	2.79
June	12.55	24.52	62.93	19.47	24.95	7.95	8.04	2.52
July	10.54	23.32	66.14	19.99	27.07	8.61	7.96	2.51
August	10.23	21.95	67.82	19.70	27.33	9.46	8.60	2.73
September	10.70	23.31	65.99	19.59	26.58	9.33	8.03	2.46
October	9.81	24.23	65.96	19.85	26.26	8.86	8.41	2.58
November	10.41	24.09	65.50	19.13	26.15	8.90	8.45	2.87
December	12.48	24.12	63.40	17.89	24.66	9.64	8.55	2.66

Source: The People's Bank of China.

Table 4 Average Interest Rates for Large-value Deposits and Loans Denominated in US Dollars, January through December 2013

Unit:%

Month	Large-value deposits						Loans				
	Demand deposits	Within 3 months	3-6 months (including 3 months)	6-12 months (including 6 months)	1 year	Above 1 year	Within 3 months	3-6 months (including 3 months)	6-12 months (including 6 months)	1 year	Above 1 year
January	0.11	0.90	1.35	1.75	1.90	2.45	1.74	2.04	1.87	2.00	3.25
February	0.12	0.84	1.42	1.75	2.04	2.12	2.18	1.91	1.82	2.14	4.08
March	0.11	0.92	1.57	1.91	2.44	1.54	1.97	2.16	2.07	2.35	3.03
April	0.10	0.82	1.36	2.04	2.36	1.27	1.99	2.13	2.22	2.30	3.26
May	0.12	0.80	1.39	1.89	2.31	1.20	2.00	2.11	2.34	2.38	3.02
June	0.12	1.07	1.69	1.86	2.50	1.14	2.23	2.34	2.40	2.78	3.33
July	0.13	1.14	1.97	2.15	2.57	1.79	2.25	2.58	2.69	2.77	3.13
August	0.12	1.17	1.84	2.05	2.68	2.39	2.29	2.41	2.57	2.63	3.23
September	0.19	1.58	2.37	2.06	3.43	2.22	2.28	2.80	2.63	2.49	3.18
October	0.22	1.63	2.38	2.65	3.18	1.58	2.46	2.60	2.83	2.75	3.36
November	0.17	1.81	2.69	2.91	3.36	1.87	2.52	2.64	2.88	2.91	3.29
December	0.18	1.99	3.19	2.89	2.70	1.96	2.66	2.82	2.88	2.95	3.71

Source: The People's Bank of China.

Due to interest rate movements on international markets and changes in the supply and demand of foreign currency in China, the deposit and lending rates of foreign currency were generally higher than those at the beginning of the year. In December, the weighted average interest rates of large-value US dollar demand deposits and US dollar deposits with a maturity within

3 months were 0.18 percent and 1.99 percent respectively, up 0.01 and 1.48 percentage points from the beginning of the year. The weighted average interest rates of US dollar loans with a maturity of less than 3 months and 3 months (inclusive) to 6 months were 2.66 percent and 2.82 percent respectively, up 0.64 and 0.86 percentage point from the beginning of the year.

VI. The RMB exchange rate showed an appreciating trend

During 2013 the RMB exchange rate experienced a mild appreciation but moved in both directions, with much stronger flexibility and stable expectations. At the end of 2013 the central parity of the RMB against the US dollar was RMB6.0969 yuan per dollar, representing an appreciation by 1,886 basis points, or 3.09 percent, over end-2012. From the reform of the RMB exchange-rate regime in 2005 to the end of 2013, the RMB registered a cumulative appreciation by 35.75 percent against the US dollar. According to calculations by the BIS, in 2013 the nominal effective rate of the RMB appreciated by 7.18 percent, and the real effective exchange rate appreciated by 7.89 percent; from the RMB exchange-rate regime reform in 2005 to December 2013, the RMB nominal effective exchange rate appreciated by 32.05 percent and the RMB real effective exchange rate appreciated by 42.21 percent.

PART 2 Monetary Policy Operations

Since the beginning of 2013, in view of the complex and ever-changing domestic and international economic and financial situations and in accordance with the overall arrangements of the CPC Central Committee and the State Council, the PBC followed the principle of making progress while maintaining stability, continued its sound monetary policy, made innovations in macro-economic management, allowed policies to be well-targeted and with appropriate strength, and neither tightened or relaxed the supply of liquidity in the financial system. Preemptive adjustments and fine-tunings were carried out in a timely and appropriate manner. Efforts were made to improve and optimize the financing and credit structures, to support economic structural adjustments, transformations, and upgrading. The financial reform made some achievements in phases, the market-based interest-rate reform made new progress, and cross-border use of RMB expanded further.

I. Flexible open market operations

In 2013 management of liquidity in the banking system faced a relatively complex situation. On the one hand, this was related to changed policy expectations of the major economies and changes in the direction of capital flows. On the other hand, it was related to the greater role of the level of liquidity in the banking system to guide the proper growth of money, credit aggregates, and all-system financing aggregates as financial development and innovations accelerated. In early 2013, when the major developed economies enhanced their QE policies, China's foreign capital inflows increased substantially. As a result, liquidity in the banking system was relatively abundant and there was great pressure for monetary and credit expansions. In May and June, as market expectations from the U.S. Fed's tapering of the QE were somewhat enhanced while China's economy encountered some downward pressures, inflows of foreign exchange slowed down. At the same time, due to some short-term factors, such as large cash withdrawals during the holidays and corporate tax payments, there was a temporary decrease in the supply of liquidity. After August and September, as the U.S. Fed delayed exiting the QE and the effects of China's further reform measures on growth were gradually revealed, inflows of foreign exchange again increased significantly. In the meantime, changes in fiscal revenues and expenditures, as well as fluctuations in treasury funds, also added to the complexity in managing liquidity. However, balance-sheet expansion by banks and many other innovative financial products increased the demand for liquidity. Financial institutions, influenced by profit maximization and regulatory arbitrage, used the interbank business and wealth management tools to borrow short-term funds and to lend long-term funds. The asset and liability structures of financial institutions were very sensitive to interest-rate risk exposure, while financial institutions were highly dependent on the money market, thus contributing to the increased volatility on the money market.

Against this background of the complex nature and repeatedly changing direction in the liquidity situation, the PBC strengthened its analysis and monitoring of the banking system's liquidity situation, flexibly managed the direction, intensity, and rhythm of open market operations, and reasonably adjusted liquidity levels in the banking system. In the first half of the year, in view of the changing liquidity situation, the PBC flexibly carried out open market operations in both directions and maintained liquidity in the banking system at an appropriate volume; in the second half of the year, in view of the increased volatility in liquidity supply and demand, the PBC used a mix of tools, such as reversed repos and the Short-term Liquidity Operations (SLOs) to smooth out the volatilities in short-term liquidity caused by short-term factors. In the meantime, the PBC decided to roll over part of the matured 3-year central bank notes. In 2013, a total of RMB765 billion yuan of repo operations was conducted on a cumulative basis, while the volume of reverse repo operations amounted to RMB2.2 trillion yuan and a total of RMB536.2 billion yuan of central bank notes was issued.

In view of the changing market situation and the movements in interest rates during different stages, the PBC appropriately managed the elasticity of open market operation interest rates to effectively guide market expectations. Against the background of the complex and volatile external environment, interest rates of open market operations remained generally stable during the first three quarters. During the fourth quarter, in line with the price movements and the changes in the market interest rates, reversed repo operation rates rose slightly, which was conducive to managing inflation expectations and to bringing into play the role of market interest rates to adjust the money supply and demand. At end-2013, interest rates of 7-day and 14-day reversed repo operations were 4.1 percent and 4.3 percent respectively.

The PBC conducted state treasury cash management operations in an appropriate manner. In 2013, a total of RMB430 billion yuan of state treasury funds was deposited in commercial banks in 10 separate operations, including RMB260 billion yuan in three-month time deposits and RMB170 billion yuan in six-month time deposits, reaching an outstanding balance of RMB110 billion at the end of the year.

II. Standing Lending Facility (SLF) operations were conducted in an appropriate manner

Since the beginning of 2013, the PBC has introduced innovative liquidity management tools and actively used the Standing Lending Facility (SLF) to provide liquidity. Prior to the Spring Festival of 2013, the SLF was used to bridge the liquidity gap in some banks as a result of the massive credit extensions by some banks. In June, the PBC conducted SLF operations with some financial institutions in response to the money market volatility that was driven by a number of factors. The outstanding SLF posted RMB416 billion yuan as of end-June. Since September, in view of the changed inflows of foreign exchange, to maintain liquidity on the money market at a reasonable volume, the PBC continued to conducted SLFs with financial institutions complying with the requirements for macro-prudential regulation, and at the same time conducted SLFs at a reduced yet appropriate pace according to the specific conditions of the financial institutions for guiding commercial banks to adjust their asset/liability management models. As the rapid growth of financial institutions' loan delivery and interbank business moderated and the maturity mismatch lessened, most of the liquidity provided via the SLFs in June was recovered by the end of the year. At end-2013, outstanding SLFs totaled RMB100 billion yuan, a decline of RMB316 billion yuan from end-June; on cumulative terms a total of RMB2,365 billion yuan of SLFs was issued in 2013.

Efforts were made to further strengthen and improve liquidity management in the banking system. In January 2014, the branch offices of the PBC conducted pilot SLF schemes in Beijing, Jiangsu, Shandong, Guangdong, Hebei, Shanxi, Zhejiang, Jilin, Henan, and Shenzhen. This was an innovative attempt by the central bank to adjust short-term liquidity, aiming to meet the liquidity requirements of local financial institutions with a legal person status that complied with the requirements for macro-prudential regulation and to improve the central-bank channel for providing normal liquidity to small- and medium-sized financial institutions. By the Spring Festival of 2013, the PBC Headquarters had provided short-term liquidity to large commercial banks via SLFs, and the PBC branch offices in the pilot areas had provided short-term liquidity to eligible small- and medium-sized financial institutions. These measures helped stabilize market expectations and maintain stable operations on the money market.

Box 1 The Central Bank Lending System Was Improved to Enhance Its Capability to Perform its Duties

To further improve macro-economic management and regulate the positioning of central bank lending, to give full play to the role of the central bank in managing liquidity and guiding financial institutions' credit structural adjustments, and to better perform its functions, the PBC decided to adjust the classification of central bank lending from three categories to four categories, i.e., original central bank liquidity loans were further subdivided into central bank liquidity loans and credit policy support loans, while the central bank financial stability loans and special policy loans remained unchanged.

The reasons behind the aforesaid adjustments were that the original liquidity loans had assumed dual functions. Specifically, the PBC Headquarters' liquidity loans issued to deposit-taking financing institutions operating nationwide and the PBC's branch offices' short-term loans issued to local deposit-taking financial institutions with legal person status played the role of providing liquidity, while loans issued to small- and medium-sized financial institutions, including city commercial banks, to expand SMEs loans and consumer loans as well as central bank agro-linked loans to support rural financial institutions to expand loans to the agricultural sector, mainly played the role of promoting credit structural adjustments. After this adjustment, central bank liquidity loans and the Standing Lending Facility (SLF) launched in 2013 were combined to provide liquidity support to financial institutions that complied with the requirements of macro-prudential regulation, while the central bank credit policy support loans included central bank agro-linked loans and small- and medium-sized loans (i.e., the original central bank loans to small- and medium-sized financial institutions).

On the basis of the re-classification, management of central bank loans was further improved. To implement the Guidelines of the State Council General Office on Stepping up Financial Support for Economic Structural Adjustments, Transformations, and Upgrading and to support financial institutions to step up credit extensions to small- and micro-sized enterprises, the PBC renamed the central bank small- and medium-sized loans as central bank support small loans. The recipients of the central bank support small loans changed from the original city commercial banks to small-sized city commercial banks (according to the PBC's statistical standards), rural commercial banks, rural cooperative banks, and village and township banks, and their purpose was adjusted from supporting SMEs loans and consumer loans to supporting the aforesaid financial institutions to extend loans to small- and micro-sized enterprises. The lending criteria were specified as two "not less than" indicators of growth of small- and micro-sized loans and incremental loans, i.e., at the end of the last quarter the growth of small- and micro-sized loans should be no lower than the average growth of total loans, and incremental loans should not be less than that during the corresponding period of the last year. The management of central bank agro-linked loans remained unchanged.

By adjusting and optimizing the classification system, the recipients and the use of central bank loans will help further strengthen liquidity management over financial institutions and will promote structural adjustments. Tools such as central bank liquidity loans and the Standing Lending Facility (SLF) will combine to play the role of providing liquidity, enrich the toolkit of the central bank in managing liquidity, strengthening the incentives and constraints on financial institutions in their liquidity management, improving the efficiency of monetary policy transmission, and anchoring market expectations. In the meantime, a separate program to launch central bank credit policy loans will give full play to central bank loans in guiding the direction of credit funds, promoting the credit structural adjustments, and strengthening the role of the central bank in guiding credit support to the agricultural sector and to small businesses. Central bank loans to support the agricultural sector and small businesses cover a wide range of recipients, each with its own priorities, thus further enhancing their relevance.

III. Macro-prudential management was strengthened and the dynamic adjustment of the differentiated reserve requirement continued to play a role in counter-cyclical management

In 2013 the PBC continued to use a dynamic adjustment mechanism of the differentiated reserve requirement as a way to strengthen macro-prudential management. Based on the domestic and global economic and financial developments, the soundness of financial institutions, and the implementation of credit policy, the PBC calibrated the parameters of the differentiated reserve requirement to guide stable and reasonable credit growth and to improve the resilience of financial institutions. At the beginning of the year, the PBC guided rural financial institutions to satisfy seasonal credit demand during the agricultural cycle and to timely extend agricultural loans to support farming activities in the spring season in an effort to meet the credit demands of the agricultural sector, rural areas, and farmers. In the third quarter, the PBC stepped up efforts to adjust the policy parameters in order to further encourage and guide financial institutions to increase credit support to small- and micro-sized enterprises, the agricultural sector, rural areas, and farmers, and under-developed areas in central and western China.

IV. A mix of measures was taken to optimize the credit structure and to strengthen the financial sector's capacity to serve the real economy

The PBC followed the overall arrangements of the Central Economic Work Conference and the State Council to step up financial services to the real economy, continued to use central bank agro-linked loans, central bank discounting, and the reserve requirement ratio to guide credit structural improvements, enhanced coordination between monetary policy and industrial policy and regional development policy, and strengthened the financial sector's capacity to serve the real economy. Financial resources were consolidated to support the development of small- and micro-sized enterprises, and commercial banks were encouraged to issue financial bonds earmarked for lending to small- and micro-sized enterprises. In 2013, 21 commercial banks issued a total of RMB110 billion yuan of financial bonds earmarked to support small- and micro-sized enterprises. The PBC vigorously promoted financial products and service innovations in the rural areas, and ratcheted up credit inputs to the agricultural sector, rural areas, and farmers so as to promote the development of a modern agricultural industry. Financial institutions were guided to provide credit to ongoing and follow-up national key projects, the modern service sector, science and technology innovations, strategic emerging industries, and other important areas that are critical to social and economic development. Financial services were improved to contribute to the improved livelihood of the people, to support job creation, students in need, and so forth. The differentiated home mortgage policy was strictly followed. The financial services and the development coordination mechanism played a role in promoting financial services for poverty reduction and development in the contiguous poor areas. Strict controls continued to restrict lending to highly polluting and high energy-consuming industries, and to sectors burdened with overcapacity so as to resolve the overcapacity problem. The pilot program of credit asset securitization was advanced to better manage the stock of credit assets. Assessment of credit policy guidance was improved so assessment work would play a greater role in guiding credit extensions.

Judging by the effectiveness of the above measures, credit structural improvements supported economic structural adjustments, transformations, and upgrading. First, credit support to small- and micro-sized enterprises and to the agricultural sector, rural areas, and farmers maintained a strong momentum. At end-2013, outstanding loans issued by financial institutions to small- and micro-sized enterprises grew 14.2 percent year on year, outpacing the growth of total loans by 0.1 percentage point; new loans to small- and micro-sized enterprises posted RMB2 trillion yuan, an increase of RMB357.6 billion yuan year on year. At end-2013, outstanding RMB and foreign currency denominated agro-linked loans increased 18.4 percent year on year, outpacing the growth of total loans by 4.5 percentage points; new agro-linked loans in 2013 registered RMB3.39 trillion yuan, an increase of RMB380.6 billion yuan over the previous year. Second, growth of new loans to the service sector accelerated. At end-2013, outstanding medium- and long-term loans to the service sector (the tertiary industry but excluding infrastructure and the real-estate sector) grew 13.7 percent year on year, an acceleration of 11.5 percentage points from end-2012. Third, the growth of loans to some highly-polluting, high energy-consuming industries, and to those sectors burdened with overcapacity slowed down. By end-2013, outstanding medium- and long-term loans to the iron and steel industry had declined 10.7 percent year on year, and those to the construction materials industry had declined 3.3 percent year on year.

V. Advancing the market-based interest-rate reform

In line with the overall arrangements of the State Council, since 2013 the PBC has accelerated the market-based interest-rate reform, fully lifting lending rate controls, establishing and improving the self-regulatory pricing mechanism for market interest rates, and promoting issuances and transactions of interbank certificates of deposits. The market-based interest-rate reform made new strides.

Box 2 The Market-based Interest-rate Reform Made New Strides

In 2013, according to the overall arrangements of the CPC Central Committee and the State Council, the PBC established and improved the market-based interest-rate formation mechanism by relaxing interest-rate controls, strengthening institutional building, and promoting product innovations. The market played a decisive role in resource allocations and the market-based interest-rate reform made new progress.

Controls on lending interest rates were completely removed. Approved by the State Council, starting from July 20, 2013 the PBC removed the floor (0.7 times the benchmark lending rates set by the PBC) for the lending rates of financial institutions, controls on the interest rates for bill discounting, and the ceiling on the lending rates of rural credit cooperatives. Thus, controls on lending interest rates were fully liberalized, with the PBC maintaining caps only on deposit interest rates. The space for financial institutions to independently price their products was further expanded and the role of the market mechanism in the formation of interest-rate formation was significantly enhanced.

A self-regulatory pricing mechanism for market interest rates was established and improved. The self-regulatory pricing mechanism for market interest rates is a market-based self-regulatory coordination mechanism, with participation by the financial institutions, aiming to apply self-regulatory management over interest rates which are independently determined by the financial institutions on the money, credit, and other financial markets, under the precondition that they comply with the relevant interest-rate regulations, so as to maintain market order for fair competition and to promote the healthy development of the financial market. On September 24, 2013, the inaugural meeting of the self-regulatory pricing mechanism for market interest rates was convened. The first batch of panel banks included ten banks, including the Industrial and Commercial Bank of China. There were four specialized working groups under the self-regulatory pricing mechanism, namely the working group on the evaluation of compliance, prudence, and overall strength, the working group on the loan prime rate (LPR), the working group on interbank certificates of deposits, and the working group on the Shibor. These have played an active role in launching the loan prime rate centralized quotation and release mechanism and in the issuance of interbank certificates of deposits.

The loan prime rate (LPR) centralized quotation and release mechanism was formally operationalized. The LPR is the most preferential lending rate offered by a commercial bank to its prime clients; other lending rates are generated by adding or subtracting basis points based on the LPR. The authorized agency calculates a weighted average of the quotations provided by the panel banks as the average LPR rate and releases it to the general public. The LPR mechanism represents an expansion of the market-rate base interest-rate quotation from the money market to the credit market, and provides an important reference to financial institutions for the pricing of their credit products. On October 25, the loan prime rate (LPR) centralized quotation and release mechanism formally began operations after a one-month trial run. The first batch of panel banks included nine commercial banks to implement the self-regulatory pricing mechanism. For the time being, the LPR is operating in an overall stable manner and is playing a greater role in the pricing credit of products and derivatives by financial institutions. According to statistical data, by the end of 2013 a cumulative total of more than 30 billion yuan of loans, with rates based on the LPR, had been issued, and the interest-rate swap business based on the LPR was developing on a gradual basis.

The issuance of interbank certificates of deposit was advanced steadily. An interbank certificate of deposit, a money market instrument, refers to a book-entry certificate of a time deposit issued by a deposit-taking financial institution with a legal person status on the national interbank market. On December 8, 2013, the PBC issued the Provisional Rules on the Management of Interbank Certificates of Deposit, which became effective on December 9, 2013. On December 12 and 13, ten financial institutions, including the Bank of China, the China Construction Bank, and the China Development Bank, issued the first batch of interbank certificates of deposit respectively and thereafter consecutively carried out their transactions on the secondary market, thus initially establishing a two-way quotation and market-making system for interbank certificates of deposit. As they are market-based priced, featuring electronic pricing, standardization, high liquidity, and high transparency, interbank certificates of deposit can provide a more transparent and market-based reference for the pricing of Shibor rates with medium and long ends. Interbank certificates of deposit are of great significance for increasing the benchmarking status of the Shibor with medium and long ends, broadening the funding channels for banking deposit-taking financial institutions, and promoting and regulating the development of interbank business. Interbank certificates of deposit can also provide experience for the issuance of certificates of deposit to enterprises and individuals, so as to explore an effective way to promote the market-based deposit-rate reform in an orderly manner.

VI. Further improvements in the RMB exchange-rate regime

The RMB exchange-rate regime reform was further improved in a self-initiated, controllable, and gradual manner. Based on market supply and demand and with reference to a basket of currencies, the flexibility of the RMB exchange rate was enhanced and the exchange rate remained basically stable at an adaptive and equilibrium level. The PBC continued to support direct trading between the RMB and other emerging-market currencies, and on April 10, 2013 direct trading of the RMB with the Australian dollar was launched on the interbank foreign-exchange market. In 2013 the central parity of the RMB against the US dollar peaked at RMB6.0969 yuan per dollar and reached a trough of RMB6.2898 yuan per dollar. It appreciated on 126 out of 238 trading days in 2013 and depreciated on the remaining 112 trading days, with the largest intraday appreciation at 0.20 percent (or 126 points) and the sharpest one-day depreciation at 0.15 percent (or 91 points). The RMB exchange rate moved in both directions against the euro, the Japanese yen, and other major international currencies. At end-2013, the central parity of the RMB against the euro registered RMB8.4189 yuan per euro, a depreciation of 1.20 percent from the end of 2012, and the central parity of the RMB against the Japanese yen stood at RMB5.7771 yuan per 100 yen, an appreciation of 26.45 percent from the end of 2012. Beginning from the reform of the RMB exchange-rate regime in 2005 to the end of 2013, on a cumulative basis the RMB appreciated 18.95 percent against the euro and 26.46 percent against the Japanese yen. Direct trading between the RMB and foreign currencies on the

Table 5 Trading Volume of the RMB against Other Currencies on the Interbank Foreign-Exchange Spot Market in 2013

Unit: RMB100 million yuan

Currency	USD	Euro	Japanese Yen	HKD	GBP	Australian Dollar	Canadian Dollar	Malaysian Ringgit	Russian Ruble	Thai Baht
Trading volume	231,646.2	2,748.2	12,737.4	1,455.5	171.6	1,496.0	8.5	11.4	54.4	5.4

Source: China Foreign Exchange Trade System.

interbank foreign-exchange market was brisk and market liquidity increased notably.

In 2013, according to the local currency swap agreements signed with the PBC, overseas monetary authorities conducted a total of RMB1.03 trillion yuan of currency swap transactions. These played an active role in promoting bilateral trade and investment.

VII. Promoting steady development of cross-border RMB business

In July 2013, the PBC issued the *Notice on Simplifying the Procedures for Cross-border RMB Business and Improving the Relevant Policies* (PBC Document No.168 [2013]), which straightened out the cross-border RMB business procedures under the current account, streamlined the cross-border clearing business of RMB bank-card accounts, specified that domestic non-financial institutions can conduct overseas RMB loan business and overseas participating banks can carry out the transfer of funds between them, and adjusted the term and ceiling of RMB account financing by overseas banks so as to meet the business demands of banks and enterprises and to further facilitate cross-border trade and investment.

In 2013 the RMB settlement business of cross-border trade and investment maintained stable and orderly growth. According to preliminary statistics, in 2013 the volume of cross-border trade settled in RMB reached RMB4.63 trillion

Figure 1 RMB Settlements of Cross-border Trade

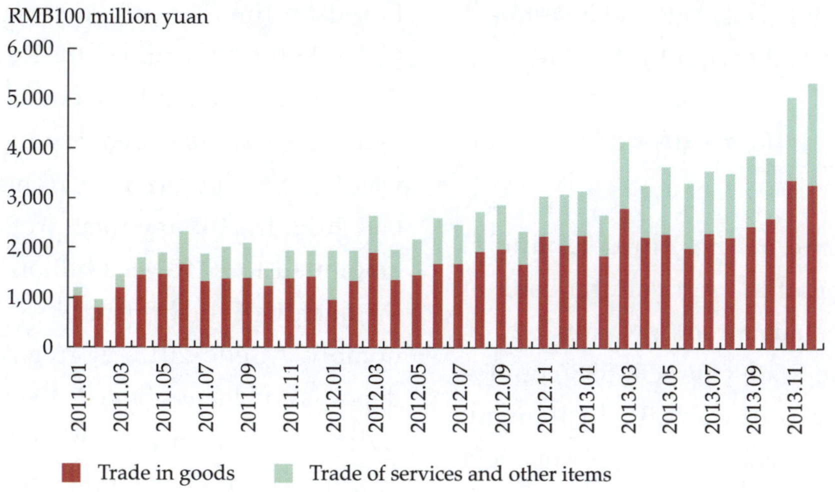

Source: The People's Bank of China.

yuan, up 57 percent year on year. This included RMB3.02 trillion yuan in settlement of trade in goods and RMB1.61 trillion yuan in settlement of trade in services and other items under the current account. Actual RMB receipts and payments for cross-border trade registered 1.88 trillion yuan and RMB2.75 trillion yuan respectively, bringing the receipt payment ratio to 1:1.46. Bank settlement of cross-border RMB direct investments reached RMB533.74 billion yuan, including RMB85.61 billion yuan in outward direct investments and RMB448.13 billion yuan in foreign direct investments, up 180 percent and 76.7 percent from the previous year respectively.

In 2013 the PBC signed bilateral local currency swap arrangements with five overseas monetary authorities, including the ECB and the Bank of England, with an aggregate amount of RMB752 billion yuan. Furthermore, the PBC renewed bilateral local currency swap arrangements with three overseas monetary authorities, including the Monetary Authority of Singapore, with an aggregate amount of RMB403.5 billion yuan. The establishment of bilateral local currency swap lines will help safeguard financial stability and will facilitate bilateral trade and investment between China and other countries and regions.

VIII. Deepening the reform of financial institutions

The pilot scheme of the Rural Financial Business Division of the Agricultural Bank of China (ABC) was advanced. In October 2013, approved by the State Council, 538 county-level sub-branches of the ABC in Jiangsu, Zhejiang, Hunan, Yunnan, Jiangxi, Shanxi, and Guangdong provinces were included in the pilot scheme, and preferential measures, such as the differentiated reserve requirement ratio, supervisory fee reductions or exemptions, and business tax reductions or exemptions, were renewed. After the expansion of the pilot scheme, the proportion of the business volume and profits of the pilot institutions in the total ABC county-level sub-branches rose from 40 percent to about 80 percent, contributing greatly to the agricultural sector, rural areas, and farmers, and county-level economic development in the pilot areas.

The market-based transformation of asset management companies was steadily promoted. China Cinda Asset Management Company was successfully listed on the Hong Kong Exchanges in December 2013, the first-ever among the nationwide financial asset management companies. This marked a phased achievement for the joint-stock reform and the market-based transformation of financial asset management companies.

Remarkable achievements were made in reforming the rural credit cooperatives (RCCs). First, the RCCs' capacity for sustainable development was strengthened significantly. Based on the five-category classification, at end-2013 the NPL ratio of the RCCs declined by 0.4 percentage point from end-2012 to reach 4.1 percent; the capital adequacy ratio of the RCCs was 12.5 percent, up 0.7 percentage point from end-2012. In 2013 the total profits of the RCCs amounted to RMB196.2 billion yuan. Second, the quality of rural financial services improved notably. At end-2013, aggregate outstanding deposits and loans of the RCCs posted RMB14.3 trillion yuan and RMB9.2 trillion yuan, accounting for 13.7 percent and 12.7 percent of aggregate outstanding deposits and loans of total financial institutions respectively, up 0.5 and 0.3 percentage point. Outstanding agro-linked loans and lending to rural households by RCCs posted RMB6.2 trillion yuan and RMB3 trillion yuan at end-2013 respectively, representing year-on-year growth of 16.4 percent and 14.5 percent. Third, steady progress was made in the property-rights reform of the RCCs. At the end of 2013, there were 1,690 RCCs, 468 rural commercial banks, and 122 rural cooperative banks with legal person status at the county (city) level.

Box 3 The Relationship between Improving the Monetary Policy Measures and Promoting the Financial System Reform

Improving monetary policy measures and promoting financial system reform are complementary. The year 2013 was the 10th anniversary of the reform of large-sized commercial banks and rural credit cooperatives. During the past ten years, under the leadership of the CPC Central Committee and the State Council, the PBC always combined short-term monetary policy measures with medium- and long-term financial reform. On the one hand, the PBC tried to create a favorable environment for financial reform by implementing monetary policy measures, and, on the other hand, the PBC made full use of its functions, such as the "on-line repairs" of the financial system and the safeguards for financial stability, improved the monetary policy transmission mechanism, and increased the effectiveness of monetary policy by deepening financial reform, thus achieving a reinforced effect on both targets.

Efforts were made to seize the favorable opportunity to restructure and reform financial institutions. As a result, the corporate governance of financial institutions continued to improve, financial institutions became more sensitive to indirect macro controls, and the microeconomic foundation of the monetary policy transmission mechanism was further improved. First, the reform of large-sized commercial banks made breakthroughs. By writing-off actual capital losses, separating and resolving NPLs, injecting foreign reserves, and listings on the domestic and overseas markets, the joint-stock reform of five large commercial banks was completed and they made successful debuts on the Shanghai and Hong Kong stock markets, gradually developing into modern financial firms with sufficient capital, strict internal governance, safe operations, and good-quality services and high profitability. Second, the reform of the rural credit cooperatives made phased achievements. By linking the redemption of special central bank bills and central bank loans with the actual effectiveness of the reform of the rural credit cooperatives, the PBC guided the rural credit cooperatives to improve their property-rights system, corporate governance, and internal management. The asset quality and operating efficiency of the rural credit cooperatives has been on the rise, and their major role in serving the agricultural sector, rural areas, and farmers has been growing. Third, the reform of policy financial institutions and other financial institutions was steadily promoted. The reform of the China Development Bank made phased achievements, the reform of SINOSURE was gradually implemented, and the reform of the Export-Import Bank of China and the

Agricultural Development Bank of China was accelerated. In the meantime, a number of joint-stock commercial banks, such as the China CITIC Bank and the Bank of Beijing, have gradually established a modern financial enterprise system based on their own efforts and with the support of the local governments. The securities industry and insurance companies also made significant reform and restructuring progress. In recent years, the PBC, jointly with other relevant departments, has been pushing ahead with the establishment of a multi-tiered and market-based risk disposal arrangement, has set up a securities investment protection fund, a futures investor protection fund, and an insurance guarantee fund, has promoted implementation of a third-party depository system for clients' settlement funds in the securities industry, and has conducted in-depth research and repeated experiments on a deposit insurance system. At present, the preparatory work for the establishment of a deposit insurance system is basically in place.

The market-based interest-rate reform and the reform of the RMB exchange-rate regime were advanced, and the price basis for monetary policy transmission was gradually improved. As important prices in the factor market, the interest rate and the exchange rate play essential roles in the efficient allocation of domestic and external financial resources. In recent years, the market-based interest-rate reform was pushed ahead steadily and made significant achievements. For the time being, only the caps on the deposit interest rates are maintained. A self-regulatory pricing mechanism for market interest rates was established and improved, the scope for autonomous pricing of financial institutions was substantially expanded, and microeconomic agents became more sensitive to changes in the interest rates. The RMB exchange-rate regime was advanced in an orderly manner, continuing the self-initiated, controllable, and progressive reform approach. The RMB exchange rate saw both depreciations and appreciations with fluctuations in both directions, and the flexibility of the RMB exchange rate was enhanced, which was conducive to enhancing self-initiated and effective macro-economic management.

Greater efforts were made to develop the financial market, with the share of direct financing rising notably, and the market foundation for monetary policy transmission became more solid. In recent years, the money market, capital market, foreign- exchange market, gold market, futures market, and insurance market are developing soundly amid innovations, a multi-function and all-round financial market system has been initially established, and the breath and depth of the financial market is continuing to expand. Innovations in financial products have been advanced steadily, and financial products have become richer. Subordinated bonds, hybrid bonds, short-term financing bills, medium-term notes, credit asset securitization products, and credit risk-mitigating instruments issued by commercial banks were launched sequentially, and a series of innovative instruments and products, such as bond forward transactions, forward interest-rate agreements, and RMB interest-rate swaps, were introduced into the market. The ever-growing financial market provided an improved market foundation for macro-economic management and helped transmit the intentions of monetary policy operations to the real economy via the participating financial institutions, enterprises, and individuals. In the meantime, various market indicators also provided useful information for macro-economic management.

The 3rd Plenum of the 18th CPC National Congress established strategic arrangements for comprehensively deepening the reform, giving the market a decisive role in resource allocations. Going forward, the use of monetary policy measures will be combined with measures for deeper reforms, with a focus on higher efficiency in resource allocations and increasing consumer dominance to deepen the reforms. The market will play a decisive role in the pricing of capital factors such as the interest rate and the exchange rate. Liberalization and opening-up of the financial sector will be expanded, a multi-tiered capital market system will be built, and convertibility of the RMB under the capital account will be accelerated so as to render more options to microeconomic agents. As the environment for macro-economic management becomes a normal state for more marketization and balanced economic growth, efforts will be made to improve the framework for macro-economic management by using a mix of quantitative, price-based, and macro-prudential measures. Efforts will be made to strengthen guidance of market expectations to promote stable and sustainable economic development and to safeguard the bottom line in preventing systemic or regional financial risks.

IX. Deepening the reform of foreign-exchange administration

Efforts were made to promote the reform of foreign-exchange administration to support the healthy development of the real economy. First, reform of foreign- exchange administration in trade was promoted to enhance trade facilitation. Reform of foreign-exchange administration of trade in services was carried out, and the time period for processing receipts and payments of funds for trade in services was shortened. Second, regulation over cross-border guarantees was upgraded so as to improve the policies for investment and financing. The pilot program to allow banks to issue small-value loans to domestic enterprises with overseas guarantees was expanded to the whole country so as to alleviate the difficulties and high costs of financing for SMEs. Third, efforts were made to support the development of cross-border e-commerce and Internet banking, and a pilot program of foreign-exchange payments and receipts for cross-border e-commerce was carried out in five localities.

RMB convertibility under the capital account made steady progress, and the efficiency of cross-border fund allocations was improved. First, building on the earlier pilot scheme, the pilot area for the centralized use of the foreign-exchange capital of multinational companies was further expanded to thirty-two state-owned, private-owned, and foreign-funded enterprises in seven provinces (cities), including Guangdong province, in order to accumulate new experiences for foreign-exchange administration in promoting RMB convertibility under the capital account.

Second, administration of foreign debts and the capital market was streamlined and delegated, and an initial regulatory framework centering on registration management, using a statistical monitoring method and focusing on supervision of the participants and ex-post verification, was initially established. Third, the Qualified Foreign Institutional Investor (QFII) scheme, the RMB Qualified Foreign Institutional Investor (RQFII) scheme, and the Qualified Domestic Institutional Investor (QDII) scheme were implemented steadily. By the end of 2013, a total foreign-investment quota of USD49.7 billion was approved under the QFII scheme, an investment quota of RMB157.5 billion yuan was approved under the RQFII scheme, and USD84.2 billion in an outbound investment quota was approved under the QDII scheme. Explorations were made into expanding the channels for overseas use of domestic funds, research was conducted to promote outbound investments by domestic financial institutions, and a pilot scheme for a qualified domestic limited partnership system to guide the orderly outflow of capital was established.

Efforts were made to continually improve the monitoring of cross-border capital flows so as to promote a balanced position of the BOP account. The *Procedures for Reporting the Balance of Payments* were amended and implemented so as to enhance awareness in the entire society on the reporting of the balance of payments and for further improving the macro-economic decision-making system. When necessary, a contingency plan will be initiated to deal with abnormal cross-border capital flows. Administration of foreign-exchange trade financing was further improved so as to prevent inflows of abnormal cross-border foreign-exchange funds. Utilization of foreign-exchange administration information was strengthened and efforts were made to closely monitor foreign-exchange market developments. In addition, attention was paid to some new issues such as trade arbitrage and false entrepôt trade.

PART 3 Financial Market Analysis

In 2013 China's financial market continued to develop in a sound manner, a number of policy measures for reform and development were pushed ahead steadily, and the financial market played a greater role in promoting economic transformation and structural adjustments. Transactions on the money market registered moderate growth, while market interest rates went up; the amount of bond issuances increased appreciably; the yield curve of bonds on the interbank market showed a flattening and upward trend; and turnover on the stock market increased substantially.

I. Financial market analysis

1. Growth in the volume of trading on the money market moderated and market interest rates went up

The growth of bond repos moderated on the interbank market and the turnover of interbank borrowings declined year on year. In 2013 the turnover of bond repos on the interbank market totaled RMB158.2 trillion yuan, with an average daily turnover of RMB632.7 billion yuan, an increase of 11.2 percent year on year and representing a deceleration of 31.9 percentage points from the previous year. The turnover of interbank borrowings reached RMB35.5 trillion yuan, with an average daily turnover of RMB142.1 billion yuan, down 24.3 percent year on year. In terms of the maturity structure, overnight products still dominated bond repo and interbank borrowing transactions, accounting for 78.4 percent and 81.5 percent of their respective turnovers in 2013, down 2.3 and 4.8 percentage points from the previous year. The total turnover of government securities repos on the stock exchange soared 68.2 percent year on year to reach RMB66 trillion yuan.

In terms of financing among financial institutions, the flow of funds revealed the following characteristics: first, although domestically-funded large banks remained net fund providers, the amount of their net lending declined notably. In 2013 net interbank lending of domestically-funded large banks amounted to RMB47 trillion yuan, RMB15.4 trillion yuan less than that in the previous year, mainly due to larger decreases in the second and third quarters. Second, borrowings by small- and medium-sized banks declined substantially year on year. In 2013, net borrowings by small- and medium-sized banks posted RMB12.7 trillion yuan, a decline of RMB12.1 trillion yuan from the previous year. In particular, on the interbank lending market, small- and medium-sized banks changed from net fund borrowers in the previous year to net fund lenders in this year and, together with the large banks, they provided funding to other borrowers. Third, the demand for financing of securities firms and fund management companies increased by RMB3.2 trillion yuan year on year, the demand for financing by insurance companies was stable, while that of other financial institutions and vehicles declined substantially compared

Table 6 Fund Flows among Financial Institutions in 2013

Unit: RMB100 million yuan

	Repos		Inter-bank borrowing	
	2013	2012	2013	2012
Domestically-funded large banks[1]	-439,669	-550,748	-30,650	-73,486
Domestically-funded small- and medium-sized banks[2]	152,761	242,558	-25,633	5,112
Securities and fund management companies	158,905	130,067	38,354	34,889
Insurance companies	55,543	53,270	25	0
Foreign-funded financial institutions	12,679	20,734	1,598	9,972
Other financial institutions and vehicles[3]	59,780	104,120	16,307	23,513

Notes: 1. Domestically-funded large banks include the Industrial and Commercial Bank of China, the Agricultural Bank of China, the Bank of China, the China Construction Bank, the China Development Bank, the Bank of Communications, and the Postal Savings Bank of China.

2. Domestically-funded small- and medium-sized banks include the China Merchants Bank and sixteen other medium-sized banks, small-sized city commercial banks, rural commercial banks, rural cooperative banks, and village and township banks.

3. Other financial institutions and vehicles include urban credit cooperatives, rural credit cooperatives, finance companies, trust and investment companies, financial leasing companies, asset management companies, social security funds, investment companies, corporate annuities, and other investment vehicles, among which some financial institutions and vehicles did not participate in the interbank lending market.

4. A negative sign indicates net lending and a positive sign indicates net borrowing.

Source: China Foreign Exchange Trade System.

with the previous year.

During the first five months of 2013 interest rates on the money market were generally stable. In June interest rates initially rose rapidly but then fell. Thereafter, they performed stably. Interest rates edged up in the fourth quarter. In December, the weighted average interest rate of bond-pledge repo and interbank borrowings posted 4.28 percent and 4.16 percent respectively. At end-2013, overnight and 7-day Shibor rates posted 3.15 percent and 5.25 percent respectively, down 72 and 67 basis points from end-2012, and 3-month and 1-year Shibor rates were 5.56 percent and 4.96 percent respectively, up 166 and 56 basis points over end-2012.

Box 4 Several Perspectives on the Changes in Market Interest Rates

Since 2013 interest rates on the financial market have witnessed an overall increase and heightened volatility, thus attracting widespread public attention. It is noteworthy that the aforesaid phenomenon occurred in the context of accelerated financial innovations, rapid development in debt financing, continuous advancement in the market-based interest-rate reform, and volatile international capital flows against the background of the opening-up environment. Efforts should be made to carry out an objective analysis of the relationship among these various factors and to look into the inherent mechanism for the heightened volatility in market interest rates.

As the market-based interest rate is the price of funds, its change is the outcome of the interactions between supply and demand for liquidity. In June 2013, the money market saw a large fluctuation in interest rates, which was related to a number of factors, such as rumors in the market, concentrated payments of corporate taxes, increased demand for liquidity during the Dragon Boat Festival holidays, developments in the foreign- exchange market, and the semi-annual evaluation of the commercial banks. From a broader and overall perspective, it reflected the conflict between excessive liquidity demand and appropriate liquidity supply. In the first five months of 2013, the average monthly growth of M2 registered 15.7 percent, surpassing the target envisioned at the beginning of the year. All-system financing aggregates hit several record-highs and saw an acceleration of RMB3.12 trillion yuan in the first five months of 2013 compared with the same period of the last year. Interbank business expanded rapidly and by end-May 2013 it had increased by more than 50 percent year on year. Within the interbank business, a considerable part is the proxy of bank loans, while financing and outstanding debts expanded rapidly and structural problems, such as maturity mismatches, became more prominent. Furthermore, in the first half of the year, the Chinese economy also faced downward pressures and its economic development was out of sync with its financial development. The central government soberly assessed the complex situation, choosing not to stimulate the economy by loosening monetary policy but allowing policies to be well-targeted and with appropriate strength and maintaining a sound monetary policy stance. Due to the firm implementation of appropriate overall liquidity, the rapid increase in money, credit, and all-system financing aggregates that had been seen in the first several months of 2013 was contained and closely corresponded to the annual target. In the second half of the year, the initial acceleration of the inflation rate that had been seen in the first half of the year was gradually stabilized, playing an active role in containing the rapid increase in the overall debt level and leverage rate. In the second half of the year, issues such as the rapid loan growth of financial institutions, the accelerated expansion of interbank business, and the maturity mismatches, were resolved to varying extents.

Heightened volatilities in market interest rates were also related to the strengthened role of the central bank in adjusting the overall liquidity supply. It has become normal practice for monetary policy to guide and adjust money and credit aggregates. The reasons why this has been reflected more in the changes in market rates since 2013 are related to the deepening of the market and the accelerated financial innovations. Many people have wondered why the market encountered the problem of so-called "tight money" against the background of the huge outstanding M2. In fact, asset expansion and financial innovations, such as the off-balance-sheet business of commercial banks, either directly or indirectly required the liquidity support of the banking system (base money). As the various financing activities became more active, they would consume more liquidity in the banking system, leading to an increased demand for liquidity (base money). As the liability structure and maturity structure became more complicated, financial institutions became more sensitive to changes in liquidity. Similarly, as financial innovation accelerated and financial products became more complicated, we had to rely more on the overall liquidity supply tool to control all-system financing aggregates and monetary conditions. When overall liquidity supply plays a role in adjusting and restraining the rapid growth of financing, it is reflected in changes in market interest rates as the price of liquidity, and the co-movements of prices and the quantity of liquidity will increase. This means that market interest rates are more responsive to the economic situation and changes in liquidity demand and supply. The financial market needs to tolerate reasonable interest-rate movements to allow the interest rate to play a role in guiding resource allocations and to adjust the behavior of economic agents.

In addition, the market-based interest-rate reform, economic and structural factors, and the spillover effects in an open macro-economic environment merit closer attention. The market-based interest-rate reform is a process of regulated interest rates moving to a rediscovery of equilibrium interest rates. Judging from international experiences, at the initial stage of this process, interest rates with medium-ends tend to rise and fluctuations in the interest rates may heighten. This actually indicates that the interest rate is playing a more important role in reflecting market demand and supply, and it is helping the price tool to play a more decisive role in resource allocations. In addition, some sectors with soft-budget constraints have a strong demand for funds and are relatively less sensitive to changes in interest rates. Their massive amount of financing also pushed up the costs of financing for the entire society. Furthermore, links among various economies have become closer in the open global economy. Due to the expected tapering of the QE by the U.S. Fed, increases in U.S. treasury bond yields have pushed up long-term rates throughout the world, and by end-2013 U.S. 10-year treasury bond yields had risen by 126 basis points over the end of the last year, thus having some influence on interest rates in the Chinese market.

Overall, market interest rates have become more sensitive to changes in fundamentals, which is the result of the combined effects of various factors. During this period, the different parties need to gradually adapt to the new situations. At the same time, the mechanism needs to be gradually improved. In the next stage, the PBC will further improve its monetary policies by using a mix of quantitative, price-based, and macro-prudential measures, and will strike a better balance between liquidity management and interest-rate movements to adjust and guide market expectations. It is also worth noting that financial issues are often a concentrated reflection of economic problems. Continuous efforts should be made to accelerate structural adjustments and reforms, to control the rapid debt expansion arising from the soft-budget constraints, and to improve the financial eco-system so as to increase the effectiveness of macro-economic management.

Trading of RMB interest-rate swaps was less brisk, and there were fewer bond forwards and forward interest-rate agreement transactions. In 2013, the total notional principal of RMB interest-rate swaps amounted to RMB2.7 trillion yuan, a decrease of 6.0 percent year on year. In terms of the maturity structure, RMB interest rates with a maturity of one year or less traded

Table 7 Transactions of Interest-rate Derivatives

	Interest-rate swaps		Bond forwards		Forward-rate agreements	
	Number of deals (lots)	Amount of notional principal (RMB100 million yuan)	Transactions (lots)	Amount (RMB100 million yuan)	Transactions (lots)	Amount of notional principal (RMB100 million yuan)
2008	4,040	4,121.5	1,327	5,005.5	137	113.6
2009	4,044	4,616.4	1,599	6,556.4	27	60.0
2010	11,643	15,003.4	967	3,183.4	20	33.5
2011	20,202	26,759.6	436	1,030.1	3	3.0
2012	20,945	29,021.4	56	166.1	3	2.0
2013	24,409	27,277.8	1	1.0	1	0.5

Source: China Foreign Exchange Trade System.

most briskly, and their aggregate nominal principal amounted to RMB2.1 trillion yuan, accounting for 75.6 percent of the total. The base rates of the floating end of the RMB interest-rate swaps mainly included the 7-day fixing repo rate and the Shibor, with their nominal principal accounting for 65.4 percent and 33.2 percent of the total respectively.

2. Bond transactions saw a year-on-year decline whereas bond issuances continued to increase

The turnover of spot bond transactions on the interbank market declined year on year. In 2013 a total of RMB41.6 trillion yuan of bonds was traded, with a daily average of RMB166.4 billion yuan, down 44.9 percent year on year. In terms of trading entities, domestically-funded large banks, insurance companies, foreign-funded financial institutions, and other financial institutions and vehicles were mainly net purchasers on the spot bond market, with net purchases of RMB274.7 billion yuan, RMB114.3 billion yuan, RMB172.8 billion yuan, and RMB290.3 billion yuan respectively; domestically-funded small- and medium-sized banks, and securities companies and fund management companies were mainly net bond sellers, with net amounts of RMB684.8 billion yuan and RMB167.3 billion yuan respectively. A total of RMB80.4 billion yuan of government securities was traded on the stock exchanges in 2013, RMB8.3 billion yuan less than that during the previous year.

In 2013 the China Bond Composite Index (net price) declined from 100.69 points at the beginning of the year to 96.07 points at year-end, or down 4.59 percent, while the China Bond Composite Index (full price) declined from 111.63 points to 107.47 points, or down 3.73 percent. The government securities index on the stock exchanges rose 2.71 percent, from 135.84 points early in the year to 139.52 points at year-end.

In 2013 the yield curve of government securities on the interbank market showed a generally flattening and upward trend, and their movements could be divided into the following two phases. In the first five months, the yield curve of government securities moved downward amid fluctuations. In the second phase, from June to December, the yield curve of government securities continued to move up and showed a notable flattening trend. In late

Figure 2 Yield Curves of Government Securities on the Interbank Bond Market

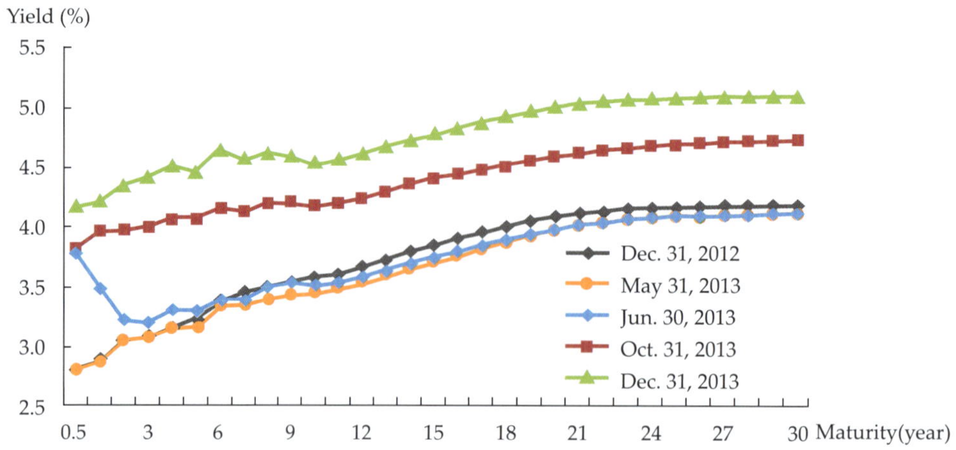

Source: China Government Securities Depository Trust and Clearing Co., Ltd..

June, the yield curve of government securities at short ends rose rapidly, while that at long ends remained stable or even fell for a while. Since late October, the yield curve of government securities continued to move up. At end-December, the yields of 1-year, 3-year, 5-year, 7-year, and 10-year government securities were 131, 132, 124, 112, and 98 basis points higher respectively than those at end-2012.

Bond issuances continued to grow, and the methods for issuing bonds were more innovative. In 2013, a total of RMB8.86 trillion yuan of bonds (including central bank bills) was issued, RMB887.9 billion yuan more than that during the previous year. At the end of 2013, the outstanding balance of all sorts of domestic bonds posted about RMB30 trillion yuan, up 12.3 percent year on year. The pre-issuance (trial) of the treasury bond business was launched to increase the efficiency of the pricing of government bond issuances. Financial bonds were allowed to be issued across different markets so as to further promote inter-linkages in the exchange market and the over-the-counter market, and the first batch of such financial bonds, with a face value of RMB12 billion yuan, offered by the China Development Bank was successfully issued on the Shanghai Stock Exchange on December 27, 2013.

The issuance rates of government securities of all maturities edged up. The interest rate of 30-year government bonds issued in December was 5.05 percent, up 93 basis points from that of those of the same maturity issued in August 2012; the interest rate of 5-year government securities issued in December was 4.13 percent, up 118 basis points from that of those of the same maturity issued in November 2012. The Shibor played a greater role in bond pricing. In 2013 the issuance amount of floating-rate bonds based on the Shibor on the primary bond market was RMB179.3 billion yuan, accounting for 59 percent of the issuance volume of all floating-rate bonds; 371 fixed-rate enterprise bonds were all based on the Shibor, with a gross issuance volume of RMB471.5 billion yuan. In addition, a total of RMB445.3 billion yuan of

Table 8 Issuances of Major Bonds in 2013

Type of bonds	Issuance (RMB100 million yuan)	Year-on-year growth (RMB100 million yuan)
Government securities[1]	20,230	4,076
Central bank bills	5,362	5,362
Financial bonds[2]	26,310	108
Of which: Financial bonds issued by the China Development Bank and policy financial bonds	19,811	-1,604
Corporate debenture bonds[3]	36,699	-667
Of which: Debt-financing instruments of non-financial enterprises	28,688	2,120
Enterprise bonds	6,252	-1,747
Corporate bonds	1,395	-1,155
Total	88,601	8,879

Notes: 1. Including municipal bonds issued by the Ministry of Finance on behalf of local governments.

2. Including financial bonds issued by the China Development Bank, policy financial bonds, policy financial bonds ordinary bonds issued by commercial banks, subordinated bonds issued by commercial banks, hybrid bonds issued by commercial banks, bonds issued by securities firms, and so forth.

3. Including debt-financing instruments issued by non-financial enterprises, enterprise bonds, corporate bonds, convertible bonds, bonds with detachable warrants, and privately placed SME bonds.

Sources: The People's Bank of China, National Development and Reform Commission, China Securities Regulatory Commission, China Government Securities Depository Trust and Clearing Co., Ltd..

short-term fixed-rate financing bills based on the Shibor was issued, accounting for 54 percent of the total.

3. Bill financing traded briskly, and bill financing rates moved up

The growth of bill acceptances moderated. In 2013 commercial bills issued by enterprises totaled RMB20.3 trillion yuan, representing year-on-year growth of 13.3 percent; the total volume of outstanding commercial bills at end-2013 posted RMB9.0 trillion yuan, representing year-on-year growth of 8.3 percent. From January to August, the outstanding balance of accepted drafts grew continuously, reaching a historic high of RMB9.6 trillion yuan by end-August. Beginning in September, the growth of bill acceptances slowed down and the outstanding balance of accepted drafts fell appreciably. By end-2013, outstanding bankers' discounted bills had increased RMB700 billion yuan from the beginning of the year. In terms of issuing entities, outstanding bankers' acceptances were mainly issued by enterprises in the manufacturing, wholesale, and retail industries, with small- and medium-sized enterprises issuing about two-thirds of the total. The steady growth of bill acceptances provided greater support to the real sector, in particular to small- and micro-sized enterprises.

Bill financing traded briskly and interest rates on the bill market in general moved up. In 2013 the cumulative amount of commercial bills discounted by financial institutions posted RMB45.7 trillion yuan, representing year-on-year growth of 44.3 percent. By end-2013, the outstanding balance of discounted commercial bills had declined 4.1 percent year on year to RMB2.0 trillion yuan. In the first half of the year, the outstanding balance of discounted commercial bills grew appreciably amid fluctuations, reaching a yearly high of RMB2.4 trillion yuan at end-May. In the second half of the year, as financial institutions strengthened adjustments in their credit aggregates and structure and properly managed the stock of bill financing, the amount of outstanding bill financing declined by RMB89.6 billion yuan from the beginning of the year. Affected by a number of factors, such as money-market interest-rate movements and changes in the supply and demand for bill financing, from January to May interest rates on the bill market were generally stable; beginning in June, volatilities on the bill market increased and interest rates moved up.

4. Turnover on the stock markets increased substantially

At end-2013, the Shanghai Stock Exchange Composite Index and the Shenzhen Component Index closed at 2,116 points and 1,058 points respectively, shedding 6.8 percent and gaining 20 percent respectively. The Growth Enterprise Board (GEB) (Chinext Price Index) of the Shenzhen Stock Exchange closed at 1,304 points, gaining 82.7 percent from the end of the last year. The weighted average P/E ratio on the A-share market on the Shanghai Stock Exchange declined from 12.3 times at end-2012 to 11 times at end-2013, while that on the Shenzhen Stock Exchange rose from 22.2 times to 28 times.

The volume of trading on the stock markets increased significantly year on year. In 2013 turnover on the Shanghai and Shenzhen stock exchanges totaled RMB46.8 trillion yuan, up 48.8 percent year on year, and the daily turnover averaged RMB196.7 billion yuan, up 52.3 percent year on year. Among the total, the volume of transactions on the GEM Board amounted to RMB5.1 trillion yuan, representing an increase of 119.6 percent year on year. At end-2013 the combined market capitalization of the Shanghai and Shenzhen exchanges posted RMB20 trillion yuan, up 9.9 percent year on year; the market capitalization on the GEM Board amounted to RMB821.9 billion yuan, a hike of 146.4 percent year on year.

The amount of equity financing on the stock market was basically flat compared with the previous year. In 2013 a total of RMB386.7 billion yuan was raised by enterprises and financial institutions on the domestic and overseas stock markets by way of IPOs, additional offerings, rights issuances, and warrant exercises, representing an increase of RMB500 million yuan year on year. Among this total, RMB280.3 billion yuan was raised on the A-share market, RMB32.5 billion yuan less than that which was raised on the A-share market during the previous year.

5. The share of investment-linked assets among total insurance assets increased

In 2013 total premium income in the insurance industry amounted to RMB1.7 trillion yuan, representing year-on-year growth of 11.2 percent, and total claim and benefit payments amounted to RMB621.3 billion yuan, representing year-on-year growth of 31.7 percent. Specifically, total claim and benefit payments in the property-insurance sector increased 22.1 percent, while those in the life-insurance sector increased 46 percent.

Total assets of the insurance industry grew

Table 9 Use of Insurance Funds, End-2013

Unit: RMB100 million yuan, %

	Outstanding balance		As a share of total assets	
	End-2013	End-2012	End-2013	End-2012
Total assets	82,887	73,546	100.0	100.0
Of which: Bank deposits	22,641	23,446	27.3	31.9
Investments	54,232	45,097	65.4	61.3

Source: China Insurance Regulatory Commission.

at a moderate rate, and the proportion of investment-linked assets went up. At end-2013, total assets of the insurance industry posted RMB8.3 trillion yuan, an increase of 12.7 percent year on year, a deceleration of 9.6 percentage points from the end of the last year. In particular, bank deposits decreased 3.4 percent year on year, and investment-linked assets increased 20.3 percent year on year, accounting for 65.4 percent of the total assets and representing an acceleration of 4.1 percentage points year on year.

6. Swap transactions on the foreign-exchange market increased rapidly

In 2013 the turnover of spot RMB/foreign-exchange transactions totaled USD4.1 trillion, representing a year-on-year increase of 21.4 percent. The turnover of RMB/foreign-exchange transactions totaled USD3.4 trillion, representing a year-on-year increase of 35 percent. Among this total, overnight RMB/USD swap transactions amounted to USD1.8 trillion, accounting for 52.2 percent of the total swap transactions; the turnover on the RMB forward market totaled USD32.37 billion, a decrease of 62.6 percent year on year. The turnover of foreign currency pair transactions amounted to USD64.23 billion, a decrease of 25.1 percent year on year. In particular, USD/EURO transactions accounted for the bulk of the total turnover, or 44.2 percent, up 15.1 percentage points year on year.

The number of participants on the foreign-exchange market expanded further. At end-2013, there were 405 members on the foreign-exchange spot market, 88 members on the foreign-exchange forward market, 87 members on the foreign-exchange swap market, 80 members on the currency swap market, and 33 members on the foreign-exchange options market. In addition, there were 31 market-makers on the spot market and 27 market-makers on the forward and swap markets.

7. The price of gold declined amid fluctuations

The price of gold declined amid fluctuations. In 2013 the price of gold on the international market reached a peak of USD1,693.75 per ounce and a trough of USD1,180.1 per ounce. At end-2013 it closed at USD1,201.5 per ounce, down USD462.5 per ounce, or 27.8 percent, from the end of the last year. The movement of domestic gold prices kept pace with the movement of gold prices on the international market. During the year, the highest price (AU9999) on the Shanghai Gold Exchange was RMB340.8 yuan per gram, and the lowest price was RMB236.36 yuan per gram. At end-2013, the price of gold on the domestic market closed at RMB236.46 yuan per gram, down RMB98.04

yuan per gram or 29.3 percent, from the end of the last year. The weighted price averaged RMB278.6 yuan per gram for the whole year, down 17.8 percent year on year.

The volume of transactions on the Shanghai Gold Exchange increased considerably, hitting a historic high. In 2013 the trading volume of gold was 11,614 tons, an increase of 82.9 percent year on year, and the turnover posted RMB3,213.4 billion yuan, an increase of 49.4 percent year on year. The trading volume of silver was 430,501 tons, an increase of 106.0 percent year on year, and the turnover posted RMB1,983.5 billion yuan, an increase of 46.1 percent year on year. The trading volume of platinum was 90 tons, an increase of 41.2 percent year on year, and the turnover posted RMB27.4 billion yuan, an increase of 30.1 percent year on year.

II. Institutional building in the financial market

1. Promoting the sound development and opening-up of the bond market

The investment channel of Qualified Foreign Institutional Investors (QFIIs) was expanded, the investment behavior of the QFIIs was regulated, and those QFIIs that had obtained licenses from the CSRC and investment quotas from the SAFE were allowed to apply to the PBC to enter the interbank bond market. The transaction and clearing business on the interbank bond market was regulated, and it was specified that all bond transactions should be conducted via the National Interbank Funding System. The payment versus delivery requirement on bond transactions on the interbank bond market was further strengthened. On December 31, 2013, the Shanghai Clearing House was authorized to issue the *Rules on the Centralized Clearing Business of RMB Interest-Rate Swaps*, which is conducive to the gradual establishment of an overall framework for centralized clearing of over-the-counter financial derivatives.

2. Steadily promoting financial innovation and development of the gold market

Efforts were made to promote innovations in the gold market based on market demand. Products such as gold forwards and swaps were launched on the interbank gold price enquiry market to provide diversified risk management tools for market participants. Infrastructural and institutional building in the gold market was strengthened. The 2.5 generation version of the trading system was successfully launched on the Shanghai Gold Exchange and its efficiency and safety were further improved. In addition, Friday night trading was launched to further extend the trading hours.

3. Infrastructural building of the foreign-exchange market was strengthened

The *Guidelines on the Management of Market-makers on the Interbank Foreign- Exchange Market* were amended to further increase liquidity on the foreign-exchange market and to improve the price discovery mechanism. The *Notice of State Administration of Foreign Exchange on Adjusting Management of RMB/Foreign-Exchange Derivatives* was issued to improve the functioning of RMB/foreign- exchange derivatives on the domestic market and to help market players manage their exchange-rate risks. Efforts were made to promote the building of a trading platform on the interbank foreign-exchange market and to regulate net clearing business price enquiry transactions on the interbank foreign-exchange market.

4. Institutional building of the securities market was improved

The reform of IPOs was formally launched. On November 30, 2013, the CSRC issued the *Opinions on Further Promoting the Reform of IPOs*. The *Opinions* further highlighted the principle of information disclosure-based regulation and increased the intensity of information disclosure and verification so as to protect the rights of small- and medium-sized investors to information, participation, supervision, and claims. Efforts were made to gradually rationalize the issuance, pricing, and placement of new stocks according to market principles, to strengthen market discipline, and to urge market participants to carry out their responsibilities. At the end of 2013, the issuance of new stocks gradually resumed.

Continued efforts were made to promote the building of a multi-tiered capital market. On June 20, the Standing Meeting of the State Council decided to expand the pilot scheme of National Equities Exchange and Quotations for small- and medium-sized enterprises to the entire country. On December 14, the State Council issued the *Decision on Issues Concerning the National Equities Exchange and Quotations*, specifying the positioning of National Equities Exchange and Quotations, the rotation system of different boards, simplification of the administrative approval system, proper investor management and coordinated supervision, and so forth. The launch of an equity transfer system will give fuller play to the role of the capital market in supporting economic transformation and upgrading and represents a new achievement in the building of a multi-tiered capital market.

Efforts were made to further protect the legitimate rights and interests of small- and medium-sized investors. On December 25, the State Council issued the *Opinions on Further Strengthening Protection of the Legitimate Rights and Interests of Small- and Medium-sized Investors in the Capital Market*, which put forward some 80 policy measures, mainly in nine areas such as improving the appropriateness of investors, optimizing the investment return mechanism, and protecting the right to know of small- and medium-sized investors.

Efforts were made to steadily push ahead with reform and innovation in the capital market. On September 6, treasury bond futures were formally listed and traded on the stock exchanges. The launch of treasury bond futures will help improve the issuing system for treasury bonds, guide the optimization of resource allocations, and increase the capacity of the financial sector to serve the real sector. On November 30, the State Council issued the *Guidelines on the Pilot Scheme of Preferred Stocks*. The launch of preferred stocks will help expand the capital replenishment channel of enterprises, accelerate the development of direct financing, promote M&As and restructuring of enterprises, and provide diversified investment channels for investors so as to promote the stable development of the capital market.

5. Institutional building of the insurance market was improved

The market-based reform of the insurance industry was advanced. The reform of the ordinary life insurance premium rate was formally launched. On the front end, constraints on the premium rate of insurance products were lifted and heretofore will be determined by the insurance companies and the market; on the rear end, the premium rate of statutory reserves will influence and guide the reasonable pricing of front-end premium rates so as to strengthen the statutory reserves and solvency supervision. The reform of the use of insurance funds was further advanced, the capacity building of insurance companies in investment management was strengthened, and insurance asset management companies were allowed to engage in asset management business and management of publicly-placed funds. The reform of market access and exit mechanisms was deepened, the proportion of investment by a single shareholder in an insurance company was properly relaxed, and administrative rules for the management of M&As of insurance companies were formulated.

Efforts were made for the insurance industry to better serve the whole society and the real economy. After formal implementation of the *Regulation on Agricultural Insurance* on March 1, 2013, the relevant departments further specified the management of the operation, provision, and premium rates of agricultural insurance and regulated the provision, management, use, and supervision of agricultural insurance catastrophic risk reserves. Efforts were made to specify management, and market access and exit of urban and rural residents' major illness insurance to promote the healthy development of the insurance business for major illnesses. New standards for life insurance disability evaluation criteria were developed, and the scope of payments for accident insurance disability claims was significantly expanded. A pilot scheme was carried out to have compulsory liability insurance for those industries with high environmental risks. A preferential deferred tax policy for corporate annuities and occupational annuities was unveiled to promote the building of a multi-tiered pension insurance system.

Supervision of the insurance industry was strengthened. The framework for a second-generation solvency regulatory system was published, laying a foundation for improving the modern solvency regulatory system to be compatible with the Chinese environment. Supervision of the insurance intermediary market was strengthened, and the market access threshold for insurance intermediaries was increased. Efforts were made to guide development of the scale of specialized insurance intermediaries, the management of insurance salesmen, brokers, and public loss assessors was strengthened, and basic service standards for specialized insurance intermediaries were regulated. The handling of insurance consumer complaints was regulated to better protect the interests and benefits of clients.

PART 4

Macroeconomic Analysis

I. Global economic and financial developments

In 2013 the world economy experienced a slow and zigzag recovery. The growth momentum in the U.S. continued to strengthen, while policy risks remained. The euro zone stepped out of recession, but the recovery was not solidly grounded. Although Japan waged a powerful rebound as a result of the policy stimulus, Japan still faced long-run challenges. In some emerging-market economies, as growth slowed down and financial markets fluctuated, risks became more acute.

1. Economic development in the major economies

The economic growth momentum continued to strengthen in the U.S. GDP growth recorded 1.9 percent for the entire year of 2013, accelerating quarter by quarter during the first three quarters. The real GDP growth was 4.1 percent quarter on quarter (annualized) during the third quarter, the highest since the first quarter of 2012. The property market continued to recover. Stock indices hit record highs. Driven by the property-market recovery and the wealth effects from the bullish stock market, private consumption grew rapidly. The Purchasing Managers Index (PMI), compiled by the Institute for Supply Management (ISM), was above the threshold of 50 throughout the year except during May. The trade deficit narrowed substantially, recording USD471.5 billion for the whole year, a year-on-year decline of 11.8 percent. The unemployment rate dropped from 7.9 percent in January to 6.7 percent in December, the lowest level since November 2008. Inflation remained low throughout the year. On December 18, the Federal Reserve adjusted the projection for economic growth in 2014 from 2.9~3.1 percent to 2.8~3.2 percent.

Box 5 Observations on the Recent U.S. Economic Situation

In the recent two years, among the major advanced economies the recovery momentum has been relatively good in the U.S. Average quarter-on-quarter GDP growth posted 2.2 percent in the period from 2012 to the third quarter of 2013, and unemployment rate fell from 8.5 percent in December 2011 to 6.6 percent in January 2014. The Federal Reserve's announcement of a scaling back of the quantitative easing monetary policy at end-2013 can also be attributed to the economic recovery. From a supply and demand perspective, when both supply and demand improve, economic growth will accelerate while the price level will remain relatively stable or will even drop. In the U.S., favorable factors on both the supply and demand sides are conducive to an economic recovery.

Since the outbreak of the crisis, while the Federal Reserve cut the interest rate on several occasions and launched the quantitative easing, the U.S. government took measures that aimed to improve demand and supply. On the demand side, one measure was a tax cut and tax relief, in a total amount of USD530 billion, to boost consumption, including USD400 billion of tax relief for individual taxpayers and benefits in the amount of USD100 billion for low-income people, the unemployed, and the retired, and USD30 billion tax incentives to businesses. The second measure was to increase government spending by USD380 billion, including USD150 billion for medical care, USD100 billion for education, and USD100 billion for infrastructure investment. On the supply side, businesses were encouraged to invest in and expand production capacity and to promote the development of small and medium-sized enterprises (SMEs). Due to the depreciation privilege policy, businesses can claim 50 percent of depreciation on real estate or equipment purchases during the same period. From 2009 to 2010, seventeen tax relief programs were launched to encourage and reward small enterprises to hire more, in addition to measures to facilitate small businesses to get loans from the Small Business Administration. Second, protection of intellectual property rights was a priority measure to promote innovation. The Department of Justice and the Department of Homeland Security reinforced a crackdown on copyright infringements involving digital and electronic works and theft of commercial secrets, and strengthened international cooperation in combating the manufacturing and selling of non-authorized patented drugs.

The debt level of the U.S. private sector experienced significant changes. At the beginning of a deleveraging period, a shrinking household balance sheet usually depresses consumption and investment expenditures and puts a drag on economic growth. However, with a declining debt level, a recovery of credit lending will support an expansion of aggregate demand and lay a foundation for a future economic boom. After the outbreak of the financial crisis, on the one hand the U.S. government helped alleviate the debt burdens of the private sector with USD700 billion in the Troubled Asset Relief Program (TARP) and massive tax cut measures, while on the other hand, financial institutions, households, and the corporate sector underwent self-adjustments through defaults and bankruptcies. About 140 and 157 banks claimed bankruptcy in 2009 and 2010; business bankruptcy cases also increased considerably, reaching 420,000 in the second quarter of 2010 respectively; 2.63 percent of residential home mortgages were in default in 2010, up by 1.5 percentage points from end-2007; in March 2010 there were 367,000 home foreclosures, an increase of 70 percent from end-2007. Affected by the aforesaid factors, the debt ratios in various sectors declined. In the financial sector, the equity-to-asset ratio of financial holding companies and institutions covered by the Federal Deposit Insurance Corporation (FDIC) remained at relatively high levels since 1984 (Figure 3). In the household sector, total U.S. consumer debt dropped to USD11.3 trillion in the third quarter of 2013, from a peak of USD12.7 trillion in the third quarter of 2008 (Figure 4). In the corporate sector, the ratio of private-sector lending by the banking sector to GDP fell from 213.9 percent in 2007 to 192.4 percent in 2012.

Figure 3 Equity-to-Asset Ratio in the Financial Sector

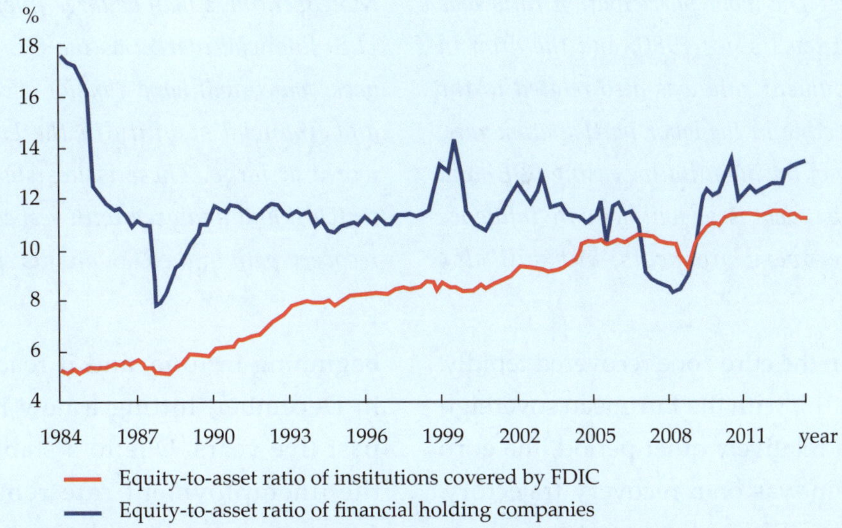

Source: CEIC.

Figure 4 Total Debt of the Household Sector and Changes in Its Composition

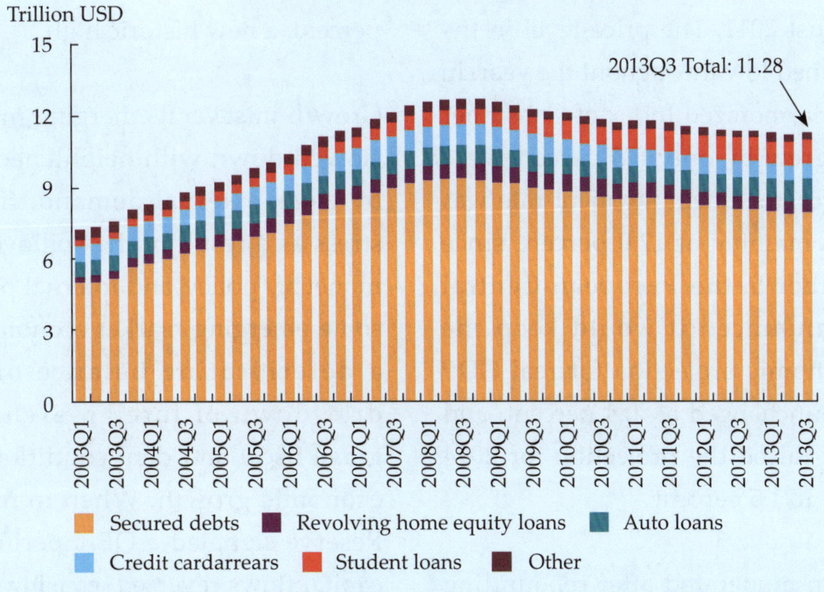

Source: Federal Reserve Bank of New York.

In addition, the self-repairing capability of the U.S. economy, the newly emerging growth points facilitated by the sophisticated market economic system, the recently observed improvement in energy supply, the increase in the equipment investment ratio, and the recovery and expansion of capacity are all conducive to supply gains and to bolstering the economic recovery.

Of course, it deserves noting that the outlook for

an economic recovery is also overshadowed by uncertainties. The labor participation ratio was at its lowest level since 1980, and the drop in the unemployment rate was also related to the continued decline in the labor participation rate. The tapering of the quantitative easing (QE) and the government debt issue will not only influence economic recovery prospects, but will also generate relatively big spillover effects globally. Moreover, there may be large fluctuations on the U.S. financial market as the QE is being scaled back, which will have a major effect on economic and financial stability in the U.S. and in the world at large. These issues should be closely watched and analyzed with respect to a possible recovery path in the U.S. and its spillover effects.

The economy in the euro zone recovered tepidly. Beginning in 2013, with the European sovereign debt crisis in a relatively quiet period, the euro zone once again was on a recovery trajectory. The euro-zone ZEW indicator of economic sentiment, which measures consumer and business confidence, edged up gradually since April, reaching 100 in December, the highest level since August 2011. The price level in the euro zone remained low throughout the year. In December, the Harmonized Index of Consumer Prices (HICP) grew by only 0.8 percent year on year. However, the unemployment rate was still elevated, remaining at 12.0 percent since Q4. On December 5, the European Central Bank (ECB) announced it would keep the ECB macro-economic projection for real GDP growth in 2013 unchanged at -0.4 percent, and in September it raised the projection for 2014 from 1.0 percent to 1.5 percent.

Growth in Japan moderated after rebounding strongly. Due to a substantial yen depreciation and a massive fiscal stimulus, economic growth in the first two quarters of 2013 rebounded sharply, before declining markedly in the third quarter, with real quarter-on-quarter GDP growth (annualized) posting at 1.1 percent. The year-on-year core CPI became positive beginning in June, and it reached 1.3 percent in December, hitting a new high during the past five years. Due to a stable labor market, the unemployment rate remained at about 4.0 percent for the whole year. Affected by rising import costs and other factors, the trade deficit recorded 11.47 trillion Japanese yen in 2013, representing year-on-year growth of 65.3 percent, a new historic high.

Growth in several emerging market economies slowed down with heightened risks. Affected by weak external demand, financial market stress as a result of the spillover from the U.S. monetary policy, and internal problems, in 2013 some emerging market economies experienced a deteriorating balance of payments, a drawdown of foreign-exchange reserves, grave fiscal and debt conditions, and slowing economic growth. When in May the Federal Reserve signaled a QE tapering, international capital flows reversed, causing large volatilities in the financial markets of several emerging market economies. In general, the fundamentals in the emerging-market economies were relatively weak. Considering the QE tapering and other uncertain factors, short-term risks in some economies might increase.

Table 10 Macroeconomic and Financial Indices in the Major Economies

Country	Index	2012 Q4			2013 Q1			2013 Q2			2013 Q3			2013 Q4		
		Oct.	Nov.	Dec.	Jan.	Feb.	Mar.	Apr.	May	Jun.	Jul.	Aug.	Sept.	Oct.	Nov.	Dec.
United States	Real GDP growth rate (annualized quarterly rate, YOY, %)	0.1			1.1			2.5			4.1			3.2 (primary estimate)		
	Unemployment rate (%)	7.8	7.8	7.9	7.9	7.7	7.5	7.5	7.5	7.5	7.3	7.2	7.2	7.2	7.0	6.7
	CPI (YOY, %)	2.2	1.8	1.7	1.7	2.0	1.5	1.1	1.4	1.8	2.0	1.5	1.2	1.0	1.2	1.5
	DJ industrial average(closing number)	13,096	13,025	13,104	13,861	14,054	14,579	14,840	15,116	14,910	15,500	14,810	15,129	15,237	16,086	16,577
Euro Area	Real GDP growth rate (annualized quarterly rate, YOY, %)	-0.5			-0.2			0.3			0.1					
	Unemployment rate (%)	11.7	11.8	11.9	12.0	12.0	12.0	12.1	12.1	12.1	12.1	12.1	12.1	12.0	12.0	12.0
	HICP (YOY, %)	2.5	2.2	2.2	2.0	1.8	1.7	1.2	1.4	1.6	1.6	1.3	1.1	0.7	0.9	0.8
	EURO STOXX 50(closing number)	2,525	2,551	2,569	2,641	2,647	2,698	2,725	2,662	2,605	2,699	2,671	2,789	2,774	2,901	2,919
Japan	Real GDP growth rate (annualized quarterly rate, YOY, %)	-0.6			4.5			3.6			1.1					
	Unemployment rate (%)	4.2	4.2	4.3	4.2	4.3	4.1	4.1	4.1	3.9	3.8	4.1	4.0	4.0	4.0	3.7
	Core CPI (YOY, %)	0.0	-0.1	-0.2	-0.2	-0.3	-0.5	-0.4	0.0	0.4	0.7	0.8	0.7	0.9	1.2	1.3
	NIKKEI 225(closing number)	8,928	9,446	10,395	11,139	11,559	12,398	13,861	13,775	13,677	13,668	13,389	14,456	14,328	15,662	16,291

Source: Statistical bureaus and central banks of the relevant economies.

2. Developments in global financial markets

Since the beginning of 2013, affected by such factors as the slow global economic recovery and expectations of policy changes in the major advanced economies, global financial markets fluctuated violently. The stock markets in some advanced economies rallied, breaking several historic records. The financial markets in some emerging market economies fluctuated for a period of time, and exchange rates depreciated substantially.

The euro appreciated slightly against the US dollar, whereas the Japanese yen and the currencies in most emerging market economies continued to depreciate against the US dollar. As of end-2013, the exchange rate of the USD/EUR closed at 1.3745 dollar per euro, an appreciation of 4.2 percent from end-2012, and the exchange rate of the JPY/USD closed at 105.30 yen per dollar, a depreciation of 17.6 percent from end-2012. Most of the emerging-market currencies depreciated. Among them, the Indonesia rupiah and the Argentinean peso depreciated by over 20 percent since the end of the previous year, whereas the Indian rupee, the Brazilian real, and the South African rand depreciated by over 10 percent.

The USD Libor fluctuated at a subdued level. As of December 31, the 1-year USD Libor was 0.5831 percent, a decline of 26 basis points from the end of the last year. The Euribor remained low due to the ECB interest-rate cut and other factors. As of December 31, the 1-year Euribor registered at 0.5560 percent, an increase of 1 basis point from the end of the last year.

Government bond yields in the U.S. and Germany rose, whereas yields decreased appreciably in Japan, and yields in some of the emerging market economies rose considerably.

At end-2013, 10-year government bond yield in the U.S. and Germany closed at 3.04 percent and 2.11 percent respectively, up 126 and 73 basis points compared with end-2012. The 10-year government bond yield in Japan closed at 0.736 percent, down 6 basis points from the end of the last year. In the emerging market economies, the 10-year government bond yields continued to rise, in particular in Brazil, Turkey, Indonesia, South Africa, and Russia, increasing 403, 372, 327, 153, and 86 basis points respectively from the end of the previous year.

The stock indices in the major advanced economies rallied, but they fluctuated wildly in some of the emerging market economies. At end-2013, the Dow Jones Industrial Average Index, the STOXX50 Index, and the Nikkei 225 Index closed at 16,577, 2,919, and 16,291 points respectively, up 26.5 percent, 13.3 percent, and 56.7 percent from the end of the last year. The stock market indices in most of the emerging-market economies fluctuated even more violently. From June to September, the stock-market indices in Indonesia, Turkey, and India fluctuated by 20.4 percent, 23.0 percent, and 15.3 percent respectively.

3. Monetary policies in the major economies

The major advanced economies maintained their quantitative easing policies. In its December statement, the Federal Open Market Committee (FOMC) announced that it would scale back the asset purchase program to USD75 billion per month, and the purchase of mortgage-backed securities and long-term government bonds would be cut by USD5 billion respectively. The Federal Reserve also adjusted its forward guidance, claiming that even if the unemployment rate dropped to below 6.5 percent and if inflationary expectations remained below 2 percent, it might still be appropriate for the Federal Fund Rate to be kept at the current low level for a relatively long period of time. In May the ECB cut the minimum bid rate on the main refinancing operations by 25 basis points and slashed the rate on the marginal lending facility from 1.5 percent to 1 percent. In November, the ECB cut the minimum bid rate on the main refinancing operations by another 25 basis points to 0.25 percent and the rate on the lending facility by 25 basis points to 0.75 percent. On several occasions, the ECB emphasized that it might maintain an easy monetary stance for a long time in order to promote an economic recovery in the euro zone. The Bank of Japan (BOJ) issued a joint statement with the Japanese government on January 22, deciding to introduce an inflation target of 2 percent and to launch an asset purchase program in an amount of 13 trillion yen per month starting from 2014 and with no time limit until the inflation target is met. In early April, the BOJ decided to implement a "quantitative and qualitative monetary easing" and shifted the operational target of monetary policy from the unsecured overnight call rate to the monetary base, with a target of doubling the monetary base, the purchase of long-term Japanese Government Bonds (JGB), and the average remaining maturity of JGB purchases so as to achieve the 2 percent inflation target within two years. Throughout the year, the Bank of England maintained the Bank Rate at 0.5 percent and the size of asset purchases at 375 billion pounds, and on August 7 it launched the "forward guidance monetary policy", announcing that it had no intention of raising interest rates until the unemployment rate drops to below 7 percent.

At the beginning of 2013, facing downward pressures, the monetary policy pursued by the emerging markets tilted toward an easing stance. In the second and third quarters, their monetary policies began to diverge, with some countries tightening their monetary stance in response to inflationary pressures, capital outflows, and pressures for a depreciation of the local currency, and other countries continuing to ease the monetary policy in order to boost the economy. Among them, the Reserve Bank of India (RBI) lowered the benchmark interest rate on three occasions in the first half of the year to 7.25 percent, and then raised it on September 20 and October 28 to 7.75 percent in response to inflationary pressures. From June, The Bank of Indonesia raised the benchmark interest rate to 7.5 percent on five occasions. The Central Bank of Brazil increased the benchmark interest rate to 10.0 percent on a total of six occasions during the year. The Central Bank of Thailand cut the policy rate to 2.25 percent on two occasions by 25 basis points respectively in order to boost the economy. The Central Bank of Hungary cut the benchmark interest rate to 3.0 percent on 12 occasions by a total of 275 basis points. The Central Bank of Chile lowered the benchmark interest rate to 4.5 percent on two occasions, each by 25 basis points, hitting the lowest level since April 2011.

4. World economic outlook and major risks

In its *World Economic Outlook Update* released in January 2014, the International Monetary Fund (IMF) revised upward the projection for global growth in 2013 and 2014 by 0.1 percentage point respectively, to 3 percent and 3.7 percent. The projections for growth in the U.S. were 1.9 percent and 2.8 percent respectively, an increase of 0.3 and 0.2 percentage point from the previous forecast; the projections for growth in the euro zone were -0.4 percent and 1.0 percent respectively, at a par with the projections in October; the projections for growth in Japan were 1.7 percent for the two years, representing a downward and an upward adjustment of -0.3 and 0.5 percentage point respectively from the previous projections; growth in the emerging market economies and the developing countries in 2013 was projected to be 4.7 percent, representing an upward adjustment of 0.2 percentage point from the previous projection, and growth in 2014 was projected to be 5.1 percent, the same as the previous projection. Looking ahead to 2014, the pace of the global recovery is expected to accelerate because of declining uncertainties regarding the U.S. fiscal policy outlook as bipartisan politics entered a peaceful period following ferocious games, reduced risks in trade and investment protectionism with breakthrough progress in the WTO Doha Round negotiations, and lower geopolitical risks as tensions in the Middle East eased. However, the world economy still faces the following risks:

First, great uncertainties in terms of how the pace of the QE tapering is to be managed by the U.S. and its impact. The direction of cross-border capital flows, exchange-rate markets, asset prices, and commodity prices need to be followed.

Second, the economic recovery outlook in the euro zone remains unclear. Exports are expected to become a driving force for economic growth. However, the euro zone as a whole must address long-term structural issues, such as the building of a firewall, risk controls, deleveraging of the banking sector, the building of a fiscal union, structural imbalances within the euro zone, and a high unemployment rate. It remains uncertain whether the ECB will take new measures to inject liquidity into the market after the conclusion of the second round of the Long-term Refinancing Operations (LTRO).

Third, the internal drivers in Japan are insufficiently strong. The 5.5-trillion-yen stimulus package to be launched by the Japanese government might increase the debt burdens for the short run. There are great uncertainties in terms of whether the effects of the short-term fiscal and monetary policy incentives can be sustained. The temporary fiscal stimulus measures may partially offset the negative effects of the increase in the consumption tax starting from April 2014. However, if the corporate sector fails to substantially raise wage levels, personal consumption may be contained. If the negative impact of the consumption tax increase on the economy is greater than expected, the BOJ might once again scale up its monetary easing, which in turn will affect the global foreign-exchange market.

Fourth, some emerging market economies may face capital outflow risks. On the one hand, external demand in the emerging market economies might improve, but the potential for a negative shock from the QE tapering by the U.S. Federal Reserve still looms large. On the other hand, the fundamentals in some emerging market economies will not secure substantive improvements in the near term. The room for their fiscal and monetary policies is narrowing, and some long-term structural problems hampering economic development will not be solved in the short run. Due to internal and external factors, the economies with weak fundamentals and current account deficits are more vulnerable to potential shocks.

II. Analysis of China's macroeconomic performance

In 2013 the Chinese economy remained stable and headed for the better. The outlook for the agricultural sector was good, and the growth of industrial production stabilized and picked up. Investment and consumption grew steadily. The inflation and employment situations were basically stable. GDP totaled RMB56.9 trillion yuan in 2013, up 7.7 percent year on year, the same as that in the last year. In 2013 the CPI rose by 2.6 percent year on year, flat with that in the previous year. The trade surplus registered USD259.75 billion.

1. Consumer demand registered steady growth, investment growth was stable though slightly down, and the structure of exports and imports was improved

Household income continued to grow and growth of consumption demand was stable. In 2013, per capita disposable income of urban households posted RMB26,955 yuan, representing year-on-year growth of 9.7 percent and price-adjusted real growth of 7 percent. The per capita net income of rural households registered RMB8,896 yuan, up 12.4 percent in nominal terms and 9.3 percent in real terms. The PBC survey of urban depositors in the fourth quarter revealed that the household income index had rebounded by 0.4 percentage point from the previous quarter to reach 50.3 percent. Retail sales of consumer goods totaled RMB23.4 trillion yuan in 2013, representing year-on-year growth of 13.1 percent, or 11.5 percent in real terms. Retail sales in urban areas registered RMB20.2 trillion yuan, up 12.9 percent year on year, whereas retail sales in rural areas grew 14.6 percent year on year to reach RMB3.2 trillion yuan.

Fixed-asset investment growth was stable but slightly slower; and private investments accounted for a higher share. Throughout the year, fixed-asset investments (excluding investments by rural households) totaled RMB43.7 trillion yuan, up 19.6 percent in nominal terms and 19.2 percent in real terms year on year. Among this total, investments by the private sector registered RMB27.5 trillion yuan, increasing by 23.1 percent over the last year. Private investments accounted for 63 percent of total investments, which was 1.8 percentage points higher than that in 2012. In terms of the regional distribution, growth of fixed-asset investments in the central and western regions continued to outpace those in the eastern region; year-on-year growth in the eastern, central, and western regions registered 17.9 percent, 22.8 percent, and 23.0 percent respectively. In terms of the sectoral distribution, fixed-asset investments in the primary, secondary, and tertiary industries grew 32.5 percent, 17.4 percent, and 21.0 percent year on year respectively.

Imports and exports registered higher growth and their structures improved. In 2013 total imports and exports gained 7.6 percent year on year to reach USD4.2 trillion, with exports rising 7.9 percent year on year to reach USD2.2 trillion and growth at a par with that in 2012; imports rose 7.3 percent to reach USD2.0 trillion, with the growth rate three percentage points higher than that in the last year. The trade surplus was USD259.75 billion. In terms of the regional distribution, the shares of the traditional markets, including Europe, the United States, and Japan declined, while the emerging markets, such as the ASEAN countries, became new growth engines. In 2013 bilateral trade volume with Europe, the United States, and Japan accounted for 33.5 percent of total trade, down 1.7 percentage points from the last year; the trade volume with the ASEAN countries, South Africa, and the five Central Asian countries grew 10.9 percent, 8.6 percent, and 9.4 percent year on year respectively. The share of private enterprises in exports and imports went up, whereas the dependence on foreign-funded enterprises was reduced. In 2013, the volume of imports and exports by private enterprises rose 20.6 percent, accounting for 33.3 percent of total imports and exports, which was 3.6 percentage points higher than that in the last year. Meanwhile, imports and exports by foreign-funded enterprises grew 1.3 percent, holding a 46.1 percent share, down 2.9 percentage points compared with the last year. In terms of the product structure, exports of machinery and electronic products and labor-intensive products grew steadily, and imports of consumer goods and some resource products experienced rapid growth. The capacity for the independent development of external trade was enhanced as the share of general trade increased and that of processing trade decreased. In 2013

Figure 5 Import and Export Growth and the Trade Balance

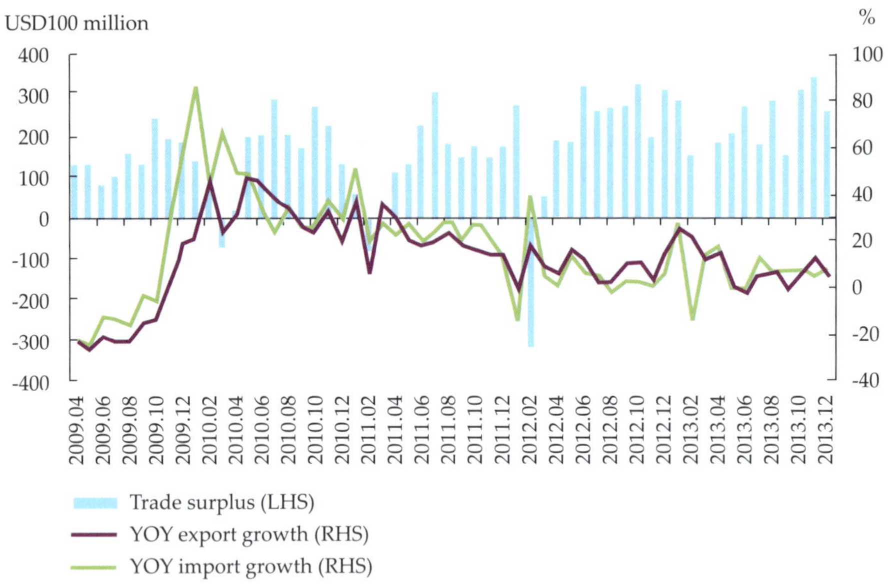

Sources: General Administration of Customs, the People's Bank of China.

utilized foreign direct investments registered USD117.59 billion. Domestic investors invested directly in 5,090 overseas enterprises in 156 countries and regions, realizing cumulative total non-financial direct investments of USD90.17 billion.

2. The outlook for the agricultural sector was good and the growth of industrial output stabilized before rebounding

For the first time, the share of the tertiary industry exceeded that of the secondary industry. In 2013 the value-added of the primary, secondary, and tertiary industries was RMB5.7 trillion yuan, RMB25.0 trillion yuan, and RMB26.2 trillion yuan respectively, up 4.0 percent, 7.8 percent, and 8.3 percent; and the three industries accounted for 10.0 percent, 43.9 percent, and 46.1 percent of total GDP respectively.

A bumper harvest was once again achieved. In 2013 the output of grain rose by 2.1 percent to reach 601.94 million tons. The total output of meat (including pork, beef, mutton, and poultry) rose by 1.8 percent year on year to reach 83.73 million tons, among which the output of pork totaled 54.93 million tons, up 2.8 percent year on year.

The growth of industrial output was stable. In 2013 the value-added of statistically large enterprises calculated with comparable prices grew 9.7 percent year on year, and the quarterly growth rates were 9.5 percent, 9.1 percent, 10.1 percent, and 10.0 percent respectively. The profits of statistically large enterprises increased by 12.2 percent to reach RMB6.3 trillion yuan, representing a growth acceleration of 6.9 percentage points compared with the last year. Among this total, profits from main businesses registered RMB6.2 trillion yuan, up 4.0 percent from the last year. In terms of industrial products, 97.8 percent were sold, which was

0.2 percentage point lower than that in the last year. The survey of 5,000 industrial enterprises conducted by the PBC in the fourth quarter revealed a slight improvement in business performance. The business index posted 58.1 percent, up 1.8 percentage points from the previous quarter, and the profitability index posted 57.6 percent, up 2.5 percentage points from the previous quarter.

3. Growth of consumer prices was basically stable

In 2013, affected by the changing domestic-growth situation, the major price indices registered low readings before stabilizing in the later months, indicating a generally stable trend throughout the year. In the first half of the year, growth of consumer prices was basically stable, whereas producer prices declined further. In the second half, as economic growth rebounded, growth of consumer prices went up at a more rapid pace and producer prices saw a reduced rate of decline.

Growth of consumer prices was the same as that in the last year. In 2013 the CPI rose 2.6 percent year on year, with the quarterly growth rates at 2.4 percent, 2.4 percent, 2.8 percent, and 2.9 percent. In terms of food and non-food items, the growth of food prices went down slightly, whereas the growth of non-food prices remained basically stable. Food prices rose by 4.7 percent in 2013, a deceleration of 0.1 percentage point from those in the last year. The prices of non-food items went up by 1.6 percent, which was the same as those in the last year. In terms of consumer goods and services, the growth of prices of consumer goods decreased whereas the growth of prices of services accelerated. In 2013 the prices of consumer goods grew 2.5 percent year on year, a deceleration of 0.4 percentage point from the last year; the prices of services increased by 2.9 percent, an acceleration of 0.9 percentage point from the last year.

Producer prices declined by a slightly larger margin. In 2013 ex-factory prices of industrial products fell 1.9 percent, which was 0.2 percentage point more than the decline in the last year; and the quarterly rates of decline were 1.7 percent, 2.7 percent, 1.7 percent, and 1.4 percent in the four quarters respectively. Producer purchasing prices declined by 2.0 percent year on year, which was 0.2 percentage point more than the decline in the last year; and the quarterly rate of decline was 1.9 percent, 2.8 percent, 1.8 percent, and 1.5 percent. The Corporate Goods Price Index (CGPI) fell by 1.2 percent year on year, declining by 1.3 percent, 2.1 percent, 0.7 percent, and 0.5 percent in each of the four quarters. The prices of agricultural products rose more rapidly than the prices of agricultural capital goods. In 2013 the prices of agricultural products rose by 3.2 percent, whereas the prices of agricultural capital goods went up by 1.4 percent.

Affected by factors such as the overall decline in commodity prices, the prices of imports continued to decrease. In the four quarters of 2013, the average prices of Brent Crude oil futures on the Intercontinental Exchange changed 2.3 percent, -8.2 percent, 6.1 percent, and -0.3 percent quarter on quarter, a cumulative decrease of 0.7 percent. Average LME spot copper prices changed 0.3 percent, -9.9 percent, -1.0 percent, and 1.1 percent in each quarter, representing a cumulative decline of 9.5 percent. Average LME spot aluminum prices changed 0.3 percent, -8.4 percent, -2.9 percent, and -0.7 percent, a cumulative decline of 11.5 percent. In 2013 import prices declined by 1.8 percent, with the quarterly rate of decline at 1.8 percent, 2.9 percent, 1.1 percent, and 1.5 percent, respectively. Export prices went down by 0.6 percent year on year, and the rate of decline in each quarter was 0.1 percent, 0.6 percent, 1.2 percent, and 0.7 percent, respectively.

The GDP deflator edged downward to some extent. In 2013 the GDP deflator (the ratio of nominal GDP to real GDP) was 1.7 percent, which was 0.3 percentage point lower than that in the last year.

The resource products pricing reform continued to make progress. First, the pricing mechanism for refined oil was further improved and quality-based pricing for fuel upgrading was implemented. Second, drawing on the experiences from the pilot programs of the pricing-mechanism reform of natural gas in Guangdong and Guangxi provinces, plans for adjusting the prices of natural gas were launched. Third, a tiered electricity pricing system for households and related mechanisms and regulations were further improved. Fourth, guidelines for speeding up the implementation of a tiered water-pricing system for urban households were issued, requiring in principle that by the end of 2015 cities should implement tiered water rates for households and qualified towns should also actively promote tiered water rates for households.

4. Growth of fiscal revenue slowed down, whereas the structure of fiscal expenditures improved

In 2013 fiscal revenue posted RMB12.9 trillion yuan, up 10.1 percent, which was 2.8 percentage points slower than that in the last year. Fiscal expenditures reached RMB14.0 trillion yuan, rising by 10.9 percent, which was 4.4 percentage points slower than that in the last year. Fiscal expenditures exceeded fiscal revenue by RMB1,060.1 billion yuan.

In terms of the structure of fiscal revenue, tax revenue registered RMB11.0 trillion yuan, up 9.8 percent, which was 2.3 percentage points lower than that in the last year. Growth of revenue slowed obviously, reflecting mainly the influences of the moderation in economic growth, the structural tax reductions, the slowing down of general trade import growth, and so forth. In terms of the categories of taxes, revenue from the domestic value-added tax, domestic consumption tax, business tax, corporate income tax, and personal income tax rose by 9.0 percent, 4.5 percent, 9.3 percent, 14.0 percent, and 12.2 percent, whereas the value-added tax on imported goods and the consumption tax declined by 5.4 percent.

As for the structure of fiscal expenditures in 2013, larger shares were taken by education, social security and employment, and agriculture, forestry, and water conservation, which accounted for 15.7 percent, 10.3 percent, and 9.5 percent of fiscal expenditures, respectively. Important expenditures concerning the people's livelihood were given priority, with urban and rural community affairs, social security and employment, and energy conservation and environmental protection growing the fastest, up 21.9 percent, 14.6 percent, and 14.2 percent, compared with the last year.

5. The employment situation was generally stable

As of the end of 2013, 769.77 million people were on the payroll, 2.73 million more than at the end of 2012. Among this total, 382.40 million were urban employees, representing 11.38 million more than those in the last year.

A statistical analysis in the fourth quarter conducted by the China Human Resources Market Information Monitoring Center on public employment service agencies in 104 cities revealed that overall labor supply and demand was in balance, with supply falling slightly short of demand, and the ratio of job seekers to job vacancies was 1.10, up 0.02 from the previous quarter and the same period of the last year. Broken down by industries, demand for labor in education, mining, finance, real estate, and so forth showed more substantial growth, whereas demand for labor in manufacturing, hotel and catering services, household services and other service industries fell slightly. Compared with the same period of the last year, young people accounted for a larger share of the population seeking jobs; whereas the shares taken by people who had lost their jobs and by people who came from rural areas or other cities declined. Regarding labor demand, 57.6 percent of the demand included explicit requirements for skills or titles; professionals with a medium-to-high level of skills and senior professionals were still in short supply.

6. A dual surplus in the balance of payments

Both the current account and the capital and financial account of the balance of payments remained in surplus. According to preliminary statistics released by the State Administration of Foreign Exchange, in 2013 the current account surplus was USD188.6 billion, accounting for 2.1 percent of GDP, down 0.2 percentage point from that in the last year, but still within the internationally recognized range of sustainability. The surplus in the capital and financial account was USD242.7 billion, whereas during the last year the capital and financial account had experienced a deficit of USD16.8 billion. Reserve assets grew by USD431.4 billion.

The total external debt continued to grow. By the end of September 2013, the outstanding external debt posted USD822.9 billion, up 11.7 percent year on year. Among this total, the stock of registered external debt posted USD496.1 billion, rising 11.4 percent compared with the last year and accounting for 60.3 percent of the total; and outstanding short-term external debt posted USD632.9 billion, increasing 17 percent year on year and accounting for 76.9 percent of the total.

7. Sectoral analysis

Profits of industrial enterprises grew rapidly. In 2013, among the 41 industries, 31 made more profits in their main businesses compared with the last year, 9 made fewer profits than in the last year, and one industry reduced the size of its loss compared with the last year. Total profits of 35 industries rose compared with the last year, of which five industries accounted for 55.3 percent, i.e., electricity, heat generation and distribution, the automotive industry, non-metallic mineral product manufacturing, computer communications, and other electronic equipment manufacturing. Nevertheless, profits in several industries declined year on year due to sluggish demand and product price cuts.

(1) The real-estate sector

In 2013 the turnover of nationwide sales of commercial housing went down month by month, but it was still higher than that during the last year. The number of cities seeing a month-on-month housing price increase grew substantially, and changes in housing prices varied to a large extent among the various cities. Growth of investment in the real-estate sector remained stable and growth of real-estate loans rebounded.

Growth of sales of commercial real estate declined month by month. In 2013 nationwide sold floor area of commercial real estate was 1.31 billion square meters, up 17.3 percent year on year. The growth rate was narrowing month by month, but the overall growth rate was still 15.5 percentage points higher than that during the last year. The sales value of commercial real estate went up 26.3 percent year on year to reach RMB8.1 trillion yuan, an acceleration of 16.3 percentage points from the last year. Among the total, the sold floor area and the turnover of commercial residential housing accounted for 88.6 percent and 83.1 percent respectively of the total sold area and of the turnover of commercial housing. Since June 2013, growth of sales of office buildings outpaced that of commercial residential housing.

More cities reported year-on-year increases in housing prices compared with the beginning of the year. In December 2013, out of 70 large- and medium-sized cities, the prices of newly-built commercial residential housing increased year on year in 69 cities, 16 more than in January, with the largest margin of increase at 21.9 percent and the lowest margin of increase at -2.8 percent; the prices of pre-owned residential housing increased year on year in 69 cities, 33 more than in January, with the largest margin of increase at 19.7 percent and the lowest margin of increase at -7.2 percent.

Growth of investments in real-estate development was stable. In 2013 investments in real-estate development totaled RMB8,601.3 billion yuan, up 19.8 percent year on year and representing an acceleration of 3.6 percentage points from the last year. In particular, investments in residential housing were RMB5,895.1 billion yuan, accounting for 68.5 percent of total investments in real-estate development. The growth rate of investments in residential housing was 19.4 percent year on year, an acceleration of 8 percentage points from the last year. The floor area of newly-built housing rose 13.5 percent year on year to reach 2.01 billion square meters, while that in 2012 had declined 7.3 percent year on year. The floor area of housing under construction grew 16.1 percent to reach 6.66 billion square meters, representing an acceleration of growth of 2.9 percentage points from the last year. The floor area of completed housing climbed 2.0 percent year on year to reach 1.01 billion square meters, representing a deceleration of growth by 5.3 percentage points.

Growth of real-estate loans accelerated. By the end of 2013, outstanding real-estate loans of major financial institutions (including foreign-funded financial institutions) posted RMB14.6 trillion yuan, an increase of 19.1 percent year on year and up 6.3 percentage points over the last year. Outstanding real-estate loans accounted for 21 percent of total outstanding loans, which was 1.2 percentage points higher than that at the end of the last year. Among the total, outstanding mortgage loans rose 21 percent year on year to reach RMB9 trillion yuan, 8.1 percentage points higher than at the end of the last year; outstanding housing development loans gained 16.3 percent year on year to reach RMB3.5 trillion yuan, representing an acceleration of growth by of 6.1 percentage points over the end of the previous year; outstanding land development loans rose 9.8 percent year on year to reach RMB1.1 trillion yuan, 3.8 percentage points lower than that at the end of the last year. In 2013 new real-estate loans reached RMB2.3 trillion yuan, which was RMB998.7 billion yuan more than in the last year. New real-estate loans accounted for 28.1 percent of total new loans, which was 10.7 percentage points higher than that at the end of last year.

Credit support for welfare housing was further reinforced. At of the end of 2013, outstanding loans for welfare housing rose 26.7 percent year on year to reach RMB726.0 billion yuan, with the growth rate 10.9 percentage points higher than that of residential real-estate development loans and accounting for 27.7 percent of total residential real-estate development loans. In addition, the pilot program of using housing provident fund loans to support the construction of affordable housing was steadily promoted. At the end of 2013, based on the construction progress, a total of RMB63.4 billion yuan of such loans had been disbursed to 301 projects in 75 cities under the affordable housing program and a total of RMB14.2 billion yuan of the principal had been repaid.

(2) The health-service sector

The health-service sector is an emerging industry and an important part of the modern service sector. It serves the purpose of protecting and promoting the physical and psychological health of the public, and it covers a variety of services, such as medical services, health management, health insurance, and related services and it involves a long industry chain, including supporting industries such as pharmaceuticals, medical apparatus and instruments, health-care products, health-care food, and fitness products. As the income and consumption level of Chinese households increase and the elderly population continues to grow, demand for health services is expanding day by day, thus it is necessary to promote more rapid development of a diversified and multi-layered health-service sector. This is needed to deepen medical-system reform, to improve the people's livelihood, and to enhance the health of the public, but it is also an important measure to further increase domestic demand, promote employment, and advance the transformation of the economic development pattern.

After implementation of the new round of reform of the pharmaceutical and health-care systems, nationwide coverage of medical insurance was basically achieved and a basic medical and health-care system was established, creating favorable conditions for accelerating the development of the health-service sector. At the end of 2012, 535.89 million people participated in urban basic medical insurance; 2,566 counties (cities and districts) started the new rural cooperative medical system, with a participation rate of 98.1 percent. As more and more people were paying attention to their health problems and related demands rise, the health-service sector developed rapidly, with an enhanced capacity and efficiency and the volume of related supporting industries expanded. In 2012 sales volume in the pharmaceutical industry, sports goods manufacturing, health-food manufacturing and domestic beauty aids, and industries manufacturing health electronic appliances registered RMB1,662.8 billion yuan, RMB101.7 billion yuan, RMB85.7 billion yuan, and RMB27.1 billion yuan respectively, up 20.9 percent, 13.1 percent, 41.8 percent, and 12.8 percent year on year.

Nevertheless, the health-service sector is still at an initial stage of development and it falls short of the people's demand for health services and the requirements for balanced economic and social development. First, the sources of investments in medical care are not diversified, and service capacity and efficiency need to be further enhanced. Currently, private hospitals face many challenges in terms of becoming medical insurance–designated hospitals, recruiting qualifying physicians, acquiring pharmaceuticals and medical devices, which hinders the efficient utilization of medical services. By the end of November 2013, there were 13,441 public hospitals and 11,029 private hospitals, with the latter accounting for 45.1 percent of the total number of hospitals. From January through November 2013, public hospitals treated 2.17 billion person-times, and private hospitals treated 0.24 billion person-times, the latter accounting for only 10.0 percent of the total. Second, medical resources and services, such as commercial health insurance and elderly care, lag behind the demand arising from economic and social development. In 2012 beds per thousand people in medical institutions totaled 4.24, and medical practitioners (including assistants) totaled only 1.94 per thousand people. The premiums for commercial health insurance accounted for only 7.9 percent of the total premiums for life insurance, whereas the share in mature insurance markets commonly totals about 30 percent. As of the end of 2013, there were 132 million people aged 65 years old or older. However, by the end of 2012, there were only 44,304 elderly-care institutions nationwide, consisting of 4,165 thousand beds and representing 21.5 beds per thousand elderly people, much lower than the goal of "providing 35~40 beds in elderly-care institutions for every thousand elderly people." Third, supporting policies for the health-service sector are neither systematic nor complete in such areas as market access, land use, finance and taxation, investment and financing, and so forth. Moreover, laws and administrative regulations related to health services require further improvement, and the service quality and the market monitoring mechanisms are in need of further strengthening.

More measures should be put in place to develop the health-service sector. The initiative and creativity of the society should be fully mobilized, market access should be expanded, and the market should play its role to a fuller extent to gradually establish a diversified and well-structured health-service system that covers the entire life cycle. Measures should be adopted to encourage innovation in business models, more rapidly develop health and elderly-care services, diversify commercial health insurance products, improve financial, taxation, and pricing policies, improve policies to guide investment and financing, improve legal standards and supervision of the health-service sector, and build a large force of health-care service professionals.

PART 5 Monetary Policy Stance to be Adopted in the Next Stage

I. Outlook for the Chinese economy

Despite the complex environment, various constraints, and multiple challenges, given the potential drivers for economic growth and other factors the Chinese economy is likely to continue its momentum of stable economic growth and progress toward higher quality growth. First of all, the potential and space for economic development remain fairly large. The various parties are keen to promote development and there are endogenous drivers for expansion, economic development complementarities among the eastern, central, and western regions, and fairly comfortable space for maneuver. In particular, after many years of rapid development, the accumulation of human capital, improvements in infrastructure, and the development of capacity for industrial support will help increase the efficiency of industrial activities and reduce transaction costs. Second, progress in the comprehensive reform will stimulate the dynamism of the economy and release the growth potential. The year 2014 will be the first year of implementation of the decisions adopted at the 3rd Plenum of the 18th CPC National Congress and of the comprehensive deepening of reform. At the Central Economic Work Conference, decisions were made to adopt forceful measures to promote reform and innovations and to work actively and in a self-initiated manner to transform the economic development model and to adjust the economic structure in order to bring about proactive growth and to play an active role in international competition. The rolling-out of the reform measures will better enable the market to play a decisive role in resource allocations, improve the efficiency of output factors, and lay a more solid foundation for sustainable and long-term economic development. At the moment, a group of new technology industries and new business models are being developed with a strong momentum. Industries and enterprises that have initiated upgrading, transformation, and innovation have become very resilient and have displayed dynamic growth. As a result of higher incomes and technological progress, tourism, consumption of information, and other new consumption models are driving the upgrading of the structure of consumption. In the external environment, the stronger recovery in the U.S, the more stable recovery in the global economy, and the projections by many institutions of higher worldwide growth in 2014 will provide a stable environment for external demand that will contribute to the steady performance of the Chinese economy. The surveys conducted by the PBC in Q4 show that the business confidence index was up 3.1 percentage points quarter on quarter and 5.5 percentage points year on year. The bankers confidence index, urban depositors future income confidence index, and future employment expectation index all moved up from the previous quarter, by 10.3 percentage points, 1.3 percentage points, and 1.4 percentage points respectively.

However, there are many risks and challenges.

In the domestic environment, the endogenous growth drivers are yet to be strengthened and potential risks in the real economy and financial sector still require attention. In recent years, a dual-driver growth pattern has emerged in China, i.e., supported by both external demand and domestic investment. In particular, in recent years the construction and development model financed by massive locality-led borrowing has been strengthened. While this has contributed to stable GDP growth, the potential risks in terms of economic performance are also on the increase. At this stage, the basis for stable economic growth is yet to be strengthened; dependence on investment and borrowing has become stronger; growth driven by high investment and the excessive concentration of investment in the real-estate sector are likely to push up the debt level and squeeze out other participants, especially small- and medium-sized enterprises, and exacerbate financing difficulties and increase the financing costs of other players. Structural problems may also affect the outcome of aggregate policies. In terms of the international situation, new drivers for strong growth of the global economy have not yet clearly emerged; the euro area remains relatively weak economically, with still-lingering potential risks; the emerging economies are undergoing a growth model transformation and their weaknesses have not been eliminated; as the U.S. Fed tapers the QE policy, long-term interest rates may go up further, and, as a result, the emerging economies will face shocks from capital outflows and changing financing costs; uncertainties remain in the global economy and international competition in terms of exports may become even fiercer. In general, given the complexities and uncertainties in the external and internal environments, it is necessary to further advance structural adjustments and transformation of the growth pattern and to make new breakthroughs at the difficult and key junctures in the adjustment and transformation.

The price situation is generally stable, but uncertainties remain. Price movements are mainly determined by the domestic and global situations as well as by changes in aggregate demand. The relative stability in the domestic and external economies, the stable monetary environment, sufficient industrial capacity, and the impact of the base factor which is relatively flat with that of last year will all contribute to the continued stability of the CPI. However, it is worth noting that the potential upward pressures of agricultural produce and the service sector, the on-going housing price hikes, in particular the large increase in housing prices in first-tier cities, may spill over to related fields and amplify cost pressures. The negative increase in the PPI is related to the excessive capacity in the process of structural adjustments and to the changes in the factor prices in the major economies and price movements of primary commodities. As the recovery of the global economy progresses, PPI changes in the major economies may affect domestic prices. According to the urban depositors' survey conducted by the PBC in Q4, 2013, the household future price expectation index was 72.2 percent, up 1.7 percentage points quarter on quarter. Price movement trends need to be closely watched.

II. Monetary policy during the next stage

The PBC will follow the strategic arrangements of the State Council, implement the decisions of the 18th CPC National Congress, the 3rd Plenum of the 18th CPC Central Committee, and the Central Economic Work Conference, follow the principle of making progress while maintaining stability, and continue reform and innovation. The PBC will continue the sound monetary policy and the stance of keeping aggregates at stable levels and optimizing the structure, maintain the stability and continuity of policy, make macro-economic measures more forward-looking, targeted, and coordinated, strike a balance among preserving stable economic growth, adjusting the economic structure, and promoting reform and preventing risks, and conduct fine-tuning and preemptive adjustments where appropriate and with the proper intensity in order to continue to provide a stable and opportune monetary and financial environment. Moreover, measures will be taken to improve the efficiency of financial resource allocations, and improve and optimize the financing and credit structures. The use of monetary policy measures will be combined with deeper reforms, with a focus on higher efficiency in resource allocations and increasing consumer dominance in deepening the reforms, to allow the market to play a decisive role in resource allocations, to make further improvements in the approach to macro-economic management in view of the deepening of and innovations in the financial market, to straighten up the transmission mechanism, and to improve the efficiency of the financial sector and services to the real economy.

First, a combination of quantitative, price, and other monetary policy instruments will be used and the macro-prudential policy framework will be improved to keep liquidity at a reasonable volume and to realize proper growth of money, credit, and all-system financing aggregates. Against a background of market deepening and rapid progress in financial innovations, adjustment and guidance of overall liquidity supply will become ever-more important. In view of the BOP account situation and the supply and demand of liquidity, a mix of instruments, including open market operations, the reserve requirement ratio, central bank lending, central bank discounts, the Standing Lending Facility, Short-term Liquidity Operations, and so forth, will be used to manage and adjust liquidity in the banking system. Communications with the market and the general public will be enhanced to stabilize expectations and to promote stable operation of market interest rates. Moreover, financial institutions will be guided to enhance liquidity and asset and liability management, to make good arrangements for liquidity at various time-points, to properly manage asset and liability aggregates and their maturity structures, and to improve the quality of liquidity risk management. The macro-prudential policy will continue to play a counter-cyclical adjustment role. The various parameters will be adjusted when necessary based on changes in economic performance, the soundness of financial institutions, and implementation of the credit policy to guide financial institutions to support real sector development in a more focused way.

Second, the stock of credit assets will be revitalized and the use of new loans will be optimized to support structural adjustments and transformations. Financial resources will be consolidated to support the development of small and micro enterprises, and financial institutions will be guided to increase credit to the agricultural sector, rural areas, and farmers, to further develop consumer financing to support the upgrading of consumption and to beef up support to key ongoing and follow-up projects, advanced manufacturing industry with a good market outlook, strategic emerging industries, the modern IT industry and information consumption, the modern service industry, and the transformation and upgrading of traditional industries. Financial services will be further improved to contribute to better livelihood of the people, to support job creation, poverty reduction, students in need of loans, to support the regional development policies, and to provide financial support and services for balanced regional development. Lending to energy-consuming, highly polluting industries and those with over capacities will be strictly controlled to facilitate resolution of overcapacity. A green credit mechanism will be established and improved to provide better financial services for energy conservation, environmental protection, a circular economy, and treatment of air pollution. The differentiated housing mortgage policies will be properly implemented to support the construction of welfare housing and common commercial housing projects with apartments with modest floor plans and purchases by first-time home buyers of common commercial housing, and to contain purchases for speculative investment purposes. Financial institutions will be guided to adopt differentiated approaches to gradually adjust and revitalize the stock of credit assets based on their different circumstances. They will be encouraged to make innovations in terms of organization, mechanisms, products, and service models, to improve performance evaluations and incentive mechanisms, to evaluate the performance of the banking business in a scientific and reasonable way, to optimize the financial organizational system, and to further improve financial services.

Third, the market-based interest-rate reform and the RMB exchange-rate regime reform will be furthered to improve the efficiency of allocation of financial resources and to improve the monetary policy framework. The self-regulatory market interest-rate pricing mechanism will be improved to build the capacity of financial institutions for independent pricing. The issuing and trading of interbank certificates of deposit will continue while there will be explorations into issuing certificates of deposit to corporate and individual customers and to gradually increase the range of liability products for market pricing. Efforts will be made to develop the Shibor and Loan Prime Rate and to build a fairly complete market interest-rate system. The central bank interest-rate adjustment framework will be improved to strengthen price-based adjustments and the transmission mechanism. The RMB exchange-rate regime will be further improved to allow market demand and supply to play a greater role, to enhance the two-way flexibility of the RMB exchange rate, to keep the exchange rate basically stable at an adaptive and equilibrium level, and to promote a balanced position of the BOP account. Development of the foreign-exchange market will be accelerated to facilitate innovations in exchange-rate risk management. Measures will be taken to support the use of RMB in cross-border trade and investment activities, and more channels will be made available for the inflows and outflows of RMB funds. Direct trading of the RMB against other currencies will be promoted to provide better services for RMB settlements of cross-border trade activities. The impact of the changing international situation on capital flows will be carefully watched and effective monitoring of cross-border capital will be strengthened.

Fourth, there will be continued efforts to promote the sound development of financial markets, to beef up support for direct financing, and to expand available direct financing channels for small and micro enterprises. Measures will be taken to advance financial market innovations, build stronger risk management awareness, emphasize the role of market mechanisms, strengthen development of market infrastructure, and enhance market regulation, in order to promote the sound development of the financial market. The diversity of financial markets, financial products, investor bases, and financing intermediaries will be further promoted to increase the share of direct financing. More efforts will be made to promote the sound development of the interbank bond market by improving the bond issuance pricing mechanism, facilitating bond product innovation and diversity, raising bond market information disclosure standards, strengthening market discipline and risk-sharing mechanisms, improving transparency in the bond market, opening up to external players, and tapping the role of the corporate debenture bond inter-ministerial coordination mechanism to promote regulatory coordination. With respect to the gold market, there will be greater diversity of participants, while product innovation will be encouraged and risk monitoring, early warning, and prevention will be enhanced to promote steady and sound market development.

Fifth, reform of financial institutions will be deepened. Reform of large commercial banks will be furthered so as to continue to improve corporate governance and promote a modern financial enterprise system, accelerate the transformation of the growth pattern and profit model, and build a capacity for innovation and international competitiveness. The pilot reform program by the Rural Financial Business Division of the Agricultural Bank of China will be advanced to comprehensively improve financial services to the agricultural sector, rural areas, and farmers. The reform of the Export-Import Bank of China and the Agricultural Development Bank of China will be accelerated by clearly defining their policy functions, following the principle of focusing on policy-based business and prudently developing proprietary business, requiring separate book-keeping and management of policy-based and proprietary business, establishing a sound regulatory capital requirement mechanism, and improving the governance structure and the fiscal and financial support policy for the purpose of developing policy financial institutions with Chinese characteristics that operate on a sustainable basis and that create a policy environment to provide good services to support economic development. To adapt to the needs of economic development and reform of the financial system, reform of the China

Development Bank will be deepened to further define its strategic role and its direction of development, and to provide a proper solution to the questions of bond credits, funding sources, and so forth. The development of private financial institutions will be supported to increase the supply of competitive financial resources for the real sector. The change to commercial operations of asset management companies will be facilitated. The pilot program of cross-sector operations will be advanced actively and prudently.

Sixth, effective measures will be adopted to mitigate systemic financial risks and to preserve stability in the financial system. Macro-prudential regulation will be enhanced to guide financial institutions to operate on a sound basis and to encourage them to strengthen internal controls and liquidity and risk management. While supporting financial innovations, monitoring and prevention of potential risks in the wealth management, bill, and interbank business will be enhanced. Continued monitoring of local government debt and debt service capacity will be strengthened and explorations will be made into the use of market mechanisms to resolve the problem of local government indebtedness. The systemic financial risk early-warning and assessment mechanisms will be improved to strengthen monitoring of credit default risks of local government financing platforms, industries with over capacity, and lending to the real-estate industry to prevent the spread to the financial system of the risks in some regions, industries, and enterprises and those arising from financing activities outside of the formal financial system. The role of the inter-ministerial coordination mechanism for financial regulation will be tapped to strengthen risk monitoring and regulatory coordination in cross-sectoral and cross-market financial products, to promote balanced development of various financial markets and products, and to establish a comprehensive financial statistical system and information-sharing mechanism. A crisis management and risk resolution framework will be established and the creation of a deposit insurance scheme will be promoted. A comprehensive set of measures will be enacted to preserve financial stability and to safeguard the bottom line in terms of preventing systemic and regional financial risks.

附录一 2013年中国货币政策大事记

1月18日，中国人民银行宣布启用公开市场短期流动性调节工具（Short-term Liquidity Operations，SLO），作为公开市场常规操作的必要补充，在银行体系流动性出现临时性波动时相机使用。

1月，中国人民银行创设“常备借贷便利”（Standing Lending Facility，SLF），对金融机构开展操作，提供流动性支持。

1月22日，中国人民银行印发《关于加强地方法人金融机构流动性管理 有效发挥短期再贷款流动性供给功能的通知》（银发[2013]22号），要求各分支机构充分认识再贷款对地方法人金融机构临时性流动性供给的积极作用，引导金融机构将短期再贷款作为解决短期流动性不足的正常资金来源渠道，有效运用短期再贷款工具满足金融机构合理的流动性需求。

1月25日，中国人民银行与中国银行台北分行签订《关于人民币业务的清算协议》。海峡两岸的金融机构除可通过代理行渠道为客户办理跨境人民币结算业务外，也可通过清算行渠道为客户办理跨境人民币结算业务。

1月30日，中国人民银行向全国人大财经委员会汇报2012年货币政策执行情况。

2月6日，发布《2012年第四季度中国货币政策执行报告》。

2月7日，出台《中国人民银行办公厅关于做好2013年信贷政策工作的意见》（银办发[2013]26号），要求人民银行各分支机构和各银行业金融机构重点加强对“三农”、中小企业、城镇化建设、经济结构调整和产业升级、保障性安居工程、就业等民生工程和地方政府融资平台清理规范等方面的金融服务工作。

2月8日，根据中国人民银行和新加坡金融管理局就加强中国与新加坡金融服务领域合作的相关安排，经过评审，中国人民银行决定授权中国工商银行新加坡分行担任新加坡人民币业务清算行。

3月4日，中国人民银行印发《关于拓宽支农再贷款适用范围 做好春耕备耕金融服务工作的通知》（银发[2013]58号），在全国范围内推广拓宽支农再贷款适用范围政策，进一步发挥支农再贷款引导农村金融机构扩大“三农”信贷投放的功能，同时做好春耕备耕金融服务工作。

3月7日，中国人民银行与新加坡金融管理局续签了中新双边本币互换协议，互换规模由原来的1 500亿元人民币/300亿新加坡元扩大至3 000亿元人民币/600亿新加坡元，有效期三年，经双方同意可以展期。

3月13日，中国人民银行印发《关于合格境外机构投资者投资银行间债券市场有关事项的通知》（银发[2013]69号），允许符合条件的合格境外机构投资者（QFII）向中国人民银行申请投资银行间债券市场。

3月25日，为深入贯彻落实中发一号文件关于加快发展现代农业的总体部署，出台《中国人民银行关于加大金融创新力度 支持现代农业加快发展的指导意见》（银发[2013]78号），要求各银行业金融机构加大金融创新力度，有效满足现代农业发展尤其是专业大户、家庭农场、农民合作社等新型生产经营主体的合理金融需求，改进和提升“三农”金融服务水平。

3月25日，上海黄金交易所推出银行间黄金询价远期交易品种。

3月26日，中国人民银行与巴西中央银行签署了中巴双边本币互换协议，互换规模为1 900亿元人民币/600亿巴西雷亚尔，有效期三年，经双方同意可以展期。

3月26日，中国人民银行与南非储备银行签署《中国人民银行代理南非储备银行投资中国银行间债券市场的代理投资协议》。

4月1日，中国人民银行货币政策委员会召开2013年第一季度例会。

4月2日，中国人民银行与中国工商银行新加坡分行签订《关于人民币业务的清算协议》。新加坡及中国的金融机构除可通过代理行渠道为客户办理跨境人民币结算业务外，也可通过清算行渠道为客户办理跨境人民币结算业务。同日，中国人民银行和新加坡金融管理局签订了关于新加坡人民币业务的合作备忘录。

4月9日，经中国人民银行授权，中国外汇交易中心宣布完善银行间外汇市场人民币对澳大利亚元交易方式，开展人民币对澳大利亚元直接交易。

4月15日，中国人民银行向全国人大财经委员会汇报2013年第一季度货币政策执行情况。

4月25日，中国人民银行发布《关于实施〈人民币合格境外机构投资者境内证券投资试点办法〉有关事项的通知》(银发[2013]105号)。

5月5日，为支持守法合规企业开展正常经营活动，防范外汇收支风险，国家外汇管理局发布《关于加强外汇资金流入管理有关问题的通知》（汇发[2013]20号），加强银行结售汇综合头寸管理、进出口企业货物贸易外汇收支分类管理以及外汇检查等。

5月9日，发布《2013年第一季度中国货币政策执行报告》。

5月31日，上海黄金交易所推出黄金、白银和铂金周五夜市交易，进一步与国际黄金市场交易时间接轨。

6月14日，发布《2012年中国区域金融运行报告》。

6月21日，中国人民银行货币政策委员会召开2013年第二季度例会。

6月22日，中国人民银行与英格兰银行签署规模为2 000亿元人民币/200亿英镑的双边本币互换协议，有效期为三年，经双方同意可以展期。

6月26日，中国人民银行办公厅印发《关于做好高校毕业生就业创业金融服务工作的指导意见》（银办发[2013]142号），要求银行系统采取切实有效的措施，本着尽可能方便高校毕业生享受政策的原则，积极探索和创新符合高校毕业生就业创业实际需求特点的金融产品和服务方式，合理调配金融资源，优化信贷结构，不断改进和完善对高校毕业生就业创业的各项金融服务工作。

6月28日，为贯彻落实国务院关于金融支持经济结构调整和转型升级政策措施的工作部署，引导信贷资金进一步支持实体经济，中国人民银行增加再贴现额度120亿元，对符合宏观审慎要求的金融机构提供流动性，支持金融机构扩大对小微企业和“三农”的信贷投放。

7月2日，中国人民银行发布[2013]第8号公告，要求银行间市场全部债券交易通过全国银行间同业拆借中心系统达成，交易一旦达成不可撤销和变更，进一步规范银行间债券市场交易结算行为，维护市场参与者合法权益，促进市场健康规范发展。

7月9日，中国人民银行发布《关于简化跨境人民币业务流程和完善有关政策的通知》(银发[2013]168号)，简化了经常项下跨境人民币业务，放宽了账户融资的期限和额度，规范了境内非金融机构人民币境外放款业务和对外提供人民币担保等业务。

7月15日，中国人民银行向全国人大财经委员会汇报2013年上半年货币政策执行情况。

7月20日，中国人民银行决定全面放开金融机构贷款利率管制。一是取消金融机构贷款利率0.7倍的下限，由金融机构根据商业原则自主确定贷款利率水平。二是取消票据贴现利率管制，改变贴现利率在再贴现利率基础上加点确定的方式，由金融机构自主确定。三是对农村信用社贷款利率不再设立上限。四是为继续严格执行差别化的住房信贷政策，促进房地产市场健康发展，个人住房贷款利率浮动区间暂不作调整。

7月25日，商业银行开始在银行间市场试点发行二级资本债券，用于满足商业银行补充资本的需求。天津滨海农商行首家在银行间市场试点发行15亿元二级资本债券。

8月2日，发布《2013年第二季度中国货币政策执行报告》。

8月15日，国务院以国函[2013]91号文批复建立由中国人民银行牵头，银监会、证监会、保监会和外汇局参加的金融监管协调部际联席会议制度。

8月26日，为切实做好连片特困地区扶贫开发金融服务工作，中国人民银行办公厅印发《关于建立连片特困地区扶贫开发金融服务联动协调机制的通知》(银办发[2013]186号)，要求人民银行各相关分支机构按14个片区分别建立金融服务联动协调机制，因地制宜，积极开展金融服务创新、信息共享、政策宣传和统计分析等工作。

8月27日，中国人民银行发布[2013]第12号公告，强化银行间债券市场券款对付结算要求，防范市场风险，提高市场效率，推动银行间债券市场健康规范发展。

8月28日，国务院常务会议确定要在严格控制风险的基础上，循序渐进、稳步推进，进一步扩大信贷资产证券化试点工作。根据会议要求，人民银行会同有关部门组织实施。

9月9日，中国人民银行与匈牙利中央银行签署了中匈双边本币互换协议，互换规模为100亿元人民币/3 750亿匈牙利福林，有效期三年，经双方同意可以展期。

9月11日，中国人民银行与冰岛中央银行续签了中冰双边本币互换协议，互换规模为35亿元人民币/660亿冰岛克朗，有效期三年，经双方同意可以展期。

9月12日，中国人民银行与阿尔巴尼亚中央银行签署了中阿双边本币互换协议，互换规模为20亿元人民币/358亿阿尔巴尼亚列克，有效期三年，经双方同意可以展期。

9月23日，中国人民银行发布《关于境外投资者投资境内金融机构人民币结算有关事项的通知》(银发[2013]225号)，对境外投资者在境内新设、并购和参股金融机构等业务使用人民币结算进行了规范。

9月24日，市场利率定价自律机制成立暨

第一次工作会议在北京召开。市场利率定价自律机制是由金融机构组成的市场定价自律和协调机制，旨在符合国家有关利率管理规定的前提下,对金融机构自主确定的货币市场、信贷市场等金融市场利率进行自律管理，维护市场正当竞争秩序，促进市场规范健康发展。会议审议通过《市场利率定价自律机制工作指引》、《贷款基础利率集中报价和发布规则》，选举了首任市场利率定价自律机制主任委员。

9月27日，中国人民银行货币政策委员会召开2013年第三季度例会。

10月1日，中国人民银行与印度尼西亚银行续签了中印双边本币互换协议，互换规模为1 000亿元人民币/175万亿印尼卢比，有效期三年，经双方同意可以展期。

10月8日，中国人民银行与欧洲中央银行签署了中欧双边本币互换协议，互换规模为3 500亿元人民币/450亿欧元，有效期三年，经双方同意可以展期。

10月15日，中国人民银行向全国人大财经委员会汇报2013年前三个季度货币政策执行情况。

10月25日，贷款基础利率集中报价和发布机制正式运行。贷款基础利率是商业银行对其最优质客户执行的贷款利率，其他贷款利率可在此基础上加减点生成。在报价行自主报出本行贷款基础利率的基础上，指定发布人对报价进行加权平均计算，形成报价行的贷款基础利率报价平均利率并对外公布。贷款基础利率机制是市场基准利率报价从货币市场向信贷市场的进一步拓展，为金融机构信贷产品定价提供重要参考。

11月1日，中国人民银行印发《关于扩大深化中国农业银行“三农金融事业部”改革试点范围等有关事项的通知》（银发[2013]263号），将农业银行江苏、浙江、湖南、云南、江西、陕西、广东7个省、538个县的县域支行纳入到深化“三农金融事业部”改革试点范围，并延续差别化存款准备金率、监管费和营业税减免等扶持政策。

11月5日，发布《2013年第三季度中国货币政策执行报告》。

11月25日，上海黄金交易所推出银行间黄金询价掉期交易品种。

12月8日，中国人民银行发布《同业存单管理暂行办法》（中国人民银行公告[2013]第20号），规范同业存单业务，拓展银行业存款类金融机构的融资渠道，促进货币市场发展。12月12日至13日，中国银行、中国建设银行等10家金融机构分别发行了首批同业存单产品，发行总量为340亿元，期限涵盖1个月、3个月和6个月。

12月25日，中国人民银行货币政策委员会召开2013年第四季度例会。

12月26日，中国人民银行与世界银行集团成员组织国际金融公司签署《中国人民银行代理国际金融公司投资中国银行间债券市场的代理投资协议》。

12月27日，金融债券开始跨市场发行，进一步促进场内和场外市场互联互通。国家开发银行首批在上海证券交易所公开发行金融债券120亿元。

12月31日，中国人民银行、中国银监会发布2013年第21号公告，进一步规范信贷资产证券化发起机构风险自留行为，明确发起机构可以灵活方式保留基础资产信用风险，特别是发起机构可以采用垂直型风险自留。

12月31日，中国人民银行发布《关于金融债券专项用于小微企业贷款后续监督管理有关事宜的通知》（银发[2013]318号），明确了发行前和存续期间对发行人、主承销商等机构在内控制度、报告报送等方面的要求，并提出了人民银行及其分支机构对商业银行发行金融债券专项用于小微企业贷款进行后续监督的内容，确保商业银行发行金融债券所募集资金用于小微企业贷款。

Appendix 1 Highlights of China's Monetary Policy in 2013

On January 18, the PBC announced the launch of Short-term Liquidity Operations (SLO) as a supplement to the open market operations to be used on a discretionary basis to manage temporary liquidity fluctuations in the banking system.

In January, the PBC launched the Standing Lending Facility (SLF) as an instrument to provide liquidity support to financial institutions.

On January 22, the PBC issued the *Notice on Strengthening Liquidity Management of Local Financial Institutions With Legal Person Status and Enabling Central Bank Short-term Lending to Play a Greater Role in Supplying Liquidity* (PBC Document [2013] No. 22). According to the *Notice*, PBC branch offices should attach great importance to the positive role of central bank lending in providing temporary liquidity support to local financial institutions with legal person status, in guiding local financial institutions to use central bank short-term lending as a conventional financing source to solve short-term liquidity shortages, and in making full use of central bank short-term lending to meet the liquidity demands of financial institutions.

On January 25, the PBC and the Taipei Branch of Bank of China signed an agreement on RMB clearing business. According to the clearing agreement, financial institutions on both sides of the Taiwan Straits can settle cross-border RMB transactions for their clients via an agent bank or the RMB clearing bank.

On January 30, the PBC reported to the Finance and Economy Committee of the National People's Congress on the conduct of monetary policy in 2012.

On February 6, the *China Monetary Policy Report* for *Q4 2012* was released.

On February 7, the General Administration Department of the PBC issued the *Opinions on Strengthening Credit Work for 2013* (PBC General Administration Department Document [2013] No. 26), urging PBC branch offices and banking financial institutions to enhance financial services to the agricultural sector, rural areas, and farmers, SMEs, urbanization projects, adjustment of the economic structure and industrial upgrading, government-subsidized housing projects, employment and other livelihood projects, as well as to the clearing-up and regulation of local government financing vehicles.

On February 8, in accordance with the arrangements for strengthening bilateral cooperation in financial services between the

PBC and the Monetary Authority of Singapore, after a comprehensive review, the PBC authorized the Industrial and Commercial Bank of China (ICBC) Singapore Branch to act as the clearing bank for RMB business in Singapore.

On March 4, the PBC issued the *Notice on Expanding Coverage of Recipient Eligibility of Central Bank Agro-linked Loans and Enhancing Financial Services for Spring Farming Activities* (PBC Document [2013] No. 58). According to the *Notice*, the scope of eligible recipients of central bank agro-linked loans would be expanded nationwide to guide rural financial institutions to step up credit support to the agricultural sector, rural areas, and farmers, and to make preparations for extending financial services for the spring farming activities.

On March 7, the PBC renewed the bilateral local currency swap agreement with the Monetary Authority of Singapore. The size of the swap facility was doubled from RMB150 billion yuan, or SGD 30 billion, to RMB300 billion yuan, or SGD 60 billion. The agreement will remain in effect for three years and can be extended by mutual consent.

On March 13, the PBC issued the *Notice on Issues Related to Investments in the Interbank Bond Market by Qualified Foreign Institutional Investors* (PBC Document [2013] No. 69), allowing QFIIs to apply to the PBC for access to the interbank bond market.

On March 25, to implement Document No.1 of the General Office of the CPC Central Committee on accelerating the development of a modern agricultural sector, the PBC issued the *Guidelines on Encouraging Financial Innovation to Accelerate the Development of a Modern Agricultural Sector* (PBC Document [2013] No.78), urging all banking financial institutions to speed up financial innovation to meet the reasonable financing demands for the development of a modern agricultural sector, in particular those new operating entities such as large specialized farming households, family farms, and farmers' cooperatives, and to upgrade financial services to the agricultural sector, rural areas, and farmers.

On March 25, gold price enquiry forward transactions were launched on the interbank market by the Shanghai Gold Exchange.

On March 26, the PBC signed a bilateral local currency swap agreement with the Banco Central Do Brasil (BCB). The size of the swap facility is RMB190 billion yuan, or 60 billion real. The agreement will be valid for three years and can be extended by mutual consent.

On March 26, the PBC and South African Reserve Bank signed an agreement for the latter to invest in China's interbank bond market via the PBC.

On April 1, the Monetary Policy Committee of the PBC convened its first regular meeting of 2013.

On April 2, the PBC signed an RMB clearing agreement with the Singapore Branch of the

Industrial and Commercial Bank of China. Financial institutions in Singapore and China can process their clients' cross-border RMB settlements through the RMB clearing bank as well as through the channel of the corresponding banks. On the same day, the PBC also signed a memorandum of understanding (MOU) on RMB business cooperation with the Monetary Authority of Singapore.

On April 9, with the authorization of the PBC, the China Foreign Exchange Trade System (CFETS) announced it would improve the trading mode between RMB and the Australian dollar ($A) and launched direct trading between the two currencies on the interbank foreign exchange market.

On April 15, the PBC reported to the Finance and Economy Committee of the National People's Congress on the conduct of monetary policy in the first quarter of 2013.

On April 25, the PBC issued the *Notice on Issues Concerning Pilot Securities Investment Program by RMB Qualified Foreign Institutional Investors on the Domestic Market* (PBC Document [2013] No.105).

On May 5, to support compliant enterprises to carry out normal business activities and to prevent BOP risks, the SAFE issued the *Notice of the State Administration of Foreign Exchange on Strengthening Administration of Foreign Capital Inflows* (SAFE Document [2013] No.20) in order to strengthen administration of the comprehensive position of banking institutions in terms of the purchase and surrender of foreign exchange, category management of foreign exchange receipts and payments of import and export firms, and foreign exchange inspections.

On May 9, the *China Monetary Policy Report for Q1 2013* was released.

On May 31, Friday night trading of gold, silver, and platinum was launched on the Shanghai Gold Exchange so as to be further integrated with the trading hours on international gold markets.

On June 14, the *Regional Financial Sector Performance Report for 2012* was released.

On June 21, the Monetary Policy Committee of the PBC convened its second regular quarterly meeting in 2013.

On June 22, the PBC signed a bilateral local currency swap agreement with the Bank of England. The size of the swap facility is RMB200 billion yuan, or 20 billion pounds. The agreement will remain effective for three years and can be extended by mutual consent.

On June 26, the General Administration Department of the PBC issued the *Guidelines on Improving Financial Services for Job Creation and Business Ventures by College Graduates* (PBC General Administration Department Document [2013] No.142), which requires banking institutions to take effective measures to give college graduates preferential policies, to actively explore ways to make innovations in financial services and modes in line with actual needs and the characteristics of the employment and business ventures of college graduates, to appropriately allocate financial resources, to optimize the credit structure, and to continuously improve financial services for college graduates.

On June 28, to implement the arrangements of the State Council on stepping up financial support for economic structural adjustments and upgrading and to guide credit funds to further support the real economy, the PBC decided to increase the quota of central bank discounts by RMB12 billion yuan, to provide liquidity to financial institutions compliant with macro-prudential regulation, and to support financial institutions in increasing their credit lines to small and micro enterprises and to the agricultural sector, rural areas, and farmers.

On July 2, the PBC issued Announcement No.8 requiring that all interbank bond transactions be carried out via the system provided by the National Interbank Funding Center and they shall not be revoked or changed after the transactions are completed in an effort to further regulate the trading and clearing business on the interbank bond market, to safeguard the legal rights and interests of market participants, and to promote the sound development of the market.

On July 9, the PBC issued the *Notice on Simplifying the Procedures for Cross-border RMB Business and Improving Relevant Policies* (PBC Document [2013] No.168), which simplified cross-border RMB business procedures under the current account, relaxed regulations on the maturity and quota of account financing, and standardized overseas RMB loan and guarantee businesses by domestic non-financial institutions, and so forth.

On July 15, the PBC reported to the Finance and Economy Committee of the National People's Congress on the conduct of monetary policy during the first half of 2013.

On July 20, the PBC decided to remove controls over interest rates on loans offered by financial institutions. First, the lending-rate floor, which was 70 percent of the benchmark lending rate, was removed. Financial institutions will now independently determine their lending rates based on commercial principles. Second, controls over interest rates of bill discounts were removed. Instead of adding a certain amount of basis points to the central bank discount rate, the financial institutions will price bill discounts independently. Third, the lending-rate ceiling for rural credit cooperatives was removed. Fourth, to strictly implement the differentiated housing mortgage policy and to promote the sound development of the real-estate market, the band for home mortgage loan rates was not adjusted.

On July 25, commercial banks began to issue tier-two capital bonds on the interbank market on a trial basis to meet their recapitalization demands, with the Tianjin Binhai Rural Commercial Bank issuing RMB1.5 billion yuan of tier-two capital bonds on the interbank market.

On August 2, the *China Monetary Policy Report for Q2 2013* was released.

On August 15, the State Council, in the form of State Council Reply Letter ([2013] No.91), approved the establishment of an inter-ministerial financial regulatory coordination mechanism, with the PBC as the leading institution and with participation by the CBRC, the CSRC, the CIRC, and the SAFE.

On August 26, to improve financial services for poverty reduction and development in large poverty-stricken areas, the General Administration Department of the PBC issued the *Notice on Setting up a Financial Services Coordination Mechanism for Large Contiguous Poverty-stricken Areas* (PBC General Administration Department Document [2013] No.186), which requires relevant PBC branch offices in fourteen large contiguous poverty-stricken areas to set up a financial services coordination mechanism. According to the *Notice*, PBC branch offices should take measures according to local circumstances and actively carry out financial-service innovations, information sharing, policy publicity, statistical analysis, and so forth.

On August 27, to prevent market risks, improve market efficiency, and promote the sound development of the interbank bond market, the PBC issued Public Announcement No.12 to strengthen the clearing requirements for Delivery Versus Payment (DVP) on the interbank bond market.

On August 28, the Executive Meeting of the State Council required that efforts should be made to gradually but steadily expand the pilot program of credit asset securitization on the basis of strict risk controls. According to the decisions at the meeting, the PBC will work together with other relevant departments to implement the plan.

On September 9, the PBC signed a bilateral local currency swap agreement with the Magyar Nemzeti Bank (Hungarian National Bank). The size of the swap facility is RMB10 billion yuan, or 375 billion ISK. The agreement will be valid for three years and can be extended upon mutual consent.

On September 11, the PBC and the Central Bank of Iceland renewed their local currency swap agreement. The size of the new swap facility is RMB3.5 billion yuan, or 66 billion ISK. The agreement will be valid for three years and can be extended upon mutual consent.

On September 12, the PBC signed a bilateral local currency agreement with the Bank of Albania. The size of the swap facility is RMB2 billion yuan, or 35.8 billion lek. The agreement will be valid for three years and can be extended upon mutual consent.

On September 23, the PBC issued the *Notice* on *Issues Concerning the RMB Settlement Business of Investments in Domestic Financial Institutions* *by Overseas Investors* (PBC Document [2013] No.225) to standardize the use of the RMB settlement business by overseas investors for their investments in the establishment, merger and acquisition, and holding of equity in financial institutions in China.

On September 24, the inaugural and first regular meeting of the self-regulatory pricing mechanism for market interest rates was convened in Beijing. The self-regulatory pricing mechanism for market interest rates, as a self-regulatory and coordinating market mechanism among financial institutions, aims to apply self-regulatory management over interest rates that are independently determined by financial institutions on the money, credit, and other financial markets, under the precondition that they comply with the relevant interest-rate regulations so as to maintain market order for fair competition and to promote the healthy development of the financial market. The meeting deliberated on and passed the *Guidelines for the Self-regulatory Pricing Mechanism of Market-based Interest Rates* and the *Rules for the Loan Prime Rate (LPR) Centralized Quotation and Release Mechanism*, and elected the first chairman of the mechanism.

On September 27, the Monetary Policy Committee of the PBC convened its third regular quarterly meeting in 2013.

On October 1, the PBC and Bank Indonesia renewed their local currency swap agreement. The size of the swap facility is RMB100 billion yuan, or IDR175 trillion. The agreement will remain in effect for three years and can be extended upon mutual consent.

On October 8, the PBC and the ECB signed a bilateral local currency swap agreement. The swap line has a maximum size of RMB350 billion yuan, or 45 billion euro. The agreement will remain in effect for three years and can be extended upon mutual consent.

On October 15, the PBC reported to the Finance and Economy Committee of the National People's Congress on the conduct of monetary policy in the first three quarters of 2013.

On October 25, the Loan Prime Rate (LPR) centralized quotation and release mechanism formally entered into operation. The LPR is the most preferential lending rate offered by a commercial bank to its prime clients; other lending rates can be offered by adding or subtracting basis points based on the LPR. The authorized publisher will calculate a weighted average of the quotes provided by the panel banks as the average LPR rate and release it to the general public. The LPR mechanism represents an expansion of the market-rate base interest-rate quotation from the money market to the credit market, providing an important reference to financial institutions for the pricing of their credit products.

On November 1, the PBC issued the *Notice on Issues Related to the Expansion of the Pilot Reform Program of the Rural Financial Business Division of the Agricultural Bank of China* (PBC Document [2013] No.263), which added 538 county-level sub-branches of the ABC in Jiangsu, Zhejiang, Hunan, Yunnan, Jiangxi, Shanxi, and Guangdong provinces to the pilot scheme and renewed the preferential measures, such as the differentiated reserve requirement ratio, the supervisory fee reduction or exemption, and the business tax reduction or exemption.

On November 5, the *China Monetary Policy Report for Q3 2013* was released.

On November 25, the gold price enquiry swap transaction was launched on the interbank market by the Shanghai Gold Exchange.

On December 8, the PBC issued the *Provisional Rules on the Management of Interbank Certificates of Deposit* (PBC Public Announcement [2013] No.20) to regulate the business of interbank certificates of deposit, broaden the financing channel for deposit-taking banking financial institutions, and promote the development of the money market. On December 12 and 13, ten financial institutions, including the Bank of China and the China Construction Bank, issued the first batch of interbank certificates of deposit, with a total issuance volume of RMB34 billion yuan and covering maturities of one month, three months, and six months.

On December 25, the Monetary Policy Committee of the PBC convened its fourth regular meeting in 2013.

On December 26, the PBC signed an agency agreement with the International Financial Corporation (IFC), a member of the World Bank Group, for the PBC to act as the IFC's agent for investments in China's interbank bond market.

On December 27, financial bonds were allowed to be issued across different markets so as to further promote inter-linkages in the exchange market and the over-the-counter market. The first batch of such financial bonds with a face value of RMB12 billion yuan was issued by the China Development Bank on the Shanghai Stock Exchange.

On December 31, the PBC and the CSRC issued Public Announcement [2013] No.21 to further regulate the risk-retaining behavior of institutions initiating credit asset securitization business, and specified that the initiating institutions can retain the credit risks of the underlying assets in a flexible way, particularly in a vertical manner.

On December 31, the PBC issued the *Notice on Issues Concerning Ex-post Supervision of Issuances of Financial Bonds Earmarked for Lending to Small and Micro Enterprises* (PBC Document [2013] No.318), which specified requirements for relevant institutions, such as issuers and lead underwriters of financial bonds during the pre-issuance and holding period, with respect to internal controls, submission of reports, and so forth, and for ex-post supervision of such funds by the PBC and its branch offices to make sure the funds from the issuance of financial bonds by commercial banks are used to extend credit lines to small and micro enterprises.

附录二 2013年主要经济体中央银行货币政策

一、美联储

2013年，美联储公开市场委员会（FOMC）在前7次例会后均宣布维持0~0.25%的基准利率不变，并继续将利率调整与通胀率和失业率等经济指标挂钩，同时继续保持每月850亿美元的资产购买力度。在12月18日第8次例会后，美联储宣布，鉴于经济和劳动力市场的改善，将逐步缩减资产购买规模，自2014年1月起将每月资产购买规模缩减至750亿美元，其中抵押贷款支持证券和长期国债各缩减50亿美元。同时，美联储也调整了前瞻性指导，称即使失业率跌破6.5%，若预期通胀率仍继续在2%以下水平运行，在较长一段时间内将联邦基金利率维持在目前的水平可能也还是适当的。

二、欧洲中央银行

2013年5月2日，欧洲中央银行将主要再融资操作利率下调25个基点至0.5%，并将边际贷款便利利率下调50个基点至1%。11月7日，欧洲中央银行再次将主要再融资操作利率和边际贷款便利利率各下调25个基点至0.25%和0.75%。在7月4日的新闻发布会上，欧洲中央银行主席德拉吉首次明确表示实施前瞻性指导，将在较长时间内继续维持宽松货币政策，未来一段时间基准利率将保持不变或降至更低水平，具体时间长度视中期通胀预期、经济和货币状况变化而定。此后，欧洲中央银行多次强调，宽松货币政策将可能保持较长时间，以继续推动欧元区经济复苏。

三、日本银行

2013年1月22日，日本银行与日本政府发布联合声明，决定引入2%的通胀目标，自2014年起执行无限期的资产购买计划，每月购入13万亿日元的资产，直至通胀目标实现。4月4日，日本银行决定推出“量化和质化宽松货币政策”，将货币政策主要操作目标从无担保隔夜拆借利率改为基础货币，以每年增加60万亿~70万亿日元的速度投放基础货币，拟在两年内将基础货币、长期国债持有量和平均持有期限翻倍，同时增购交易所交易基金（ETF）等资产，以期在两年内实现2%的通胀目标。随后的各次例会上，日本银行均决定继续按照每年增加60万亿~70万亿日元基础货币投放的速度执行货币市场操作。

四、英格兰银行

2013年，英格兰银行继续维持0.5%的基准利率和3 750亿英镑的资产购买规模不变。8月7日，英格兰银行推出前瞻性指导，明确在失业率降至7%临界值之前将继续维持0.5%的基础利率不变，同时决定当出现以下三种情况之一时，停止将基准利率、资产操作与失业率挂钩，具体包括：未来18~24个月英国

CPI很可能高于2.5%；中期通胀预期出现恶化，未能锚定2%的目标值；金融政策委员会（FPC）判定宽松货币政策立场明显威胁到金融稳定，且不能通过与FPC、金融行为监管局（FCA）和审慎监管局（PRA）目标相一致的一系列政策行动来维持金融稳定。

Appendix 2 Monetary Policies of the Central Banks of the Major Economies in 2013

I. U.S. Federal Reserve

At its first seven regular meetings in 2013, the Federal Open Market Committee (FOMC) announced that it would keep the target range for the federal funds rate unchanged at 0 to 0.25 percent, continue to link adjustments of the interest rate with the development of inflation and the unemployment rate, and maintain the asset purchase pace at USD85 billion per month. In its statement following its eighth regular meeting on December 18, the Fed announced that starting from January 2014 it would scale back the asset purchase program to USD75 billion per month and the purchase of mortgage-backed securities and long-term government bonds would be cut by USD5 billion respectively due to improvements in economic data and in the labor market. The Fed also adjusted its forward guidance, claiming that even if the unemployment rate dropped to below 6.5 percent, if inflationary expectations remained below 2 percent, it might still be appropriate for the Federal funds rate to be kept at the current low level for a relatively long period of time.

II. European Central Bank

On May 2, 2013, the European Central Bank (ECB) cut the minimum bid rate on its main refinancing operations by 25 basis points to 0.5 percent and slashed the marginal interest rate on the lending facility by 50 basis points to 1 percent. On November 7, the ECB cut the minimum bid rate on its main refinancing operations by another 25 basis points to 0.25 percent, and the rate on the lending facility by another 25 basis points to 0.75 percent. In its press release on July 4, Mr. Mario Draghi, president of the ECB, indicated for the first time that the ECB would take the unprecedented step of providing forward guidance and would maintain the accommodative monetary policy stance for an extended period of time. The base rates will remain at the present or lower levels for the foreseeable future depending on three sets of economic variables, namely, the medium-term outlook for inflation, the economy, and monetary dynamics. The ECB emphasized on many occasions thereafter that it would maintain the easy monetary policy for a considerable period of time so as to continuously promote recovery of the euro area.

III. Bank of Japan

The Bank of Japan (BOJ) issued a joint statement with the Japanese government on January 22, 2013, deciding to introduce an inflation target of 2 percent and to launch an asset purchase program of 13 trillion yen per month starting from 2014 and without a termination date until the inflation target is met. On April 4, the BOJ decided to implement a "quantitative and qualitative monetary easing," to shift the operational target of monetary policy from the unsecured overnight call rate to the monetary base, to purchase 60 trillion to 70 trillion yen of long-term Japanese Government Bonds (JGB) and to double the average holding period, and to increase purchases of exchange-traded funds (ETFs) and other assets, aiming to achieve the 2 percent inflation target within two years. At its following regular meetings, the BOJ decided to continue money-market operations so that the monetary base will increase at an annual pace of about 60 trillion to 70 trillion yen.

IV. Bank of England

Throughout the year, the Bank of England maintained the Bank Rate at 0.5 percent and the size of asset purchases at GPB375 billion. On August 7, the Bank of England launched the "forward guidance for monetary policy" and indicated that it had no intention of raising the current 0.5 percent interest rate until the unemployment rate falls to a threshold of 7 percent. The guidance linking the Bank Rate and asset purchases to the unemployment threshold will cease to hold if any of the following three "knockouts" is breached: CPI inflation in the next 18 to 24 months is higher than 2.5 percent; medium-term inflation expectations are no longer sufficiently well anchored to the 2 percent target; the Financial Policy Committee (FPC) judges that the monetary policy stance poses a significant threat to financial stability and cannot be contained by the substantial range of mitigating policy actions available to the FPC, the Financial Action Authority (FCA), and the Prudential Regulatory Authority (PRA) in a way that is consistent with their objectives.

附录三　中国主要经济和金融指标

Appendix 3　China's Major Economic and Financial Indicators

一、经济增长与经济发展水平

1. Economic Growth

1978年以来中国经济增长与宏观经济政策

China's economic growth and macroeconomic policies since 1978

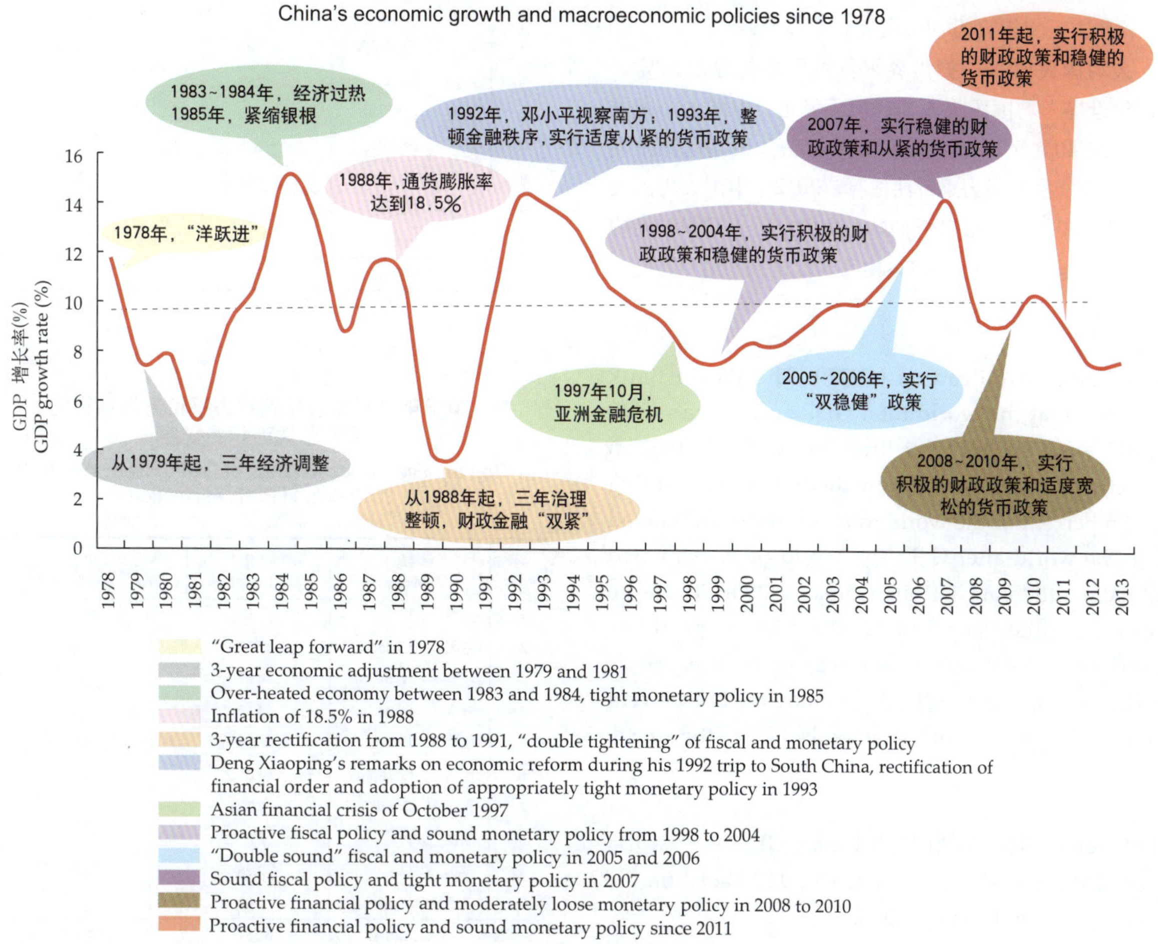

人均国内生产总值

Per capita GDP

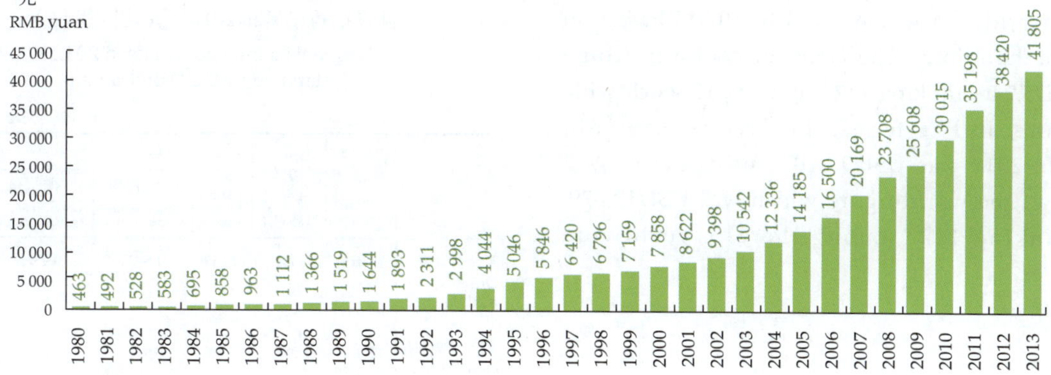

注：图中数据根据国家统计局最新数据修订。

Note: Data are revised by National Bureau of Statistics of China.

GDP总量：据世界银行按汇率折算法测算，2012年中国GDP总量为8.23万亿美元，占世界GDP总量71.67万亿美元的11.5%，位居第二，排在美国之后。根据《2013年世界发展指标》，按购买力平价法估算，2012年中国GDP总量为12.47万亿美元，占世界GDP总量85.54万亿美元的14.6%，位居第二，排在美国之后。

人均GDP：2012年，中国人均GDP为38 420元人民币，按年末汇率折算为6 112美元。

人均国民收入：据世界银行按汇率折算法测算，2012年世界人均国民收入为10 015美元，中国人均国民收入为5 740美元，位居世界213个经济体由高向低排列的第112位。按购买力平价法估算，2012年中国人均国民收入为9 210美元，相当于世界人均国民收入12 079元的76.2%，位居世界213个经济体由高向低排列的第117位。

Gross Domestic Product (GDP): The World Bank estimated that the world total GDP and China's GDP in 2012 were USD71.67 trillion and USD8.23 trillion respectively based on Atlas methodology. Accounting for 11.5 percent of the world total, China's GDP ranked 2nd in the world after U.S.. The World Bank estimated that the world total GDP and China's GDP in 2012 were USD85.54 trillion and USD12.47 trillion respectively based on a PPP basis, according to the *World Development Indicators 2013*. Accounting for 14.6 percent of the world total, China's GDP ranked 2nd in the world, after the U.S..

GDP per capita: In 2012, China's GDP per capita reached RMB38,420 yuan, or USD 6,112 based on the exchange rate at the end of 2012.

Gross National Income (GNI) per capita: The World Bank estimated that in 2012 the GNI per capita for the world as a whole was USD10,015 based on Atlas methodology. The GNI per capita in China was USD5,740, ranking 112th among 213 worldwide economies. In PPP terms, the GNI per capita in China in 2012 was USD9,210, equivalent to 76.2 percent of the world figure which was USD12,079, thus ranking 117th among the 213 worldwide economies.

2012年世界银行按汇率折算法测算的GDP总量前10名排序

Top ten economies in terms of GDP based on atlas methodology in 2012 (World Bank estimation)

排名 Rank	国家 Country	GDP(万亿美元) GDP (USD trillion)	占世界GDP总量的比重(%) As a percent of the world total (%)
1	美国 U.S.	15.68	21.9
2	**中国 China**	**8.23**	**11.5**
3	日本 Japan	5.96	8.3
4	德国 Germany	3.40	4.7
5	法国 France	2.61	3.6
6	英国 U.K.	2.44	3.4
7	巴西 Brazil	2.25	3.1
8	俄罗斯 Russia	2.01	2.8
9	意大利 Italy	2.01	2.8
10	印度 India	1.84	2.6
世界 World total		71.67	100

2012年世界银行按购买力平价方法估算的GDP总量前10名排序

Top ten economies in terms of GDP based on PPP in 2012 (World Bank estimation)

排名 Rank	国家 Country	GDP(万亿美元) GDP (USD trillion)	占世界GDP总量的比重(%) As a percent of the world total (%)
1	美国 U.S.	15.68	18.3
2	**中国 China**	**12.47**	**14.6**
3	印度 India	4.79	5.6
4	日本 Japan	4.49	5.2
5	俄罗斯 Russia	3.38	4.0
6	德国 Germany	3.31	3.9
7	巴西 Brazil	2.37	2.8
8	法国 France	2.35	2.8
9	英国 U.K.	2.26	2.6
10	墨西哥 Mexico	2.02	2.4
世界 World total		85.54	100

世界银行估算的2012年人均国民收入

National income per capita in 2012 (estimated by the World Bank)

单位：美元 Unit: USD

	世界平均 Global average	低收入国家 Low-income countries	中等收入国家 Middle-income countries	较低收入组 Lower-middle-income countries	较高收入组 Upper-middle-income countries	高收入国家 High-income countries
汇率折算法 On atlas methodology	10 015	584	4 369	1 877	6 987	37 595
购买力平价法 On a PPP basis	12 079	1 387	7 228	3 912	10 712	37 545

国内生产总值
Gross domestic product

年/季 Year /Quarter	国内生产总值 GDP		第一产业 Primary industry		第二产业 Secondary industry		第三产业 Tertiary industry	
	绝对值(亿元) Absolute value (RMB 100 million yuan)	增长(%) Growth(%)	绝对值(亿元) Absolute value (RMB 100 million yuan)	增长(%) Growth(%)	绝对值(亿元) Absolute value (RMB 100 million yuan)	增长(%) Growth(%)	绝对值(亿元) Absolute value (RMB 100 million yuan)	增长(%) Growth(%)
2007 I	53 058	13.0	3 654	4.4	26 465	14.6	22 940	12.7
I～II	112 458	13.4	9 283	4.0	57 615	15.0	45 561	13.5
I～III	174 428	13.4	17 937	4.3	86 405	14.8	70 086	14.0
I～IV	257 306	13.0	28 627	3.7	124 799	14.7	103 880	13.8
2008 I	66 284	11.3	4 679	2.8	31 658	11.5	27 097	10.9
I～II	140 478	11.0	11 697	3.4	70 543	11.3	53 596	10.7
I～III	217 026	10.6	21 869	4.4	105 889	11.2	81 989	11.2
I～IV	314 045	9.6	33 702	5.4	149 003	9.9	131 340	10.4
2009 I	69 817	6.6	4 627	3.5	32 658	5.8	32 531	7.9
I～II	148 204	7.5	11 831	3.8	71 703	7.1	64 670	8.5
I～III	231 303	8.2	22 142	4.0	109 101	8.1	100 060	9.3
I～IV	340 903	9.1	35 226	4.2	157 639	9.9	148 038	9.3
2010 I	82 613	12.1	5 144	3.8	39 436	14.5	38 034	10.5
I～II	174 879	11.2	13 379	3.6	86 261	13.3	75 239	9.9
I～III	272 627	10.7	25 623	4.0	129 947	12.6	117 056	9.7
I～IV	401 513	9.8	40 534	4.3	187 383	12.3	173 596	9.8
2011 I	97 480	9.8	5 952	3.3	46 944	10.8	44 584	9.7
I～II	206 488	9.5	15 626	3.0	102 527	10.6	88 336	9.7
I～III	322 345	9.2	30 196	3.6	154 552	10.6	137 596	9.5
I～IV	473 104	8.9	47 486	4.3	220 413	10.3	205 205	9.4
2012 I	108 486	8.1	6 922	3.8	51 413	9.1	50 151	7.5
I～II	228 035	7.8	17 471	4.3	110 864	8.3	99 700	7.8
I～III	353 724	7.7	33 088	4.2	165 429	8.1	155 207	7.9
I～IV	518 942	7.7	52 377	4.5	235 319	8.1	231 626	8.1
2013 I	118 855	7.7	7 427	3.4	54 569	7.8	56 859	8.3
I～II	248 009	7.6	18 622	3.0	117 037	7.6	112 350	8.3
I～III	386 762	7.8	35 669	3.4	175 118	7.8	175 975	8.4
I～IV	568 845	7.7	56 957	4.0	249 684	7.8	262 204	8.3

注：① 表中绝对数按当年价格计算，“比上年同期增长”按不变价格计算。
② 表中数据根据国家统计局最新数据修订。

Notes: 1. Absolute figures in this table are calculated at current prices, and the year-on-year growth rates are calculated at constant prices.
2. Data are revised by National Bureau of Statistics of China.

1978年以来GDP及其增长率
GDP and its annual growth rate since 1978

年 Year	GDP(万亿元) GDP(RMB trillion yuan)	GDP增长率(%) GDP growth rate(%)
1978	0.4	11.7
1979	0.4	7.6
1980	0.5	7.8
1981	0.5	5.3
1982	0.5	9.0
1983	0.6	10.9
1984	0.7	15.2
1985	0.9	13.5
1986	1.0	8.9
1987	1.2	11.6
1988	1.5	11.3
1989	1.7	4.1
1990	1.9	3.8
1991	2.2	9.2
1992	2.7	14.2
1993	3.5	14.0
1994	4.8	13.1
1995	6.1	10.9
1996	7.1	10.0
1997	7.9	9.3
1998	8.4	7.8
1999	9.0	7.6
2000	9.9	8.4
2001	11.0	8.3
2002	12.0	9.1
2003	13.6	10.0
2004	16.0	10.1
2005	18.3	10.4
2006	21.2	11.6
2007	25.7	13.0
2008	31.4	9.6
2009	34.1	9.2
2010	40.2	10.4
2011	47.3	9.3
2012	51.9	7.7
2013	56.9	7.7

注：表中数据根据国家统计局最新数据修订。
Note: Data are revised by National Bureau of Statistics of China.

GDP及其增长率
GDP and its annual growth rate

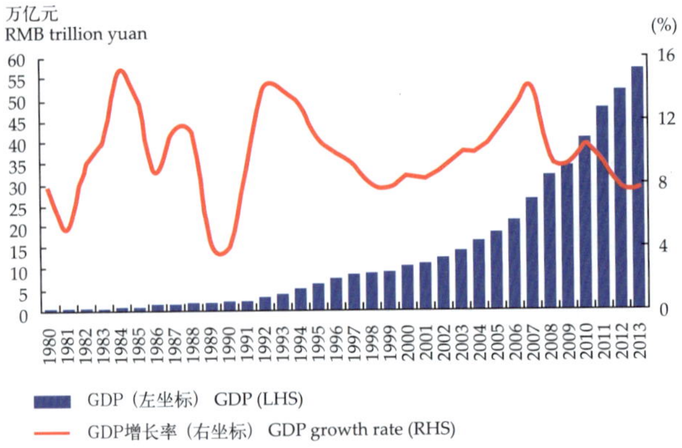

2004年以来GDP季度累计增长率
Quarterly accumulated GDP growth rates since 2004

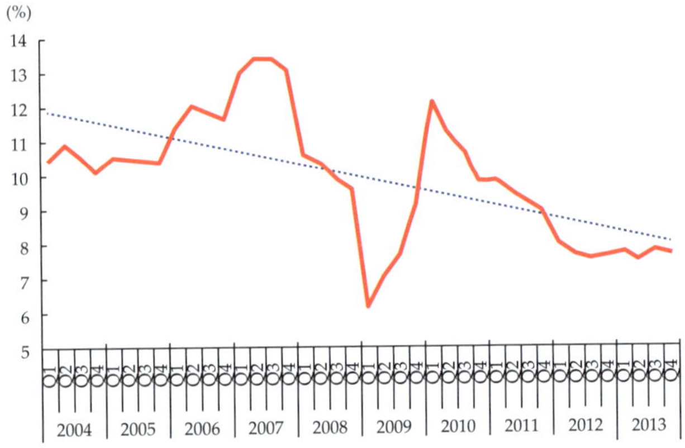

季度GDP三次产业所占的比重与增长率变化
Shares of industries in GDP and their growth rates on a quarterly basis

单位：%　Unit: %

年/季 Year/Quarter	第一产业所占的比重 Share of primary industry	第二产业所占的比重 Share of secondary industry	第三产业所占的比重 Share of tertiary industry	第一产业同比累计增长 YOY accumulated growth of primary industry	第二产业同比累计增长 YOY accumulated growth of secondary industry	第三产业同比累计增长 YOY accumulated growth of tertiary industry
2007Q1	6.9	49.9	43.2	4.4	14.6	12.7
2007Q2	8.3	51.2	40.5	4.0	15.0	13.5
2007Q3	10.3	49.5	40.2	4.3	14.8	14.0
2007Q4	11.1	48.5	40.4	3.7	14.7	13.8
2008Q1	7.4	49.9	42.7	2.8	11.5	10.9
2008Q2	8.8	51.5	39.8	3.5	11.3	10.7
2008Q3	10.6	50.0	39.4	4.5	10.6	10.5
2008Q4	10.7	47.4	41.8	5.5	9.3	9.5
2009Q1	7.1	48.6	44.2	3.5	5.3	7.4
2009Q2	8.6	50.1	41.3	3.8	6.6	8.3
2009Q3	10.3	48.9	40.8	4.0	7.5	8.8
2009Q4	10.3	46.2	43.4	4.2	9.9	9.3
2010Q1	6.2	47.7	46.0	3.8	14.5	10.5
2010Q2	7.7	49.3	43.0	3.6	13.3	9.9
2010Q3	9.4	47.7	42.9	4.0	12.6	9.7
2010Q4	10.1	46.7	43.2	4.3	12.3	9.8
2011Q1	6.1	48.2	45.7	3.3	10.8	9.6
2011Q2	7.6	49.7	42.7	3.0	10.6	9.6
2011Q3	9.4	48.0	42.6	3.6	10.6	9.5
2011Q4	10.0	46.6	43.3	4.3	10.3	9.4
2012Q1	6.4	47.4	46.2	3.8	9.1	7.5
2012Q2	7.7	48.6	43.7	4.3	8.3	7.7
2012Q3	9.4	46.8	43.8	4.2	8.1	7.9
2012Q4	10.1	45.3	44.6	4.5	7.9	8.1
2013Q1	6.2	45.9	47.8	3.4	7.8	8.3
2013Q2	7.5	47.2	45.3	3.0	7.6	8.3
2013Q3	9.2	45.3	45.5	3.4	7.8	8.4
2013Q4	10.0	43.9	46.1	4.0	7.8	8.3

注：表中数据根据国家统计局最新数据修订。
Note: Data are revised by National Bureau of Statistics of China.

季度GDP三次产业所占的比重与增长率变化
Shares of industries in GDP and their growth rates on a quarterly basis

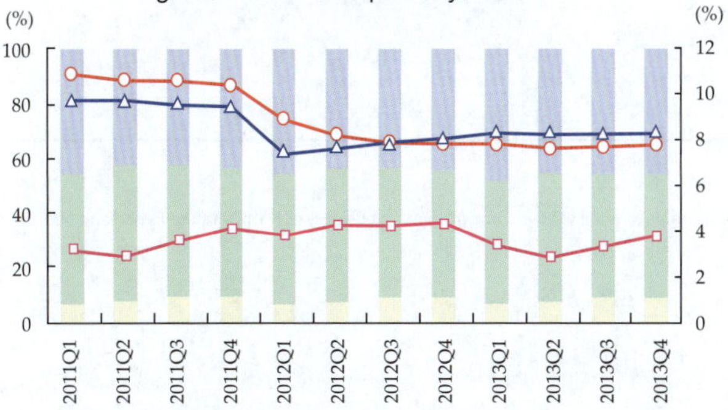

第三产业所占的比重（左坐标）Share of tertiary industry (LHS)
第二产业所占的比重（左坐标）Share of secondary industry (LHS)
第一产业所占的比重（左坐标）Share of primary industry (LHS)
第三产业同比累计增长（右坐标）
YOY accumulated growth of tertiary industry (RHS)
第二产业同比累计增长（右坐标）
YOY accumulated growth of secondary industry (RHS)
第一产业同比累计增长（右坐标）
YOY accumulated growth of primary industry (RHS)

2003年以来年度GDP中三大产业比重
Shares of industries in GDP since 2003

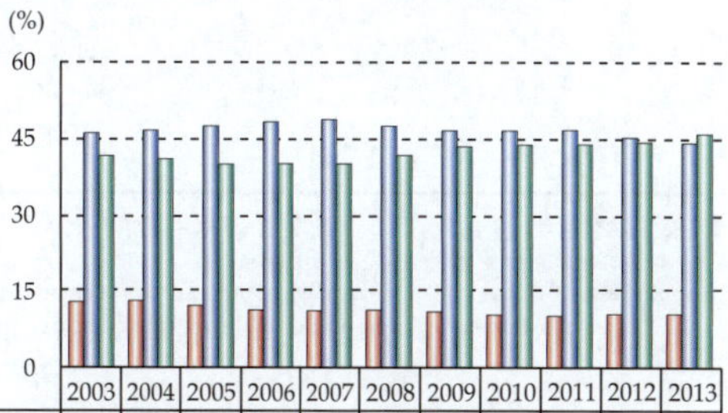

	2003	2004	2005	2006	2007	2008	2009	2010	2011	2012	2013
第一产业 Primary industry	12.6	13.1	12.2	11.1	11.1	10.7	10.3	10.1	10.0	10.1	10.0
第二产业 Secondary industry	46.0	46.2	47.7	47.9	48.5	47.4	46.2	46.7	46.6	45.3	43.9
第三产业 Tertiary industry	41.4	40.7	40.1	40.0	40.4	41.8	43.4	43.2	43.4	44.5	46.1

注：图中数据根据国家统计局最新数据修订。
Note: Data are revised by National Bureau of Statistics of China.

工业增加值增长速度
Growth rate of value added of industry

单位：% Unit: %

年/月 Year/Month		工业增加值 Value added	轻工业 Light industry	重工业 Heavy industry	国有及国有控股企业 State-owned and state-holding enterprises	集体企业 Collectively-owned enterprises	股份制企业 Joint-stock enterprises	外商及港澳台投资企业 Enterprises with foreign, HongKong, Macau, and Taiwan investment
		比上年同期增长(%) Year-on-year growth rate(%)						
2007		18.5	16.3	19.6	13.8	11.5	20.6	17.5
2008		12.9	12.3	13.2	9.1	8.1	15.0	9.9
2009		11.0	9.7	11.5	6.9	10.2	10.3	6.2
2010		15.7	13.6	16.5	13.7	9.4	16.8	14.5
2011		13.9	13.0	14.3	9.9	9.3	15.8	10.4
2012	7	9.2	10.1	8.8	4.8	7.1	10.9	5.3
	8	8.9	8.6	9.0	5.3	6.6	10.4	5.0
	9	9.2	9.0	9.3	6.3	7.0	11.0	5.3
	10	9.6	9.1	9.7	7.0	5.1	11.7	4.7
	11	10.1	9.2	10.5	7.2	6.5	11.8	6.5
	12	10.3	9.6	10.6	8.0	5.2	12.1	6.9
2013	1	—	—	—	—	—	—	—
	2	—	—	—	—	—	—	—
	3	8.9	8.2	9.1	4.3	5.8	11.0	6.1
	4	9.3	8.5	9.6	4.3	5.7	10.9	7.4
	5	9.2	8.0	9.8	4.4	4.0	10.7	8.1
	6	8.9	7.9	9.3	6.3	1.7	10.5	7.8
	7	9.7	8.2	10.3	8.1	3.6	11.1	7.9
	8	10.4	9.2	10.8	9.5	2.9	11.7	8.7
	9	10.2	—	—	7.8	3.8	11.1	9.4
	10	10.3	—	—	8.4	5.4	11.1	9.6
	11	10.0	—	—	9.1	2.4	11.1	9.5
	12	9.7	—	—	8.3	3.4	10.8	8.9
2012	1~7	10.3	10.8	9.9	6.6	8.0	12.1	6.1
	1~8	10.1	10.5	9.8	6.3	7.8	12.0	6.0
	1~9	10.0	10.4	9.7	6.3	7.6	11.8	6.0
	1~10	10.0	10.3	9.7	6.4	7.3	11.8	6.0
	1~11	10.0	10.2	9.8	6.3	7.3	11.8	6.0
	1~12	10.0	10.1	9.9	6.4	7.1	11.8	6.3
2013	1~2	9.9	9.1	10.2	5.8	6.5	11.4	7.7
	1~3	9.5	8.7	9.8	5.2	6.7	11.3	6.9
	1~4	9.4	8.6	9.7	4.9	6.5	11.1	7.1
	1~5	9.4	8.5	9.7	4.9	5.7	11.0	7.3
	1~6	9.3	8.4	9.6	5.2	5.0	10.9	7.4
	1~7	9.4	8.4	9.7	5.6	4.8	10.9	7.5
	1~8	9.5	8.5	9.8	6.1	4.6	11.0	7.7
	1~9	9.6	—	—	6.3	4.5	11.0	7.9
	1~10	9.7	—	—	6.5	4.6	11.0	8.1
	1~11	9.7	—	—	6.8	4.4	11.0	8.2
	1~12	9.7	—	—	6.9	4.3	11.0	8.3

注：①自2011年起，工业统计范围调整为年主营收入2 000万元及以上的工业企业。
②本表中“比上年同期增长”按可比价格计算。

Notes: 1. Since 2011, the statistical coverage of industry has been adjusted to industrial enterprises with the annual sales income from main business of RMB20 million yuan and above.
2. The year-on-year changes in this table are calculated at comparable prices.

工业增加值增长速度及工业产品销售率
Growth rate of industrial value added and ratio of sales to output of industrial products

单位：% Unit: %

年/月 Year/Month		当月工业增加值同比增长 YOY growth of monthly industrial value added	工业增加值月度累计同比增长 YOY growth of monthly accumulated industrial value added	当月销售率 Monthly ratio of sales to output
2012	7	9.2	10.3	98.2
	8	8.9	10.1	98.4
	9	9.2	10.0	98.3
	10	9.6	10.0	98.1
	11	10.1	10.0	98.0
	12	10.3	10.0	99.5
2013	1	—	—	98.5
	2	—	9.9	97.3
	3	8.9	9.5	96.8
	4	9.3	9.4	98.5
	5	9.2	9.4	97.8
	6	8.9	9.3	97.5
	7	9.7	9.4	98.4
	8	10.4	9.5	98.3
	9	10.2	9.6	98.0
	10	10.3	9.7	97.9
	11	10.0	9.7	97.6
	12	9.7	9.7	99.1

工业增加值增长速度及工业产品销售率
Growth rate of industrial value added and ratio of sales to output of industrial products

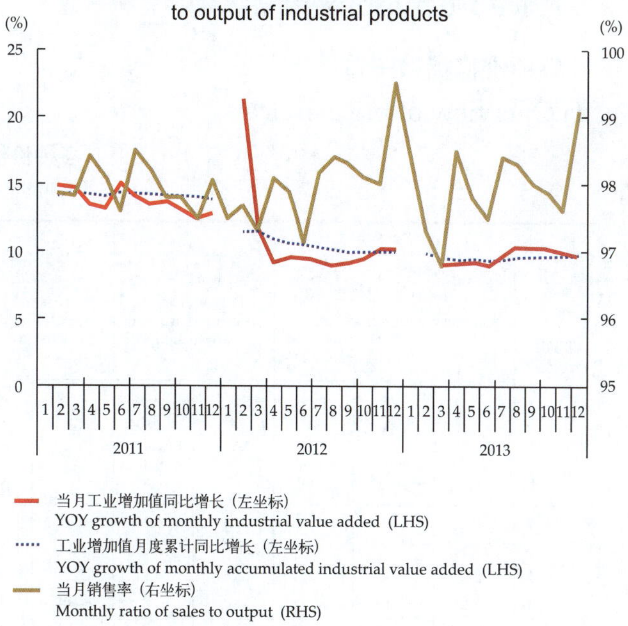

二、价格走势
2. Price Development

1.各种价格指数一览
(1) Overview of price indices

各种价格指数变动表
Changes in price indices

单位：% Unit: %

年/月 Year/Month	居民消费价格指数 Comsumer price indices			农业生产资料价格指数 Price indices of mean of agricutural production		工业生产者购进价格指数 Purchasing price index for industrial producers		工业生产者出厂价格指数 Producer price index for manufactured goods		固定资产投资价格指数 Price indices of investment in fixed assets		进出口同比价格指数 Import-export price index (YOY)		
	月环比 MOM	当月同比 YOY	累计同比 Accu-mulated YOY	当月同比 YOY	累计同比 Accu-mulated YOY	当月同比 YOY	累计同比 Accu-mulated YOY	当月同比 YOY	累计同比 Accu-mulated YOY	当季同比 YOY	累计同比 Accu-mulated YOY	出口 Exports	进口 Imports	贸易条件 Terms of trade
2011 1	1.0	4.9	4.9	5.4	5.4	9.7	9.7	6.6	6.6	—	—	11.0	11.7	99.4
2	1.2	4.9	4.9	6.5	6.0	10.4	10.0	7.2	6.9	—	—	11.4	16.6	95.5
3	-0.2	5.4	5.0	8.6	6.9	10.5	10.2	7.3	7.1	6.5	6.5	7.5	15.5	93.1
4	0.1	5.3	5.1	10.2	7.7	10.4	10.3	6.8	7.0	—	—	10.9	12.9	98.2
5	0.1	5.5	5.2	11.4	8.4	10.2	10.2	6.8	7.0	—	—	9.4	16.7	93.7
6	0.3	6.4	5.4	13.5	9.3	10.5	10.3	7.1	7.0	6.7	6.6	10.9	15.7	95.9
7	0.5	6.5	5.5	14.6	10.1	11.0	10.4	7.5	7.1	—	—	10.3	15.0	95.9
8	0.3	6.2	5.6	14.7	10.6	10.6	10.4	7.3	7.1	—	—	9.2	15.6	94.5
9	0.5	6.1	5.7	15.0	11.1	10.0	10.4	6.5	7.0	7.3	6.8	9.5	14.8	95.4
10	0.1	5.5	5.6	13.7	11.4	8.0	10.1	5.0	6.8	—	—	9.5	13.6	96.4
11	-0.2	4.2	5.5	11.2	11.4	5.1	9.7	2.7	6.4	—	—	9.6	10.5	99.2
12	0.3	4.1	5.4	10.4	11.3	3.5	9.1	1.7	6.0	5.7	6.6	11.1	9.1	101.8
2012 1	1.5	4.5	4.5	9.8	9.8	2.0	2.0	0.7	0.7	—	—	6.9	7.0	99.9
2	-0.1	3.2	3.9	9.3	9.5	1.0	1.5	0.0	0.4	—	—	5.1	5.4	99.7
3	0.2	3.6	3.8	8.0	9.0	0.1	1.0	-0.3	0.1	2.3	2.3	2.1	0.0	102.1
4	-0.1	3.4	3.7	7.7	8.7	-0.8	0.6	-0.7	-0.1	—	—	4.8	-0.2	105.0
5	-0.3	3.0	3.5	7.1	8.4	-1.6	0.1	-1.4	-0.3	—	—	2.9	-1.1	104.0
6	-0.6	2.2	3.3	5.2	7.8	-2.5	-0.3	-2.1	-0.6	1.6	2.0	2.9	-0.7	103.6
7	0.1	1.8	3.1	3.7	7.2	-3.4	-0.8	-2.9	-1.0	—	—	1.1	-3.8	105.1
8	0.6	2.0	2.9	3.1	6.7	-4.1	-1.2	-3.5	-1.3	—	—	1.3	-4.2	105.7
9	0.3	1.9	2.8	2.9	6.2	-4.1	-1.5	-3.6	-1.5	0.2	1.4	-1.0	-1.7	100.7
10	-0.1	1.7	2.7	3.2	5.9	-3.3	-1.7	-2.8	-1.6	—	—	-0.7	-1.9	101.2
11	0.1	2.0	2.7	3.7	5.7	-2.8	-1.8	-2.2	-1.7	—	—	-0.5	-2.6	102.2
12	0.8	2.5	2.6	3.9	5.6	-2.4	-1.8	-1.9	-1.7	0.3	1.1	1.8	-2.4	104.3
2013 1	1.0	2.0	2.0	4.1	4.1	-1.9	-1.9	-1.6	-1.6	—	—	0.7	-5.0	106.0
2	1.1	3.2	2.6	3.6	3.8	-1.9	-1.9	-1.6	-1.6	—	—	-0.2	-1.7	101.5
3	-0.9	2.1	2.4	2.9	3.5	-2.0	-2.0	-1.9	-1.7	0.2	0.2	-0.9	1.3	97.8
4	0.2	2.4	2.4	1.6	3.0	-2.7	-2.1	-2.6	-2.0	—	—	-0.1	-2.5	102.5
5	-0.6	2.1	2.4	0.9	2.6	-3.0	-2.3	-2.9	-2.1	—	—	-0.9	-4.5	103.8
6	0.0	2.7	2.4	1.1	2.3	-2.7	-2.4	-2.7	-2.2	-0.1	0.0	-0.7	-1.8	101.1
7	0.1	2.7	2.4	1.1	2.2	-2.2	-2.3	-2.3	-2.2	—	—	-2.3	-0.9	98.6
8	0.5	2.6	2.5	1.0	2.0	-1.6	-2.3	-1.6	-2.2	—	—	-2.1	-1.4	99.3
9	0.8	3.1	2.5	0.4	1.8	-1.6	-2.2	-1.3	-2.1	0.1	0.0	0.7	-1.1	101.8
10	0.1	3.2	2.6	0.2	1.7	-1.6	-2.1	-1.5	-2.0	—	—	0.1	-1.8	101.9
11	-0.1	3.0	2.6	0.3	1.5	-1.5	-2.1	-1.4	-2.0	—	—	-2.2	-1.3	99.1
12	0.3	2.5	2.6	0.4	1.4	-1.4	-2.0	-1.4	-1.9	0.9	0.3	0.1	-1.4	101.5

注：国家统计局从2011年1月开始实施新的工业生产者价格统计调查制度方法。将“工业品价格统计”改称为“工业生产者价格统计”，相应地将“原材料、燃料、动力购进价格指数”改称为“工业生产者购进价格指数”，将“工业品出厂价格指数”改称为“工业生产者出厂价格指数”。

Note: Since January 2011, NBS begins to conduct new statistical system and survey methods on PPI. "Prices statistics on industrial goods" is renamed to "prices statistics on industrial producers". Accordingly, "purchasing prices for raw material,fuels and power" is renamed to "purchasing price for industrial producers", "producer price index of industrial products" is renamed to "producer price index for manufactured goods".

居民消费价格月环比指数变动
Change in CPI (month-on-month)

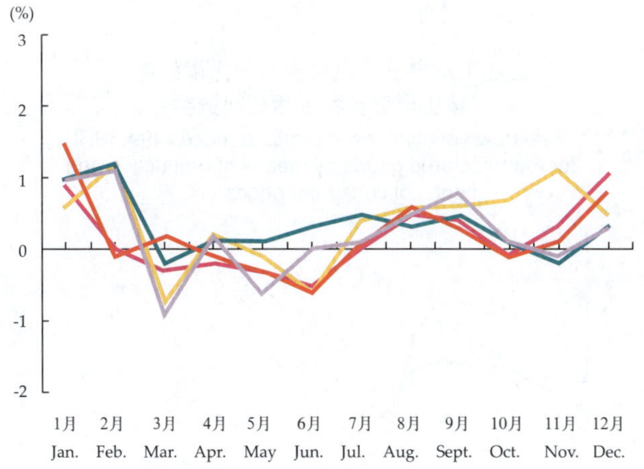

2009 2010 2011 2012 2013

居民消费价格同比指数变动
Change in CPI (year-on-year)

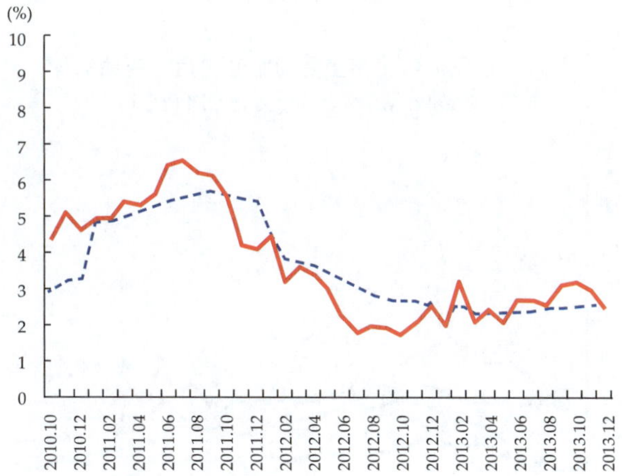

当月同比价格指数变动
Change in monthly CPI (YOY)
累计同比价格指数变动
Change in accumulated CPI (YOY)

居民消费价格指数与生产价格指数的比较
Comparison between changes in CPI and PPI

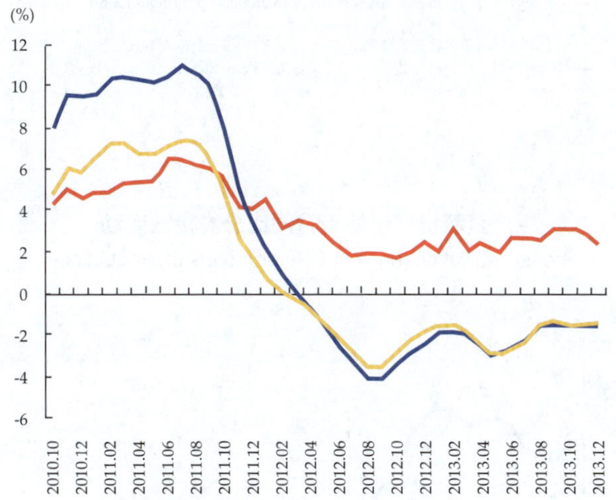

居民消费价格指数变动（当月同比）
Change in CPI (YOY)
工业生产者购进价格指数变动（当月同比）
Change in purchasing price index for industrial producers (YOY)
工业生产者出厂价格指数变动（当月同比）
Change in producer price index for manufactured goods (YOY)

进出口价格指数和贸易条件
Import-export price index and terms of trade

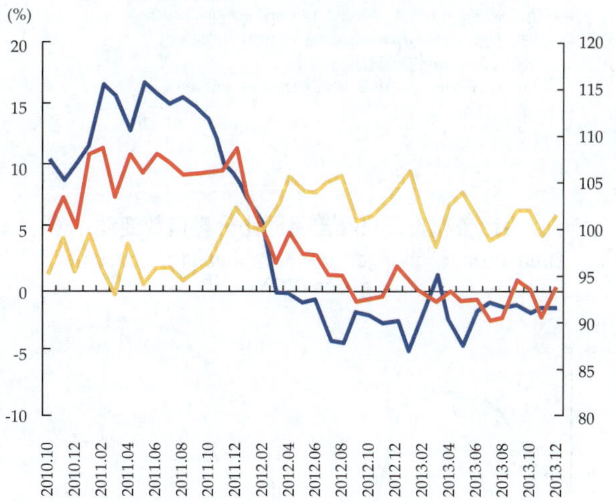

出口价格指数（左坐标）
Export price index (LHS)
进口价格指数（左坐标）
Import price index (LHS)
贸易条件（右坐标）
Terms of trade (RHS)

2. 分类指数

(2) Breakdown of indices

居民消费价格当月同比分类指数变动

Breakdown of changes in CPI (YOY)

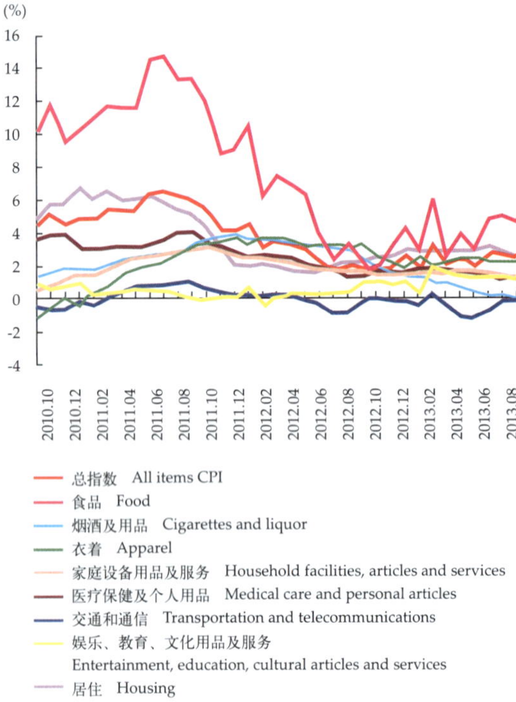

工业生产者出厂价格当月同比指数变动按生产资料和生活资料分类

Breakdown of changes in producer price index (PPI) for manufactured goods by means of production and means of consumer goods (YOY)

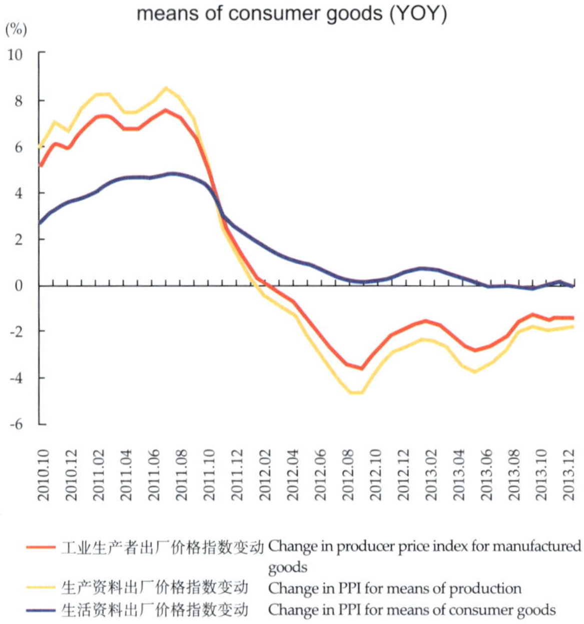

生活资料出厂价格当月同比分类指数变动

Breakdown of changes in PPI for means of consumer goods (YOY)

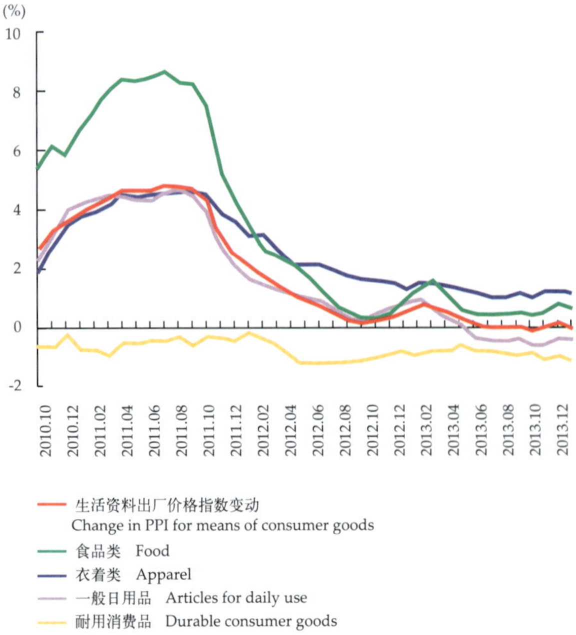

生产资料出厂价格当月同比分类指数变动

Breakdown of changes in PPI for means of production (YOY)

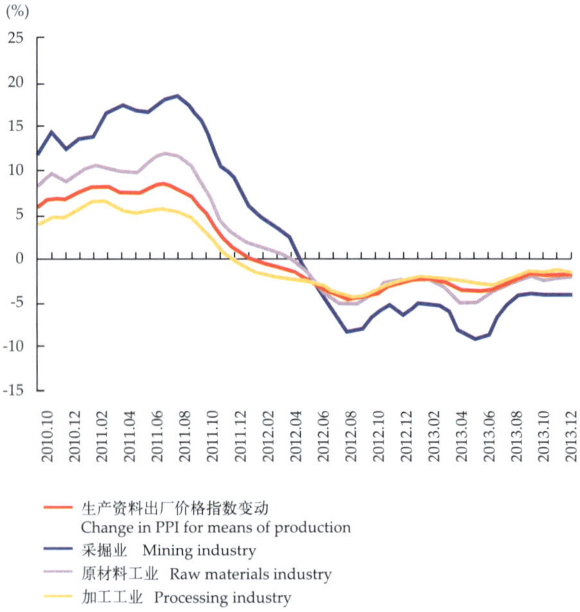

三、就业、失业与收入
3. Employment, Unemployment and Income

人口与就业基本情况
Population and employment

年 Year	年底总人口（亿人） Population at the end of the year (100 million people)	城镇 Urban	比重(%) Share (%)	乡村 Rural	比重(%) Share (%)	15~64岁人口数(亿人) Population between 15~64 years of age (100 million people)	就业人员(亿人) Employment (100 million people)
2004	13.0	5.4	42	7.6	58	9.2	7.4
2005	13.1	5.6	43	7.5	57	9.4	7.5
2006	13.1	5.8	44	7.3	56	9.5	7.5
2007	13.2	6.1	46	7.1	54	9.6	7.5
2008	13.3	6.2	47	7.0	53	9.7	7.6
2009	13.3	6.5	48	6.9	52	9.7	7.6
2010	13.4	6.7	50	6.7	50	10.0	7.6
2011	13.5	6.9	51	6.6	49	10.0	7.6
2012	13.5	7.1	53	6.4	47	10.0	7.7
2013	13.6	7.3	54	6.3	46	9.9	7.7

注：表中数据根据第六次人口普查数据重新修订。
Note:Data are revised according to the 6th National Population Census.

就业人员按城乡和产业分类
Employment in urban and rural areas and in industries

年 Year	就业人员(亿人) Employment (100 million people)	按城乡分 Urban and rural：城镇 Urban	比重(%) Share (%)	乡村 Rural	比重(%) Share (%)	按产业分 Industries：第一产业 Primary industry	比重(%) Share (%)	第二产业 Secondary industry	比重(%) Share (%)	第三产业 Tertiary industry	比重(%) Share (%)
2004	7.43	2.73	36.8	4.70	63.2	3.48	46.9	1.67	22.5	2.27	30.6
2005	7.46	2.84	38.0	4.63	62.0	3.34	44.8	1.78	23.8	2.34	31.4
2006	7.50	2.96	39.5	4.53	60.5	3.19	42.6	1.89	25.2	2.41	32.2
2007	7.53	3.10	41.1	4.44	58.9	3.07	40.8	2.02	26.8	2.44	32.4
2008	7.56	3.21	42.5	4.35	57.5	2.99	39.6	2.06	27.2	2.51	33.2
2009	7.58	3.33	43.9	4.25	56.1	2.89	38.1	2.11	27.8	2.59	34.1
2010	7.61	3.47	45.6	4.14	54.4	2.79	36.7	2.18	28.7	2.63	34.6
2011	7.64	3.59	47.0	4.05	53.0	2.66	34.8	2.25	29.5	2.73	35.7
2012	7.67	3.71	48.4	3.96	51.6	2.58	33.6	2.32	30.3	2.77	36.1
2013	7.70	3.82	49.7	3.87	50.3						

注：表中数据根据第六次人口普查数据重新修订。
Note:Data are revised according to the 6th National Population Census.

城乡居民家庭人均收入
Urban and rural household income (per capita)

年/季 Year/Quarter		农村居民家庭人均现金收入 Rural household cash income (per capita)：绝对值(元) Absolute value (RMB yuan)	同比实际增长(%) Growth in real terms (YOY) (%)	城镇居民家庭人均可支配收入 Urban household disposable income (per capita)：绝对值(元) Absolute value (RMB yuan)	同比实际增长(%) Growth in real terms (YOY) (%)
2010	I	1 814	9.2	5 308	7.5
	I~II	3 078	9.5	9 757	7.5
	I~III	4 869	9.7	14 334	7.5
	I~IV	7 089	—	19 109	7.8
2011	I	2 187	14.3	5 963	7.1
	I~II	3 706	13.7	11 041	7.6
	I~III	5 875	13.6	16 301	7.8
	I~IV	8 639	—	21 810	8.4
2012	I	2 560	12.7	6 796	9.8
	I~II	4 304	12.4	12 509	9.7
	I~III	6 778	12.3	18 427	9.8
	I~IV	9 787	—	24 565	9.6
2013	I	2 871	9.3	7 427	6.7
	I~II	4 817	9.2	13 649	6.5
	I~III	7 627	9.6	20 169	6.8
	I~IV	10 983	—	26 955	7.0

城镇失业人数和失业率
Unemployed urban population and unemployment rate

年/季度末 Year/End of quarter		城镇登记失业人数(万人) Registered unemployment in urban areas (10 000 people)	城镇登记失业率(%) Registered unemployment rate in urban areas(%)
2010	I	919	4.2
	II	911	4.2
	III	905	4.1
	IV	908	4.1
2011	I	909	4.1
	II	908	4.1
	III	911	4.1
	IV	922	4.1
2012	I	907	4.1
	II	918	4.1
	III	926	4.1
	IV	917	4.1
2013	I	926	4.1
	II	923	4.1
	III	921	4.0
	IV	926	4.1

四、国内需求
4. Domestic Demand

1.按支出法计算的国内生产总值
(1) Expenditure-based GDP

按支出法计算的国内生产总值及其构成
Expenditure-based GDP and its composition

年 Year	按支出法计算的国内生产总值(亿元) Expenditure-based GDP (RMB100 million yuan)	最终消费 Final consumption	居民消费 Household consumption	城镇居民 Urban	农村居民 Rural	政府消费 Government consumption	资本形成总额 Total capital formation	固定资本形成 Fixed capital formation	存货增加 Increased inventory	货物和服务净出口 Net exports of goods and services
	绝对值(亿元) Absolute value (RMB100 million yuan)									
2001	109 028	66 934	49 436	33 645	15 791	17 498	39 769	37 755	2 015	2 325
2002	120 476	71 817	53 057	36 785	16 272	18 760	45 565	43 632	1 933	3 094
2003	136 613	77 686	57 650	41 344	16 306	20 036	55 963	53 491	2 472	2 965
2004	160 957	87 553	65 219	47 529	17 690	22 334	69 168	65 118	4 051	4 236
2005	187 424	99 358	72 959	53 000	19 958	26 399	77 857	74 233	3 624	10 209
2006	222 713	113 104	82 576	60 790	21 786	30 528	92 954	87 954	5 000	16 655
2007	266 599	132 233	96 333	72 127	24 206	35 900	110 943	103 949	6 995	23 423
2008	315 975	153 423	111 670	83 993	27 677	41 752	138 325	128 084	10 241	24 227
2009	348 775	169 275	123 585	94 579	29 005	45 690	164 463	156 680	7 783	15 037
2010	402 817	194 115	140 759	108 784	31 975	53 356	193 604	183 615	9 989	15 098
2011	472 619	232 112	168 957	129 987	38 970	63 155	225 007	215 682	12 662	12 163
2012	529 238	261 833	190 424	148 113	42 310	71 409	253 524	241 757	11 016	14 632
	构成(%) Composition (%)									
2001	100	61.4	45.3	30.9	14.5	16.0	36.5	34.6	1.8	2.1
2002	100	59.6	44.0	30.5	13.5	15.6	37.8	36.2	1.6	2.6
2003	100	56.9	42.2	30.3	11.9	14.7	41.0	39.2	1.8	2.2
2004	100	54.4	40.5	29.5	11.0	13.9	43.0	40.5	2.5	2.6
2005	100	53.0	38.9	28.3	10.6	14.1	41.5	39.6	1.9	5.4
2006	100	50.8	37.1	27.3	9.8	13.7	41.7	39.5	2.2	7.5
2007	100	49.6	36.1	27.1	9.1	13.5	41.6	39.0	2.6	8.8
2008	100	48.6	35.3	26.6	8.8	13.2	43.8	40.5	3.2	7.7
2009	100	48.5	35.4	27.1	8.3	13.1	47.2	44.9	2.2	4.3
2010	100	48.2	34.9	27.0	7.9	13.2	48.1	45.6	2.5	3.7
2011	100	49.1	35.7	27.5	8.2	13.4	47.6	45.6	2.7	2.6
2012	100	49.5	36.0	28.0	8.0	13.5	47.9	45.7	2.1	2.8

注：表中数据根据国家统计局最新数据修订。
Note: Data are revised by National Bureau of Statistics of China.

按支出法计算的国内生产总值构成变化
Changes in the composition of GDP (based on expenditures)

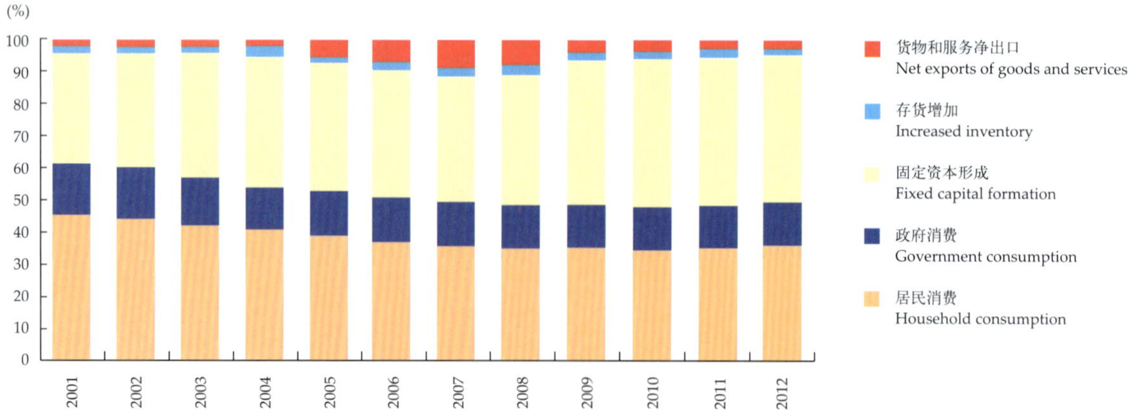

投资率和消费率
Investment ratio and consumption ratio

单位：% Unit: %

年 Year	资本形成率(投资率) Capital formation ratio (investment ratio)	最终消费率(消费率) Final consumption ratio (consumption ratio)
1981	32.5	67.1
1982	31.9	66.5
1983	32.8	66.4
1984	34.2	65.8
1985	38.1	66.0
1986	37.5	64.9
1987	36.3	63.6
1988	37.0	63.9
1989	36.6	64.5
1990	34.9	62.5
1991	34.8	62.4
1992	36.6	62.4
1993	42.6	59.3
1994	40.5	58.2
1995	40.3	58.1
1996	38.8	59.2
1997	36.7	59.0
1998	36.2	59.6
1999	36.2	61.1
2000	35.3	62.3
2001	36.5	61.4
2002	37.8	59.6
2003	41.0	56.9
2004	43.0	54.4
2005	41.5	53.0
2006	41.7	50.8
2007	41.6	49.6
2008	43.8	48.6
2009	47.2	48.5
2010	48.1	48.2
2011	48.3	49.1
2012	48.1	49.2

注：表中数据根据国家统计局最新数据修订。
Note: Data are revised by National Bureau of Statistics of China.

生产法现价GDP与支出法现价GDP及其增长率比较
Comparison between production-based GDP and expenditure-based GDP at current price

年 Year	(1)生产法GDP Production-based GDP		(2)支出法GDP Expenditure-based GDP		(1)−(2)	
	绝对量(亿元) Absolute value (RMB100 million yuan)	现价增速(%) Growth rate at current price(%)	绝对量(亿元) Absolute value (RMB100 million yuan)	现价增速(%) Growth rate at current price(%)	绝对量(亿元) Absolute value (RMB100 million yuan)	现价增速(%) Growth rate at current price(%)
1981	4 892	7.6	5 009	9.1	-117	-1.45
1982	5 323	8.8	5 590	11.6	-267	-2.77
1983	5 963	12.0	6 216	11.2	-254	0.81
1984	7 208	20.9	7 363	18.4	-155	2.45
1985	9 016	25.1	9 077	23.3	-61	1.80
1986	10 275	14.0	10 509	15.8	-233	-1.80
1987	12 059	17.4	12 277	16.8	-219	0.53
1988	15 043	24.8	15 389	25.3	-346	-0.59
1989	16 992	13.0	17 311	12.5	-319	0.47
1990	18 668	9.9	19 348	11.8	-680	-1.90
1991	21 781	16.7	22 577	16.7	-796	-0.01
1992	26 923	23.6	27 565	22.1	-642	1.52
1993	35 334	31.2	36 938	34.0	-1 604	-2.76
1994	48 198	36.4	50 217	36.0	-2 020	0.46
1995	60 794	26.1	63 217	25.9	-2 423	0.24
1996	71 177	17.1	74 164	17.3	-2 987	-0.24
1997	78 973	11.0	81 659	10.1	-2 685	0.84
1998	84 402	6.9	86 532	6.0	-2 129	0.90
1999	89 677	6.2	91 125	5.3	-1 448	0.94
2000	99 215	10.6	98 749	8.4	466	2.27
2001	109 655	10.5	109 028	10.4	627	0.11
2002	120 333	9.7	120 476	10.5	-143	-0.76
2003	135 823	12.9	136 613	13.4	-791	-0.52
2004	159 878	17.7	160 957	17.8	-1 078	-0.11
2005	184 937	15.7	187 424	16.4	-2 486	-0.77
2006	216 314	17.0	222 713	18.8	-6 398	-1.86
2007	265 810	22.9	266 599	19.7	-789	3.18
2008	314 045	18.1	315 975	18.5	-1 929	-0.37
2009	340 903	8.6	348 775	10.4	-7 872	-1.83
2010	401 513	17.8	402 816	15.5	-1 304	2.28
2011	473 104	17.8	472 619	17.3	485	0.50
2012	518 942	9.7	529 238	12.0	-9 916	-2.21

注：表中数据根据国家统计局最新数据修订。
Note: Data are revised by National Bureau of Statistics of China.

投资率和消费率
Investment ratio and consumption ratio

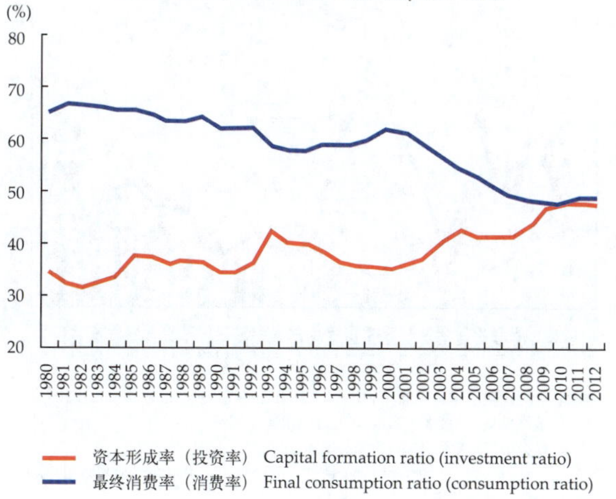

资本形成率（投资率） Capital formation ratio (investment ratio)
最终消费率（消费率） Final consumption ratio (consumption ratio)

生产法现价GDP与支出法现价GDP增速比较
Comparison of growth rate at current prices between production-based GDP and expenditure-based GDP

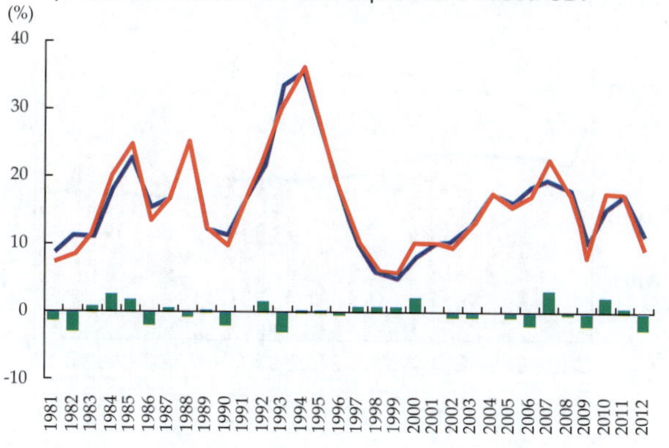

生产法现价GDP增速−支出法现价GDP增速 Gap between the two growth rates
生产法现价GDP增速 Growth rate of production-based GDP at current prices
支出法现价GDP增速 Growth rate of expenditure-based GDP at current prices

2. 社会消费品零售额
(2) Retail sales of consumer goods

社会消费品零售总额
Retail sales of consumer goods

单位：亿元
Unit: RMB 100 million yuan

年/月 Year/Month	当月社会消费品零售总额 Monthly retail sales of consumer goods	当月同比增长率(%) Monthly growth rate (YOY)(%)	社会消费品零售总额累计 Accumulative retail sales of consumer goods	累计同比增长率(%) Accumulative growth rate (YOY)(%)
2012.01	—	—	—	—
2012.02	—	—	33 669	14.7
2012.03	15 650	15.2	49 319	14.8
2012.04	15 603	14.1	64 922	14.7
2012.05	16 715	13.8	81 637	14.5
2012.06	16 585	13.7	98 222	14.4
2012.07	16 315	13.1	114 537	14.2
2012.08	16 659	13.2	131 195	14.1
2012.09	18 227	14.2	149 422	14.1
2012.10	18 934	14.5	168 356	14.1
2012.11	18 477	14.9	186 833	14.2
2012.12	20 334	15.2	210 307	14.3
2013.01	—	—	—	—
2013.02	—	—	37 810	12.3
2013.03	17 641	12.6	55 451	12.4
2013.04	17 600	12.8	73 051	12.5
2013.05	18 886	12.9	91 938	12.6
2013.06	18 827	13.3	110 764	12.7
2013.07	18 513	13.2	129 278	12.8
2013.08	18 886	13.4	148 164	12.8
2013.09	20 653	13.3	168 817	12.9
2013.10	21 491	13.3	190 308	13.0
2013.11	21 012	13.7	211 320	13.0
2013.12	23 060	13.6	234 380	13.1

注：为消除春节日期不固定因素带来的影响，增强数据的可比性，按照国家统计制度，历年1~2月数据一起调查、一起发布。
Note: In order to eliminate the impact of the different date of "Spring Festival" of each year,and enchance the comparability of data, in accordance with the national statistical system,the data in January and Februry was investigated and released together.

社会消费品零售总额与最终消费增长率的比较
Comparison of growth rate at current prices between retail sales of consumer goods and final consumption expenditure

单位：万亿元
Unit: RMB trillion yuan

年 Year	社会消费品零售总额 Retail sales of consumer goods	最终消费 Final consumption	社会消费品零售总额现价增长率(%) Growth rate at current prices of retail sales of consumer goods(%)	最终消费现价增长率(%) Growth rate at current prices of final consumption expenditure(%)
1991	0.94	1.41	13.4	16.6
1992	1.10	1.72	16.8	22.1
1993	1.43	2.19	29.8	27.3
1994	1.86	2.92	30.5	33.5
1995	2.36	3.67	26.8	25.7
1996	2.84	4.39	20.1	19.5
1997	3.13	4.81	10.2	9.6
1998	3.34	5.16	6.8	7.2
1999	3.56	5.56	6.8	7.8
2000	3.91	6.15	9.7	10.6
2001	4.31	6.69	10.1	8.8
2002	4.81	7.18	11.8	7.3
2003	5.25	7.77	9.1	8.2
2004	5.95	8.76	13.3	12.7
2005	6.84	9.94	14.9	13.5
2006	7.91	11.31	15.8	13.8
2007	9.36	13.22	18.2	16.9
2008	11.48	15.34	22.7	16.0
2009	13.27	16.93	15.5	10.3
2010	15.70	19.41	18.3	14.7
2011	18.39	22.86	17.1	17.7
2012	21.03	25.96	14.3	11.8

注：表中数据根据国家统计局最新数据修订。
Note: Data are revised by National Bureau of Statistics of China.

累计社会消费品零售总额及其增长率
Accumulative retail sales and growth rates of consumer goods

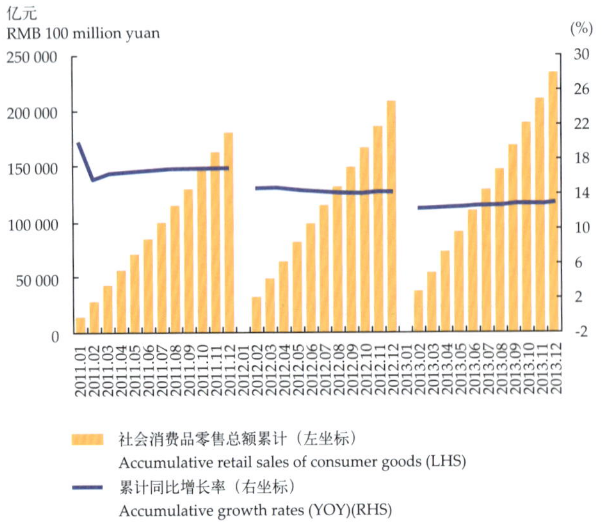

社会消费品零售总额及最终消费增长趋势
Growth trend of retail sales of consumer goods and final consumption expenditure

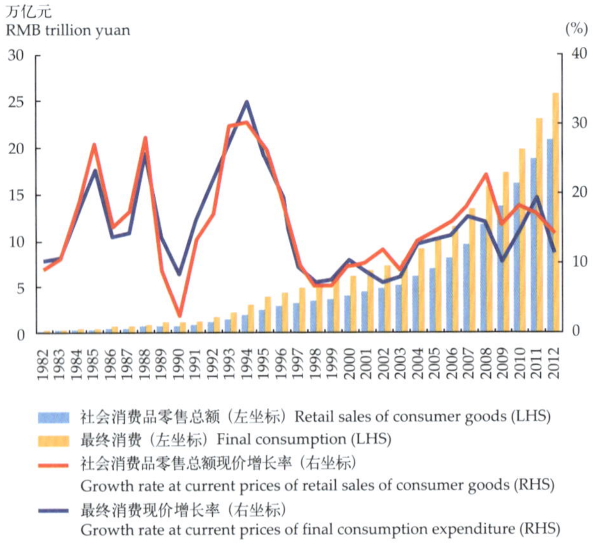

3.固定资产投资完成额

(3) Completed fixed-asset investment

固定资产投资（不含农户）完成额

Completed investment in fixed assets (excluding rural households)

单位：亿元
Unit: RMB 100 million yuan

年/月 Year/Month	投资完成额 Investment completed	增长率(%) Growth rate (%)
	—	—
2012 1~2	21 188.8	21.5
1~3	47 865.4	20.9
1~4	75 591.6	20.2
1~5	108 924.2	20.1
1~6	150 710.1	20.4
1~7	184 311.8	20.4
1~8	217 958.1	20.2
1~9	256 932.9	20.5
1~10	292 542.0	20.7
1~11	326 236.2	20.7
1~12	364 835.1	20.6
	—	—
2013 1~2	25 675.9	21.2
1~3	58 092.3	20.9
1~4	91 319.2	20.6
1~5	131 210.6	20.4
1~6	181 317.6	20.1
1~7	221 722.2	20.1
1~8	262 578.1	20.3
1~9	309 207.6	20.2
1~10	351 669.2	20.1
1~11	391 282.5	19.9
1~12	436 527.7	19.6

注：自2011年起，投资项目统计起点标准由原来的50万元调整为500万元，"固定资产投资（不含农户）"等于原口径的城镇固定资产投资加上农村企事业组织项目投资。

Notes: Since 2011, investment indicators are calculated using new threshold criteria of RMB5 million yuan instead of RMB500 thousand yuan in the past."Investment in fixed assets (excluding rural households)" equals to "investment in fixed assets in urban area" under the old criteria plus "investment of rural enterprises and institutions".

固定资产投资（不含农户）完成额

Completed investment in fixed assets (excluding rural households)

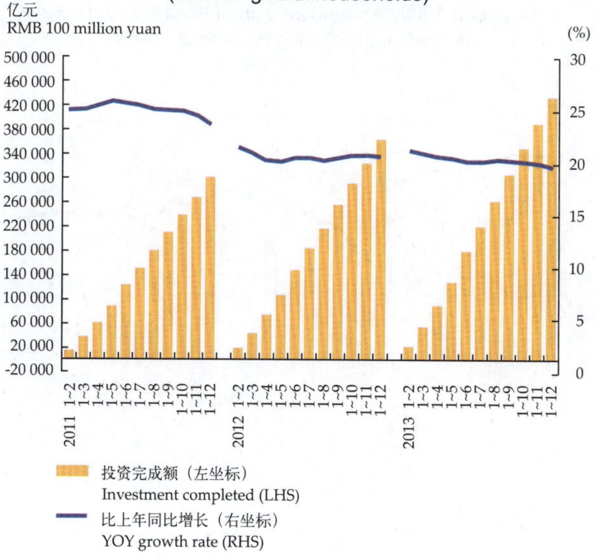

固定资产投资完成额和固定资本形成总额的比较

Comparison of completed fixed-asset investment and gross capital formation

单位：万亿元
Unit: RMB trillion yuan

年 Year	全社会固定资产投资完成额 Total completed fixed-asset investment	固定资本形成总额 Gross capital formation	全社会固定资产投资现价增长率(%) Growth rate of total fixed-asset investment at current prices(%)	固定资本形成总额现价增长率(%) Growth rate of gross capital formation at current prices(%)
1992	0.81	0.85	44.4	40.3
1993	1.31	1.33	61.8	56.3
1994	1.70	1.73	30.4	30.1
1995	2.00	2.09	17.5	20.6
1996	2.29	2.40	14.8	15.1
1997	2.49	2.60	8.8	8.0
1998	2.84	2.86	13.9	10.0
1999	2.99	3.30	5.1	6.9
2000	3.29	3.48	10.3	5.7
2001	3.72	3.98	13.0	14.1
2002	4.35	4.56	16.9	14.6
2003	5.56	5.60	27.7	22.8
2004	7.05	6.92	26.8	23.6
2005	8.88	7.79	26.0	12.6
2006	11.00	9.30	23.9	19.4
2007	13.73	11.09	24.8	19.4
2008	17.28	13.83	25.9	24.7
2009	22.46	16.45	30.0	18.9
2010	27.81	19.36	23.8	17.7
2011	31.10	22.50	11.8	16.2
2012	37.47	25.35	20.3	11.0

注：表中数据根据国家统计局最新数据修订。
Note: Data are revised by National Bureau of Statistics of China.

固定资产投资完成额和固定资本形成总额

Completed fixed-asset investment and gross capital formation

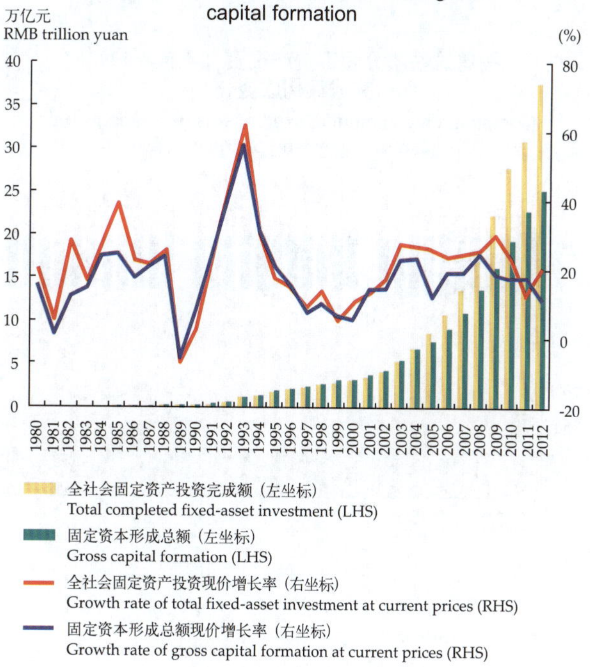

按建设性质分固定资产投资（不含农户）累计完成额及增长率

Completed investment in fixed assets (excluding rural households) and growth rate by type of construction

年/月 Year/Month	绝对值(亿元) Absolute value (RMB 100 million yuan)			增长率(%) Growth rate (%)		
	新建 New construction	扩建 Expansion	改建 Transformation	新建 New construction	扩建 Expansion	改建 Transformation
	—	—	—	—	—	—
2011 1-2	8 460.4	2 248.8	1 875.0	29.8	12.6	14.4
1-3	19 059.2	5 388.8	4 657.0	29.7	11.9	16.5
1-4	30 687.5	8 652.1	7 655.2	29.8	11.8	20.2
1-5	44 231.4	12 671.8	11 166.0	29.0	14.0	23.1
1-6	60 275.5	17 410.0	15 760.2	29.1	14.6	23.2
1-7	73 498.9	21 484.5	19 503.9	28.2	14.2	22.8
1-8	87 052.0	25 617.4	23 081.0	28.1	14.9	21.2
1-9	102 195.4	29 994.5	27 287.1	28.0	14.9	20.7
1-10	115 613.0	34 045.0	31 826.7	27.4	15.6	22.1
1-11	128 538.4	37 929.5	36 036.5	26.5	16.6	22.0
1-12	143 794.4	42 169.6	41 081.2	26.5	16.3	21.2
	—	—	—	—	—	—
2012 1-2	9 934.5	2 658.9	2 352.5	17.4	18.2	25.5
1-3	22 992.2	6 224.5	6 003.3	20.6	15.5	28.9
1-4	37 176.2	10 005.0	9 519.2	21.1	15.6	24.3
1-5	53 873.9	14 582.0	13 846.7	21.8	15.1	24.0
1-6	74 541.8	20 177.2	19 160.7	23.7	15.9	21.6
1-7	91 403.7	24 761.0	23 663.4	24.4	15.3	21.3
1-8	107 585.5	29 242.9	28 244.4	23.6	14.2	22.4
1-9	127 349.1	34 191.9	33 447.0	24.6	14.0	22.6
1-10	144 885.7	38 975.4	38 466.1	25.3	14.5	20.9
1-11	160 501.6	43 420.2	43 302.6	24.9	14.5	20.2
1-12	177 665.5	48 742.0	52 086.0	23.6	15.6	26.8
	—	—	—	—	—	—
2013 1-2	12 190.2	2 914.0	2 993.5	22.7	9.6	27.2
1-3	28 180.7	7 017.4	7 574.4	22.6	12.7	26.2
1-4	45 180.4	11 542.3	11 986.5	21.2	15.4	25.9
1-5	65 777.9	16 612.3	17 051.5	21.9	13.9	23.1
1-6	91 035.7	22 674.7	23 816.6	22.1	12.4	24.3
1-7	111 718.5	27 824.4	29 439.2	22.2	12.4	24.4
1-8	132 199.0	33 232.0	34 998.7	22.9	13.6	23.9
1-9	155 768.3	39 080.6	41 297.7	22.3	14.3	23.5
1-10	177 229.9	44 670.0	47 390.7	22.3	14.6	23.2
1-11	195 821.3	49 241.5	53 459.9	22.0	13.4	23.5
1-12	217 544.7	54 228.8	61 544.2	21.4	13.0	17.4

注：按建设性质分组的投资不含房地产投资。
Note: Investment grouped by type of construction does not include real estate investment.

按建筑性质分固定资产投资（不含农户）完成额构成变化

Completed investment in fixed assets (excluding rural households) by type of construction

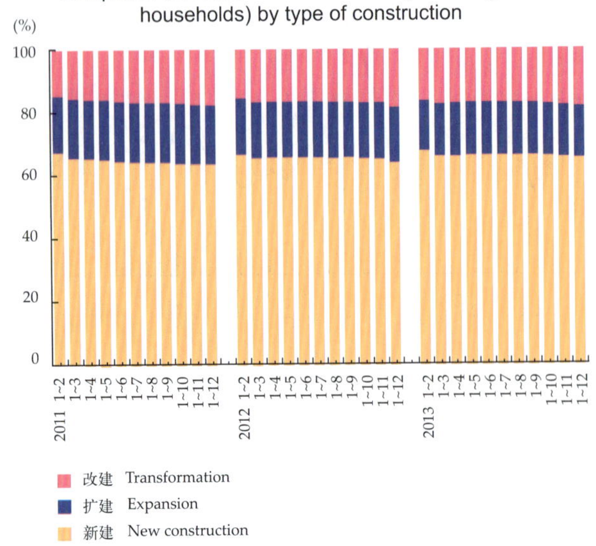

按建筑性质分固定资产投资（不含农户）完成额增长趋势

Growth of monthly accumulated completed investment in fixed assets (excluding rural households) by type of construction

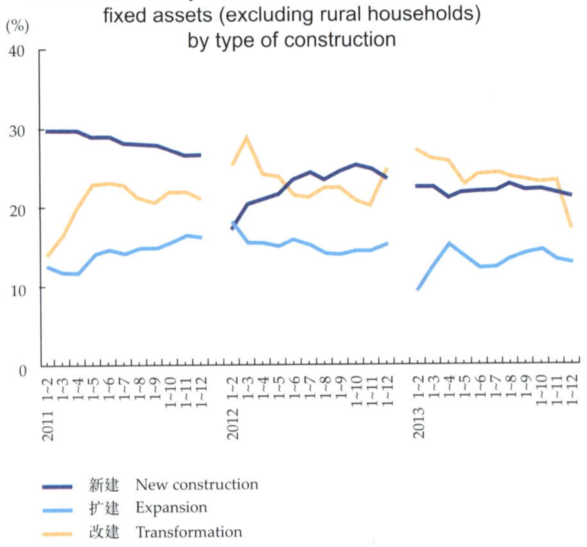

按隶属关系分固定资产投资（不含农户）累计完成额及增长率

Composition of monthly accumulated completed investment in fixed assets (excluding rural households) and growth rate by administrative relationship

年/月 Year/Month	绝对值(亿元) Absolute value (RMB 100 million yuan)		增长率(%) Growth rate (%)	
	中央项目 Central government projects	地方项目 Local government projects	中央项目 Central government projects	地方项目 Local government projects
	—	—	—	—
2011 1~2	1 385	16 060	6.3	26.9
1~3	2 540	36 925	3.0	26.8
1~4	4 124	58 593	2.6	27.4
1~5	5 670	84 584	0.3	28.0
1~6	7 360	117 207	-3.8	28.1
1~7	9 075	143 345	-4.7	28.0
1~8	10 722	169 885	-8.9	28.1
1~9	12 445	199 829	-7.5	27.7
1~10	14 260	227 105	-8.5	27.9
1~11	16 212	253 241	-8.5	27.5
1~12	20 209	281 724	-9.7	27.2
	—	—	—	—
2012 1~2	1 276	19 913	-7.9	24.0
1~3	2 393	45 473	-9.7	23.1
1~4	4 098	71 494	-4.1	22.0
1~5	5 605	103 319	-7.7	22.1
1~6	7 598	143 113	-4.1	22.1
1~7	9 387	174 925	-3.0	22.0
1~8	11 395	206 563	0.2	21.6
1~9	13 609	243 324	2.3	21.8
1~10	15 939	276 603	11.8	21.8
1~11	17 998	308 238	11.0	21.7
1~12	21 663	343 172	7.2	21.8
	—	—	—	—
2013 1~2	1 331	24 345	4.4	22.3
1~3	2 687	55 406	11.6	21.4
1~4	4 444	86 875	8.5	21.3
1~5	6 110	125 101	7.1	21.1
1~6	8 338	172 980	9.7	20.7
1~7	10 550	211 173	12.4	20.5
1~8	12 628	249 950	10.8	20.8
1~9	15 020	294 188	10.4	20.7
1~10	17 646	334 023	8.1	20.8
1~11	20 632	370 650	13.4	20.2
1~12	24 785	411 742	12.4	20.1

按隶属关系分固定资产投资（不含农户）完成额

Completed investment in fixed assets (excluding rural households) by administrative relationship

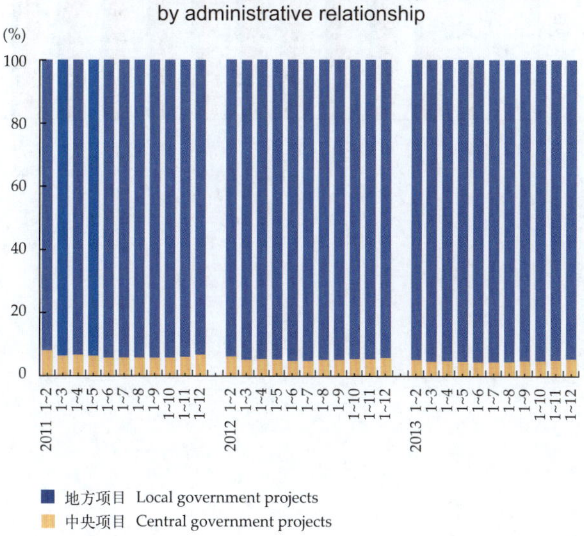

按隶属关系分固定资产投资（不含农户）完成额增长趋势

Growth of monthly accumulated completed investment in fixed assets (excluding rural households) by administrative relationship

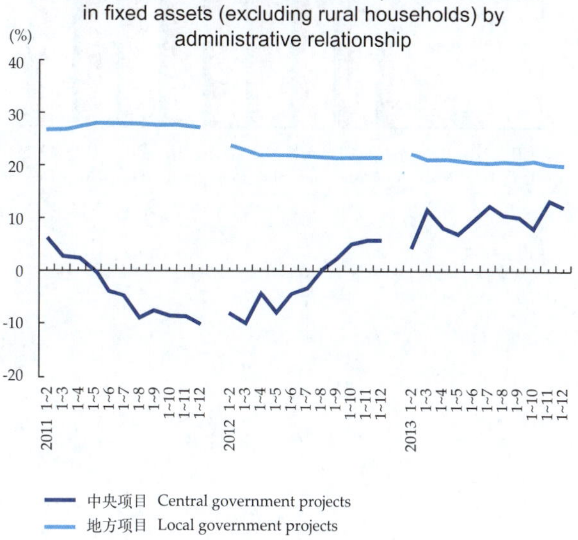

固定资产投资月度累计新开工项目数
Number of monthly accumulated urban newly started projects of fixed-asset investment

单位：万个 Unit: 10 000

		2009	2010	2011	2012	2013
1月	Jan.	—	—	—	—	—
2月	Feb.	1.85	1.85	1.72	2.16	2.43
3月	Mar.	5.29	5.88	5.33	6.18	6.77
4月	Apr.	8.64	8.52	8.73	9.87	10.74
5月	May	12.39	11.81	12.46	13.93	15.24
6月	Jun.	17.61	17.52	16.71	17.47	19.98
7月	Jul.	20.57	20.48	19.80	20.46	23.03
8月	Aug.	23.49	23.23	22.71	24.32	26.29
9月	Sept.	26.93	25.68	25.69	27.63	30.15
10月	Oct.	29.34	28.03	28.77	30.49	33.51
11月	Nov.	31.70	30.19	31.37	33.12	36.50
12月	Dec.	34.48	33.00	33.29	35.63	38.93

注：自2011年起，固定资产投资等于原口径的城镇固定资产投资加上农村企事业组织项目投资（不含农户）。
Note: Since 2011, "investment in fixed assets" equals to "investment in fixed assets in urban area" under the old criteria plus "investment of rural enterprises and institutions(excluding rural households)".

固定资产投资月度累计施工项目数
Number of monthly accumulated urban under-construction projects of fixed-asset investment

单位：万个 Unit: 10 000

		2009	2010	2011	2012	2013
1月	Jan.	—	—	—	—	—
2月	Feb.	7.87	9.28	9.81	10.88	12.12
3月	Mar.	12.91	15.37	16.06	17.29	19.11
4月	Apr.	17.25	18.99	20.70	22.20	24.55
5月	May	21.64	23.48	25.21	27.08	29.89
6月	Jun.	27.53	29.93	30.17	31.26	35.27
7月	Jul.	30.89	33.78	33.64	34.55	38.58
8月	Aug.	33.98	36.27	36.80	38.38	42.05
9月	Sept.	37.65	38.95	39.98	41.95	46.15
10月	Oct.	40.22	41.52	43.33	45.03	49.65
11月	Nov.	42.95	43.98	46.10	47.79	52.76
12月	Dec.	46.15	47.19	48.32	50.54	55.47

固定资产投资月度累计新开工项目数
Number of monthly accumulated newly started projects of fixed-asset investment

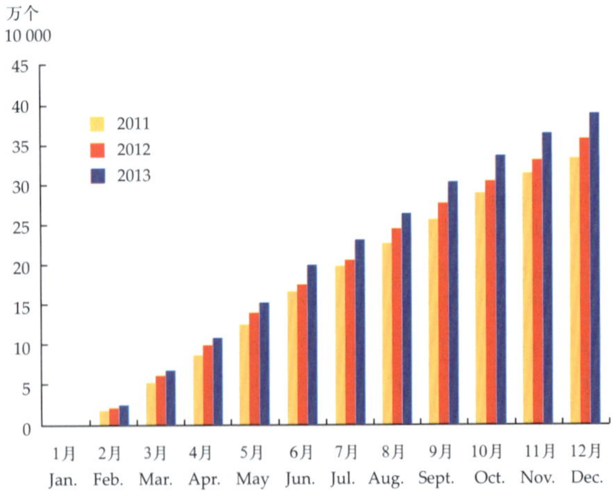

固定资产投资月度累计施工项目数
Number of monthly accumulated under-construction projects of fixed-asset investment

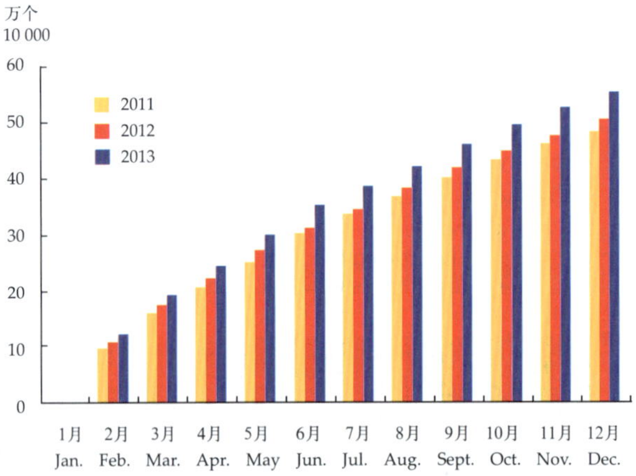

2013年分省固定资产投资（不含农户）完成额及增长率

Accumulated completed investment in fixed assets (excluding rural households) and growth rate by province in 2013

单位：亿元　Unit: RMB100 million yuan

	固定资产投资（不含农户）累计完成额 Accumulated completed investment in fixed assets (excluding rural households)	增长率(%) Growth rate (%)
Guizhou 贵州	7 102.8	33.9
Tibet 西藏	876.0	30.6
Qinghai 青海	2 285.3	28.8
Hainan 海南	2 625.0	28.3
Yunnan 云南	9 621.8	27.4
Gansu 甘肃	6 407.2	27.1
Ningxia 宁夏	2 577.8	26.8
Heilongjiang 黑龙江	11 794.2	25.8
Xinjiang 新疆	7 363.4	25.7
Shaanxi 陕西	10 745.3	25.2
Shanxi 山西	14 516.7	24.0
Hubei 湖北	18 796.9	24.0
Fujian 福建	15 045.8	23.7
Hunan 湖南	17 230.1	23.4
Guangxi 广西	11 383.9	21.8
Anhui 安徽	18 090.9	21.4
Henan 河南	25 321.5	21.3
Inner Mongolia 内蒙古	14 070.5	19.9
Sichuan 四川	19 754.4	19.5
Chongqing 重庆	10 285.3	19.5
Guangdong 广东	21 795.0	19.4
Zhejiang 浙江	20 189.1	18.8
Hebei 河北	22 629.8	18.5
Shandong 山东	35 875.9	18.3
Jiangsu 江苏	35 983.0	18.3
Liaoning 辽宁	24 791.4	15.1
Tianjin 天津	9 103.0	15.0
Beijing 北京	6 797.5	12.1
Shanghai 上海	5 644.1	10.4
Jiangxi 江西	12 450.8	9.3
Jilin 吉林	9 880.0	4.4

2013年分省固定资产投资完成额（不含农户）及增长率

Accumulated completed investment in fixed assets (excluding rural households) and growth rate by province in 2013

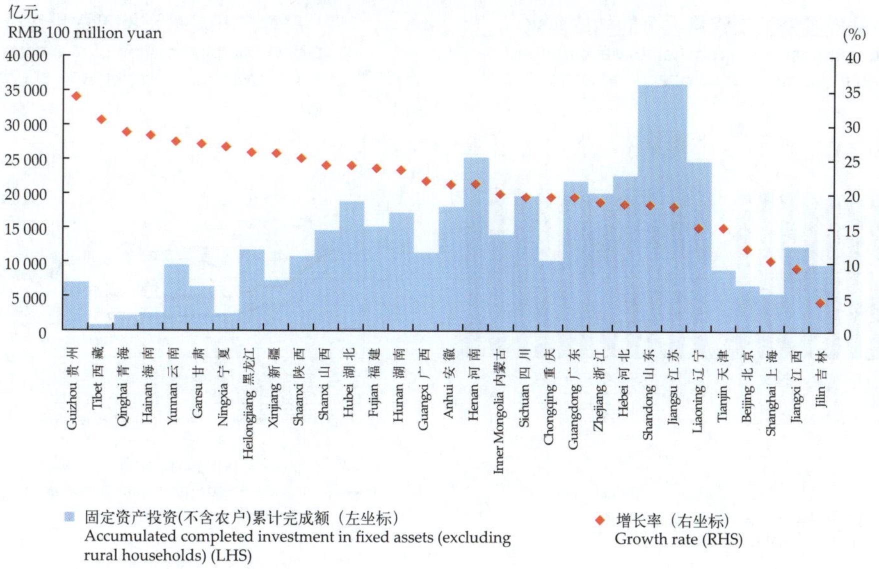

4.房地产

(4) Real estate development

房地产开发投资按工程用途分的完成额及增长率
Real estate development investment completed and growth rate by purpose of engineering

单位：亿元　Unit: RMB100 million yuan

年/月 Year/Month	房地产开发投资完成额 Real estate development investment completed		按工程用途分 By purpose of engineering							
			住宅投资 Residential building investment		办公楼投资 Office building investment		商业用房投资 Commercial and business building investment		其他投资 Other investment	
	绝对值 Absolute value	增长率(%) Growth rate (%)	绝对值 Absolute value	增长率(%) Growth rate (%)	绝对值 Absolute value	增长率(%) Growth rate (%)	绝对值 Absolute value	增长率(%) Growth rate (%)	绝对值 Absolute value	增长率(%) Growth rate (%)
2012.01	—	—	—	—	—	—	—	—	—	—
2012.02	5 431	27.8	3 713	23.2	253	31.0	722	42.5	743	38.4
2012.03	10 927	23.5	7 443	19.0	518	43.4	1 420	34.2	1 546	31.7
2012.04	15 835	18.7	10 818	13.9	741	37.1	2 075	34.2	2 200	25.3
2012.05	22 213	18.5	15 098	13.6	1 082	44.7	2 887	31.6	3 146	25.6
2012.06	30 610	16.6	20 879	12.0	1 409	31.9	3 975	26.3	4 348	28.1
2012.07	36 774	15.4	25 226	10.7	1 721	33.8	4 707	23.6	5 120	28.3
2012.08	43 688	15.6	29 990	10.6	2 036	35.0	5 667	25.7	5 995	29.0
2012.09	51 046	15.4	35 126	10.5	2 371	36.1	6 589	25.3	6 959	28.0
2012.10	57 629	15.4	39 704	10.8	2 666	31.4	7 458	25.8	7 801	27.2
2012.11	64 772	16.7	44 606	11.9	3 024	32.7	8 417	27.3	8 725	29.6
2012.12	71 804	16.2	49 374	11.4	3 367	31.6	9 312	25.4	9 751	30.1
2013.01	—	—	—	—	—	—	—	—	—	—
2013.02	6 670	22.8	4 583	23.4	388	53.3	884	22.4	814	9.7
2013.03	13 133	20.2	9 013	21.1	747	44.1	1 721	21.2	1 652	6.9
2013.04	19 180	21.1	13 121	21.3	1 102	48.6	2 547	22.7	2 411	9.6
2013.05	26 798	20.6	18 363	21.6	1 526	41.0	3 582	24.1	3 326	5.7
2013.06	36 828	20.3	25 227	20.8	2 011	42.8	5 010	26.1	4 579	5.3
2013.07	44 302	20.5	30 318	20.2	2 412	40.2	6 094	29.5	5 478	7.0
2013.08	52 120	19.3	35 738	19.2	2 851	40.0	7 168	26.5	6 362	6.1
2013.09	61 120	19.7	41 979	19.5	3 262	37.6	8 425	27.9	7 453	7.1
2013.10	68 693	19.2	47 222	18.9	3 649	36.9	9 468	26.9	8 354	7.1
2013.11	77 412	19.5	53 112	19.1	4 113	36.0	10 739	27.6	9 448	8.3
2013.12	86 013	19.8	58 951	19.4	4 652	38.2	11 945	28.3	10 465	7.3

房地产开发投资按工程用途分的构成变化
Change in composition of real estate development investment by purpose of engineering

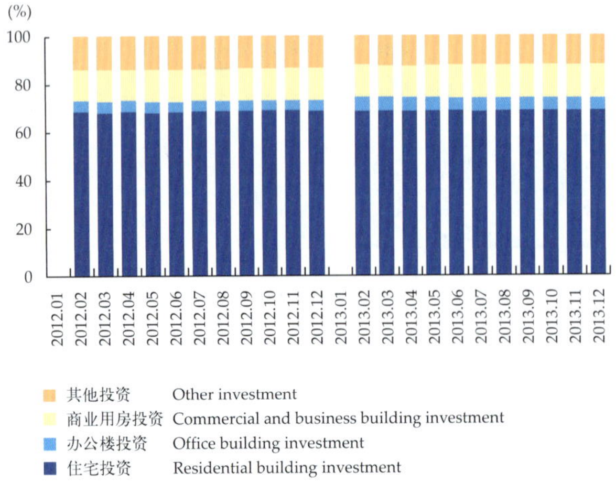

房地产开发投资按工程用途分的增长趋势
Growth of composition of real estate development investment by purpose of engineering

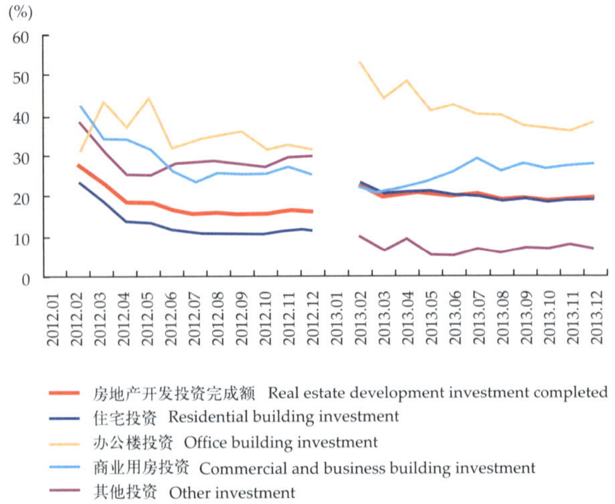

房地产开发投资按地区分的完成额及增长率
Real estate development investment completed and growth rate by region

单位：亿元 Unit: RMB 100 million yuan

年/月 Year/Month	东部地区投资 Investment in eastern area		中部地区投资 Investment in central area		西部地区投资 Investment in western area	
	绝对值 Absolute value	增长率(%) Growth rate (%)	绝对值 Absolute value	增长率(%) Growth rate (%)	绝对值 Absolute value	增长率(%) Growth rate (%)
2012.01	—	—	—	—	—	—
2012.02	3 327	26.0	996	29.4	1 108	31.9
2012.03	6 593	20.6	2 070	25.7	2 264	30.5
2012.04	9 354	15.2	3 159	24.5	3 323	23.8
2012.05	13 036	16.0	4 472	22.3	4 705	22.5
2012.06	17 809	15.4	6 328	16.9	6 473	19.9
2012.07	21 295	14.5	7 686	15.7	7 794	17.5
2012.08	25 116	14.9	9 313	16.9	9 259	16.3
2012.09	29 173	14.5	10 944	16.2	10 929	17.1
2012.10	32 823	14.3	12 395	16.4	12 410	17.5
2012.11	36 719	14.8	14 035	19.4	14 018	19.5
2012.12	40 541	13.9	15 763	19.4	15 500	19.8
2013.01	—	—	—	—	—	—
2013.02	4 024	20.9	1 241	24.6	1 405	26.8
2013.03	7 766	17.8	2 521	21.8	2 845	25.6
2013.04	11 241	20.2	3 804	20.4	4 136	24.5
2013.05	15 518	19.0	5 445	21.8	5 835	24.0
2013.06	21 140	18.7	7 645	20.8	8 043	24.3
2013.07	25 264	18.6	9 298	21.0	9 739	25.0
2013.08	29 498	17.4	11 116	19.4	11 505	24.3
2013.09	34 413	18.0	13 127	20.0	13 580	24.3
2013.10	38 443	17.1	14 890	20.1	15 360	23.8
2013.11	43 068	17.3	17 084	21.7	17 259	23.1
2013.12	47 972	18.3	19 045	20.8	18 997	22.6

房地产开发投资按地区分的构成变化
Change in composition of real estate development investment by region

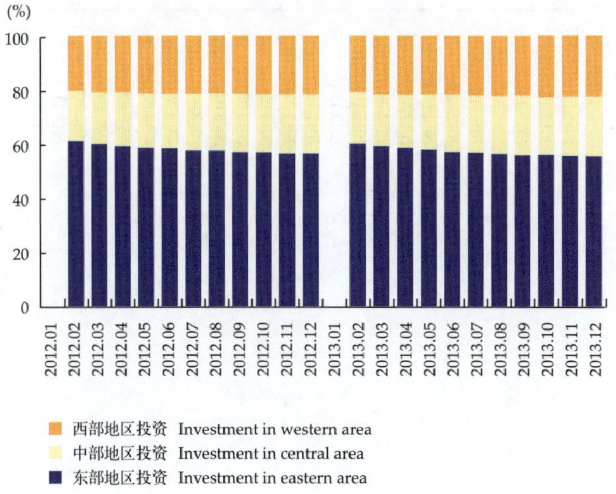

房地产开发投资按地区分的增长趋势
Growth of composition of real estate development investment by region

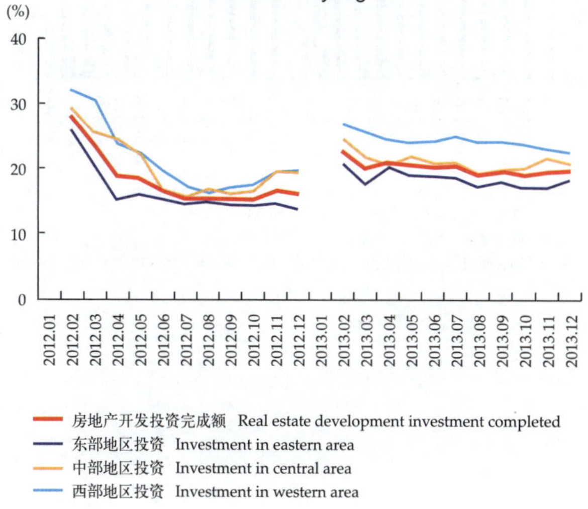

商品房建筑与销售
Construction and sales of commercial buildings

单位：亿平方米、亿元
Unit: 100 million square meters, RMB 100 million yuan

年/月 Year/Month	施工面积 Area under construction	同比增长(%) YOY growth(%)	竣工面积 Area completed	同比增长(%) YOY growth(%)	销售面积 Area sold	同比增长(%) YOY growth(%)	销售面积与竣工面积之比 Ratio of sold to completed areas	月度累计销售额 Monthly accumulated sales volume	增长率(%) Growth rate (%)
2012.07	48.9	15.3	3.9	19.0	4.9	-6.6	126	28 699	-0.5
2012.08	51.2	15.6	4.5	20.2	5.7	-4.1	129	34 011	2.2
2012.09	52.5	14.0	5.1	16.4	6.8	-4.0	135	40 354	2.7
2012.10	53.8	13.3	5.8	17.3	7.9	-1.1	135	46 301	5.6
2012.11	55.7	13.3	6.8	14.1	9.2	2.4	135	53 526	9.1
2012.12	57.3	12.9	9.9	11.4	11.1	1.2	112	64 456	9.0
2013.01	—	—	—	—	—	—	—	—	—
2013.02	45.5	15.3	1.4	34.0	1.0	49.5	77	7 361	77.6
2013.03	47.9	17.0	1.9	8.9	2.1	37.1	107	13 992	61.3
2013.04	50.1	17.2	2.4	6.6	3.0	38.0	125	19 847	59.8
2013.05	52.3	16.0	2.9	5.3	3.9	35.6	136	25 864	52.8
2013.06	54.9	15.5	3.5	6.3	5.1	28.7	146	33 376	43.2
2013.07	56.9	16.2	4.2	7.9	6.1	25.8	147	39 549	37.8
2013.08	58.6	14.4	4.7	4.6	7.1	23.4	152	45 724	34.4
2013.09	60.4	15.0	5.3	4.2	8.4	23.3	160	54 028	33.9
2013.10	61.6	14.6	5.9	1.8	9.6	21.8	162	61 238	32.3
2013.11	64.6	16.1	6.9	2.5	11.1	20.8	160	69 946	30.7
2013.12	66.6	16.1	10.1	2.0	13.1	17.3	129	81 428	26.3

商品房施工面积、竣工面积与销售面积
Area of commercial housing under construction, completed, and sold

商品房施工面积、竣工面积与销售面积增长趋势
Growth of area of commercial housing under construction, completed, and sold

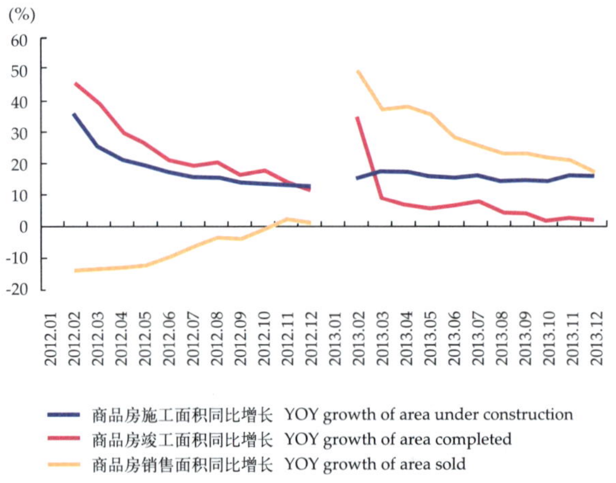

商品房销售额及其增长率
Sales volume of commercial housing and its growth rate

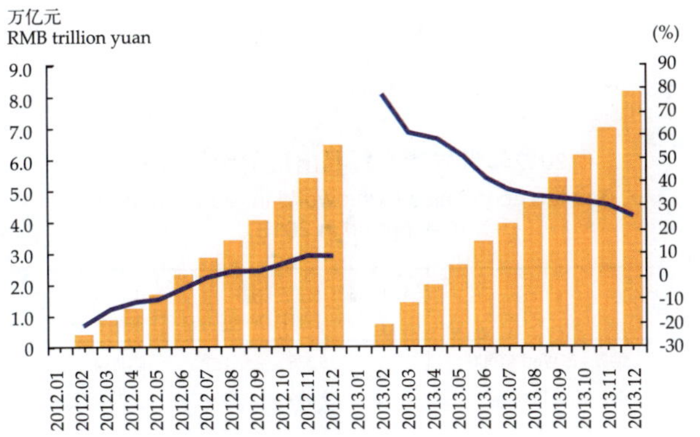

住宅在商品房施工面积、竣工面积与销售面积中所占的比重
Share of residences in commercial housing under construction, completed, and sold

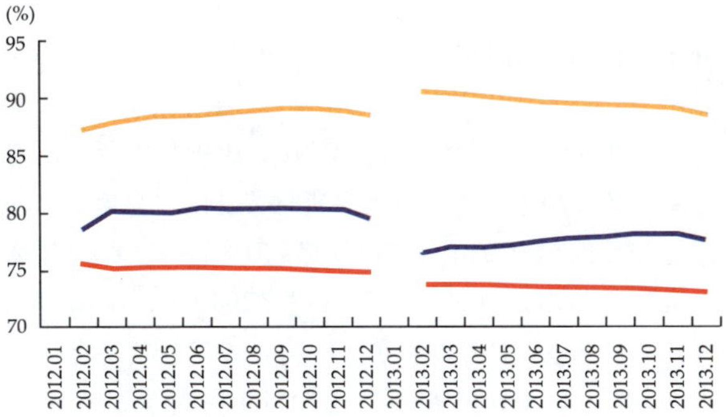

主要经济指标环比增速
MOM growth rates of main economic indicators

年/季 Year/Quarter	国内生产总值 Gross domestic product (%)	年/月 Year/Month		规模以上工业增加值 Value added of industry (%)	固定资产投资（不含农户） Completed investment in fixed assets（excluding rural households）(%)	社会消费品零售总额 Retail sales of consumer goods (%)
2011		2011	1	—	—	—
			2	0.93	-0.23	1.35
I	2.3		3	1.09	2.58	1.35
			4	0.91	1.71	1.33
			5	0.94	1.83	1.29
II	2.5		6	1.30	1.48	1.49
			7	0.76	1.55	1.33
			8	0.84	1.44	1.42
III	2.2		9	0.95	1.88	1.33
			10	0.76	1.75	1.47
			11	0.74	1.13	1.40
IV	1.8		12	0.96	1.47	1.52
2012		2012	1	0.50	1.24	0.19
			2	0.61	1.84	1.01
I	1.4		3	1.24	1.01	1.21
			4	0.36	1.21	0.97
			5	0.89	1.89	1.09
II	2.2		6	0.80	1.87	1.12
			7	0.69	1.32	1.09
			8	0.72	1.27	1.10
III	2		9	0.89	1.99	1.32
			10	0.79	1.56	1.16
			11	0.82	1.52	1.21
IV	1.9		12	0.84	1.59	1.25
2013		2013	1	0.61	1.69	0.14
			2	0.82	1.66	0.96
I	1.5		3	0.70	1.76	1.30
			4	0.91	1.53	1.28
			5	0.68	1.41	1.19
II	1.9		6	0.72	1.43	1.26
			7	0.86	1.48	1.23
			8	0.90	1.57	1.12
III	2.2		9	0.69	1.26	1.21
			10	0.82	1.41	1.18
			11	0.74	1.41	1.31
IV	1.8		12	0.71	1.41	1.24

注：1. 自2011年4月起，国家统计局对外公布国内生产总值、规模以上工业增加值、固定资产投资（不含农户）、社会消费品零售总额四项统计指标的经季节调整的环比数据。
2. 表中数据根据国家统计局最新数据修订。

Notes:1. From April 2011, National Bureau of Statistics began to pubilsh four seasonally-adjusted MOM indices, namely: gross domestic product, value added of industry, completed investment in fixed assets (excluding rural households), retail sales of consumer goods.
2. Data are revised by National Bureau of Statistics of China.

五、对外部门
5. External Sector

1.外贸
(1)Foreign trade

据世界贸易组织统计，2012年，中国货物贸易出口总值为20 490亿美元，占世界货物贸易出口总值18.325万亿美元的11.2%，比2011年提高0.8个百分点，在全球货物贸易出口排名中位居第一。2012年，中国货物贸易进口总值为18 180亿美元，占世界货物贸易进口总值18.565万亿美元的9.8%，比2011年提高了0.3个百分点，在全球货物贸易进口中排名第二，位于美国之后。

According to WTO statistics, in 2012, China's export volume of goods totaled USD2,049 billion, accounting for 11.2 percent of the world total of USD18.325 trillion, 0.8 percentage point higher than that in 2011. And China's goods export also ranked 1st in the world. China's import volume of goods reached USD1,818 billion, accounting for 9.8 percent of the world total of USD18.565 trillion, 0.3 percentage point higher than that in 2011. China ranked 2nd in the world after the U.S. in terms of goods imports.

2012年世界货物贸易出口前十位排名

Top ten economies in the world in terms of goods exported in 2012

	出口(10亿美元) Exports (USD billion)	比重(%) Share (%)
世界 World total	**18 325**	**100.0**
1 **中 国 China**	**2 049**	**11.2**
2 美 国 U.S.	1 547	8.4
3 德 国 Germany	1 407	7.7
4 日 本 Japan	799	4.4
5 荷 兰 Netherlands	656	3.6
6 法 国 France	569	3.1
7 韩 国 Korea	548	3.0
8 俄罗斯 Russia	529	2.9
9 意大利 Italy	500	2.7
10 香 港 HK SAR of China	493	2.7

2012年世界货物贸易进口前十位排名

Top ten economies in the world in terms of goods imported in 2012

	进口(10亿美元) Imports (USD billion)	比重(%) Share (%)
世界 World total	**18 565**	**100.0**
1 美 国 U.S.	2 335	12.6
2 **中 国 China**	**1 818**	**9.8**
3 德 国 Germany	1 167	6.3
4 日 本 Japan	886	4.8
5 法 国 France	680	3.7
6 荷 兰 Netherlands	674	3.6
7 香 港 HK SAR of China	591	3.2
8 韩 国 Korea	554	3.0
9 印 度 India	520	2.8
10 意大利 Italy	489	2.6

年度进出口额及其增长率
Annual imports & exports and growth rates

单位：亿美元
Unit: USD 100 million

年 Year	进出口 Imports & Exports		出口 Exports		进口 Imports		进出口差额 Trade balance
	总额 Total value	增长率(%) Growth rate (%)	总额 Total value	增长率(%) Growth rate (%)	总额 Total value	增长率(%) Growth rate (%)	
1991	1 357	17.6	719	15.8	638	19.6	81
1992	1 655	22.0	849	18.1	806	26.3	44
1993	1 957	18.2	917	8.0	1 040	29.0	-122
1994	2 366	20.9	1 210	31.9	1 156	11.2	54
1995	2 809	18.7	1 488	23.0	1 321	14.2	167
1996	2 899	3.2	1 510	1.5	1 388	5.1	122
1997	3 252	12.2	1 828	21.0	1 424	2.5	404
1998	3 239	-0.4	1 837	0.5	1 402	-1.5	435
1999	3 606	11.3	1 949	6.1	1 657	18.2	292
2000	4 743	31.5	2 492	27.8	2 251	35.8	241
2001	5 097	7.5	2 661	6.8	2 436	8.2	225
2002	6 208	21.8	3 256	22.4	2 952	21.2	304
2003	8 510	37.1	4 382	34.6	4 128	39.8	255
2004	11 546	35.7	5 933	35.4	5 612	36.0	321
2005	14 219	23.2	7 620	28.4	6 600	17.6	1 020
2006	17 604	23.8	9 689	27.2	7 915	19.9	1 775
2007	21 766	23.6	12 205	25.9	9 561	20.8	2 643
2008	25 633	17.8	14 307	17.2	11 326	18.5	2 981
2009	22 075	-13.9	12 016	-16.0	10 059	-11.2	1 957
2010	29 740	34.7	15 778	31.3	13 962	38.8	1 815
2011	36 419	22.5	18 986	20.3	17 433	24.9	1 549
2012	38 668	6.2	20 489	7.9	18 178	4.3	2 311
2013	41 600	7.6	22 096	7.8	19 504	7.3	2 592

注：表中数据根据海关总署最新数据修订。
Note: Data are revised by General Administration of Customs of the People's Republic of China.

出口总值与GDP之比
Total exports over GDP

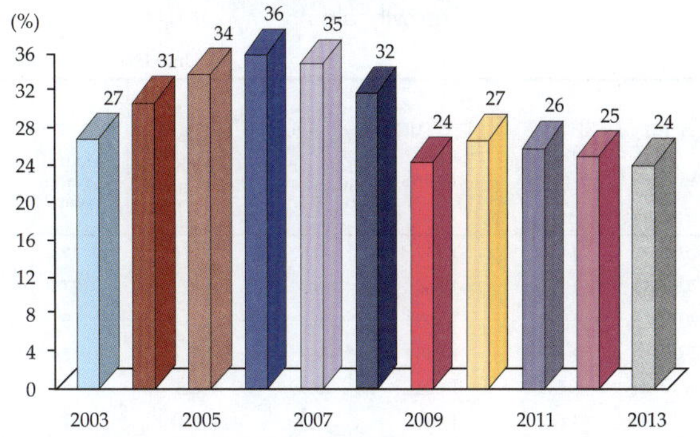

注：图中数据根据国家统计局最新数据修订。
Note: Data are revised by National Bureau of Statistics of China.

贸易差额
Trade balance

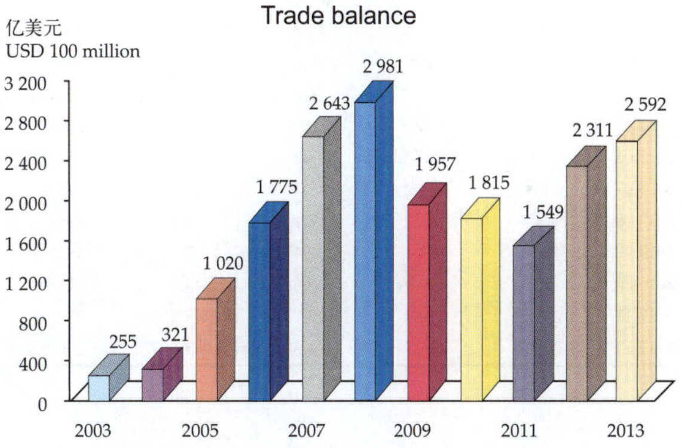

贸易总额及其增长趋势
Total trade volume and growth rates

贸易总额与GDP之比
Total trade volume over GDP

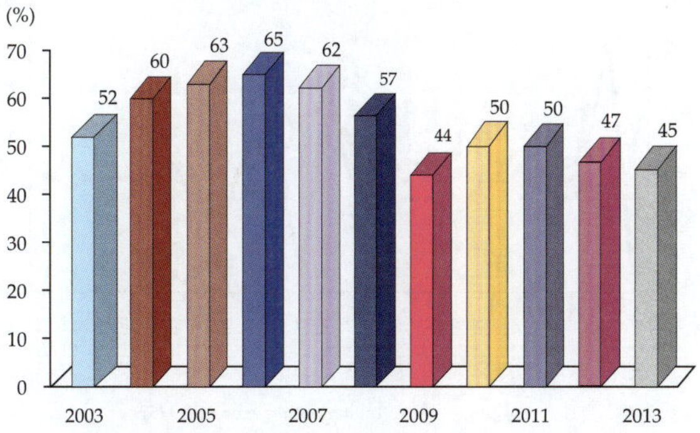

注：图中数据根据国家统计局最新数据修订。
Note: Data are revised by National Bureau of Statistics of China.

当月进出口总值及其增长率
Total monthly imports, exports, and growth rates

单位：亿美元
Unit: USD 100 million

年/月 Year/Month	出口总值 Total exports	进口总值 Total imports	出口同比增长率(%) Growth rate of exports (YOY)(%)	进口同比增长率(%) Growth rate of imports (YOY)(%)	当月差额 Monthly trade balance
2012.01	1 499	1 227	-0.5	-15.0	273
2012.02	1 145	1 460	18.3	40.3	-315
2012.03	1 657	1 603	8.8	5.4	53
2012.04	1 633	1 448	4.9	0.4	184
2012.05	1 811	1 624	15.3	12.7	187
2012.06	1 802	1 485	11.3	6.3	317
2012.07	1 769	1 518	1.0	5.7	251
2012.08	1 780	1 513	2.7	-2.7	267
2012.09	1 863	1 587	9.8	2.3	277
2012.10	1 756	1 435	11.5	2.2	320
2012.11	1 794	1 597	2.8	-0.1	196
2012.12	1 992	1 676	14.0	6.0	316
2013.01	1 874	1 582	25.0	29.0	291
2013.02	1 394	1 241	21.7	-14.9	152
2013.03	1 822	1 830	10.0	14.2	-8
2013.04	1 871	1 689	14.6	16.6	182
2013.05	1 828	1 623	0.9	-0.1	204
2013.06	1 743	1 472	-3.3	-0.9	271
2013.07	1 860	1 682	5.1	10.8	178
2013.08	1 906	1 621	7.1	7.1	285
2013.09	1 856	1 704	-0.4	7.4	152
2013.10	1 854	1 543	5.6	7.5	311
2013.11	2 022	1 684	12.7	5.4	338
2013.12	2 077	1 821	4.3	8.6	256

月度累计进出口总值及其增长率
Total accumulated monthly imports,exports, and growth rates

单位：亿美元
Unit: USD 100 million

年/月 Year/Month	累计出口总值 Accumulated total exports	累计进口总值 Accumulated total imports	累计出口同比增长率(%) Growth rate of accumulated exports (YOY) (%)	累计进口同比增长率(%) Growth rate of accumulated imports (YOY) (%)	累计贸易差额 Accumulated trade balance
2012.01	1 499	1 227	-0.5	-15.0	270
2012.02	2 644	2 686	6.8	8.1	-49
2012.03	4 301	4 289	7.6	7.1	2
2012.04	5 931	5 739	6.8	5.3	188
2012.05	7 742	7 370	8.7	6.9	370
2012.06	9 544	8 855	9.2	6.8	686
2012.07	11 311	10 370	7.8	6.4	939
2012.08	13 090	11 884	7.1	5.2	1 203
2012.09	14 954	13 471	7.4	4.8	1 477
2012.10	16 703	14 905	7.8	4.6	1 798
2012.11	18 497	16 503	7.3	4.1	1 994
2012.12	20 488	18 181	7.9	4.3	2 311
2013.01	1 874	1 582	25.0	28.8	291
2013.02	3 266	2 829	23.6	5.1	437
2013.03	5 088	4 660	18.4	8.5	428
2013.04	6 957	6 354	17.3	10.7	603
2013.05	8 784	7 977	13.5	8.2	807
2013.06	10 527	9 448	10.4	6.7	1 079
2013.07	12 386	11 129	9.5	7.3	1 257
2013.08	14 292	12 751	9.2	7.3	1 541
2013.09	16 148	14 455	8.0	7.3	1 694
2013.10	18 000	15 998	7.8	7.3	2 002
2013.11	20 022	17 682	8.2	7.1	2 340
2013.12	22 096	19 504	7.8	7.3	2 592

注：表中数据根据海关总署最新数据修订。
Note: Data are revised by General Administration of Customs of the People's Republic of China.

当月进出口总值及其增长率
Total monthly imports, exports, and growth rates

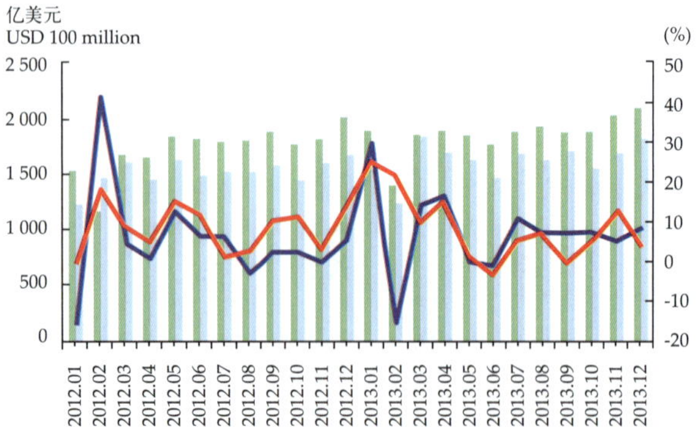

当月出口总值（左坐标） Total monthly exports (LHS)
当月进口总值（左坐标） Total monthly imports (LHS)
出口同比增长率（右坐标） YOY growth rate of exports (RHS)
进口同比增长率（右坐标） YOY growth rate of imports (RHS)

月度累计进出口总值及其增长率
Total accumulated monthly imports, exports, and growth rates

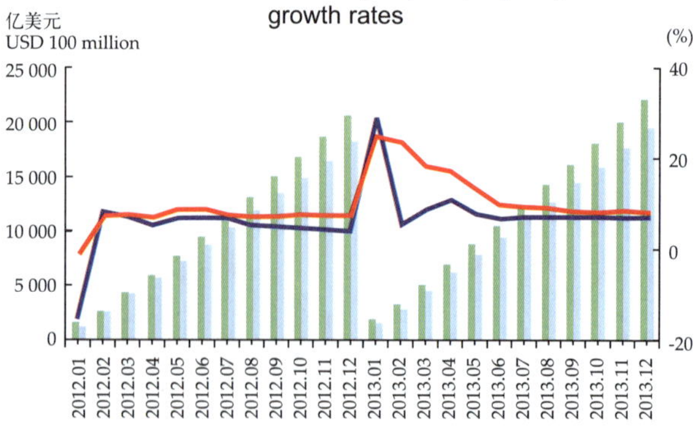

月度累计出口总值（左坐标） Accumulated total monthly exports (LHS)
月度累计进口总值（左坐标） Accumulated total monthly imports (LHS)
累计出口同比增长率（右坐标） YOY growth rate of accumulated exports (RHS)
累计进口同比增长率（右坐标） YOY growth rate of accumulated imports (RHS)

贸易差额月度变动趋势
Movement of monthly trade balance

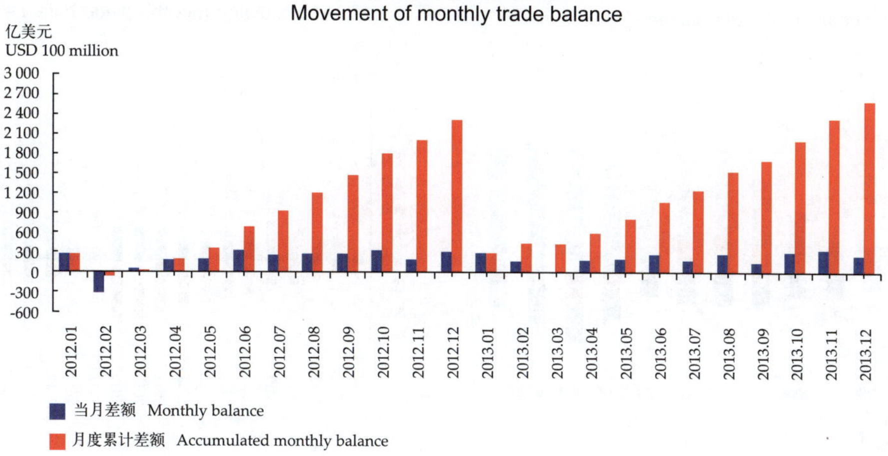

贸易差额构成
Composition of trade balance

单位：亿美元
Unit: USD 100 million

年 Year	贸易差额总计 Total trade balance	一般贸易 General trade	加工贸易 Processing trade	其他贸易 Other trade
1998	435	306	359	-230
1999	292	121	373	-202
2000	241	51	451	-261
2001	225	-16	535	-293
2002	304	71	577	-344
2003	255	-57	789	-477
2004	321	-46	1 063	-697
2005	1 020	354	1 425	-759
2006	1 775	831	1 889	-945
2007	2 643	1 098	2 491	-971
2008	2 981	899	2 968	-912
2009	1 957	-40	2 646	-646
2010	1 815	-473	3 229	-926
2011	1 549	-903	3 656	-1 200
2012	2 311	-338	3 816	-1 171
2013	2 592	-222	3 638	-819

注：“贸易差额总计”根据《海关统计》月报修订。
Note: "Total trade balance" are revised by *China Monthly Exports and Imports.*

月度累计贸易差额按企业性质分
Accumulated monthly trade balance by enterprise

单位：亿美元
Unit: USD 100 million

年/月 Year/Month	国有企业 State-owned enterprises	外资企业 Foreign-funded enterprises	其他企业 Other enterprises
2012.01	-171	188	256
2012.02	-452	176	234
2012.03	-691	296	403
2012.04	-903	447	650
2012.05	-1 135	1 555	959
2012.06	-1 313	718	1 283
2012.07	-1 272	678	1 356
2012.08	-1 630	918	1 919
2012.09	-1 795	1 028	2 251
2012.10	-1 974	1 179	2 598
2012.11	-2 181	1 330	2 846
2012.12	-2 391	1 515	3 188
2013.01	-206	160	338
2013.02	-386	297	530
2013.03	-617	433	615
2013.04	-842	558	894
2013.05	-1 038	673	1 174
2013.06	-1 220	823	1 477
2013.07	-1 446	923	1 781
2013.08	-1 631	1 064	2 111
2013.09	-1 817	1 180	2 349
2013.10	-2 032	1 346	2 690
2013.11	-2 252	1 553	3 040
2013.12	-2 500	1 694	3 403

贸易差额构成

Composition of trade balance

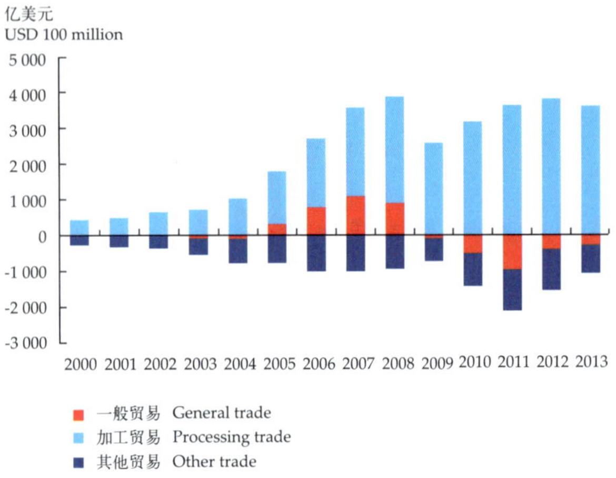

月度累计贸易差额按企业性质分

Accumulated monthly trade balance by enterprise

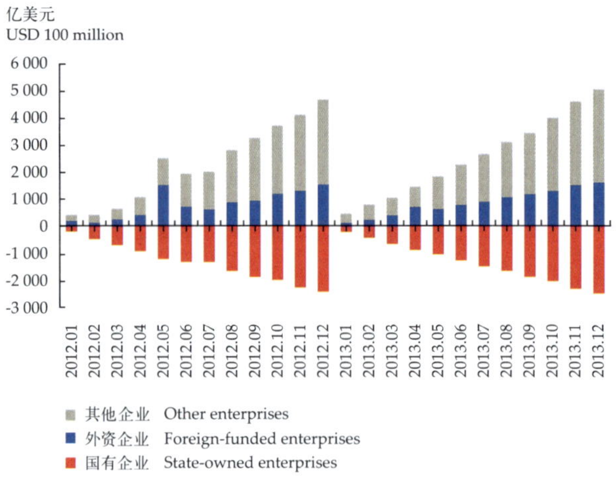

一般贸易累计进出口及其增长率

Accumulated imports and exports under general trade and growth rates

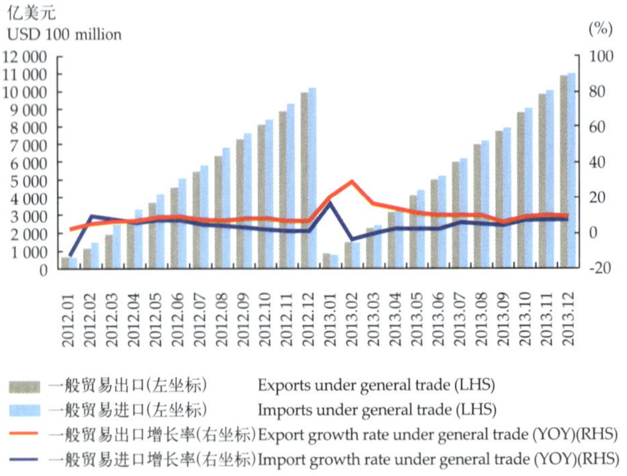

加工贸易累计进出口及其增长率

Accumulated imports and exports under processing trade and growth rates

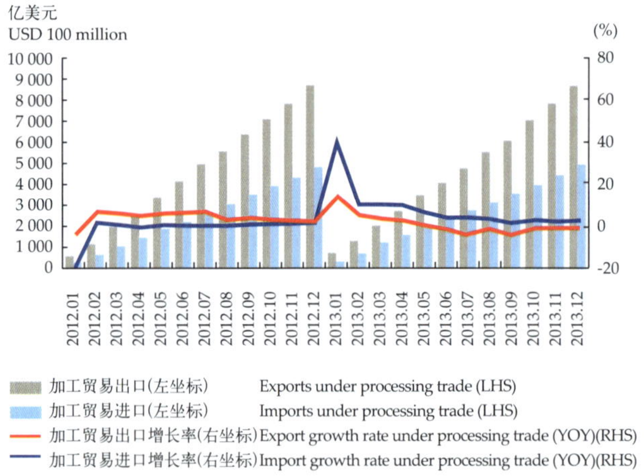

中国大陆对美国进出口及其增长趋势

Mainland China's imports from and exports to the U.S. and their growth

中国大陆对美国贸易总额和贸易差额

Mainland China's trade volume and trade balance with the U.S.

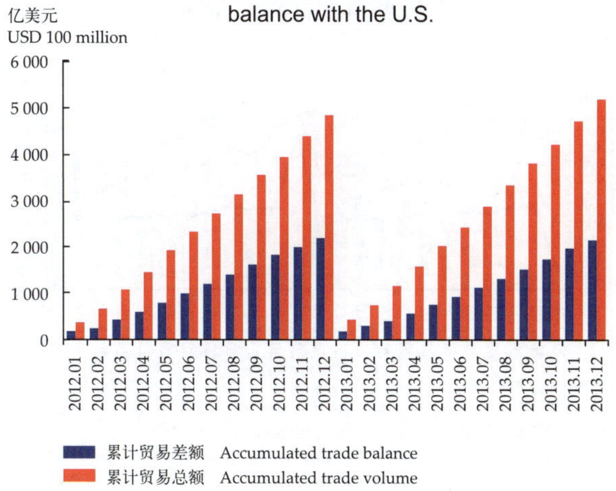

中国大陆对欧盟进出口及其增长趋势

Mainland China's imports from and exports to the EU and their growth

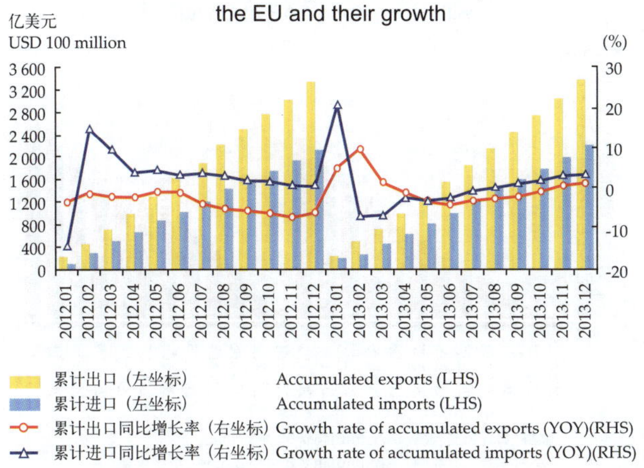

中国大陆对欧盟贸易总额和贸易差额

Mainland China's trade volume and trade balance with the EU

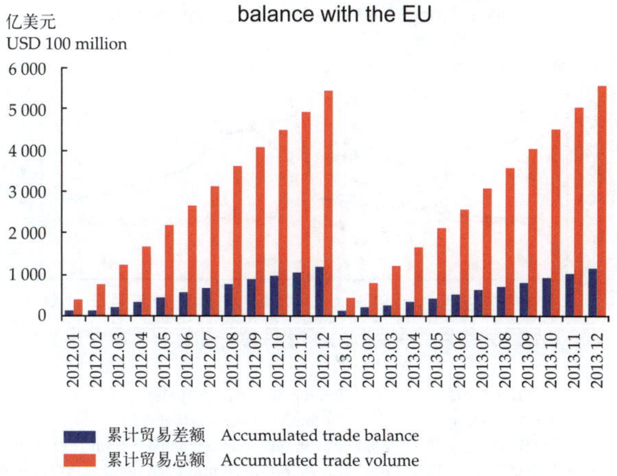

中国大陆对日本进出口及其增长趋势

Mainland China's imports from and exports to Japan and their growth

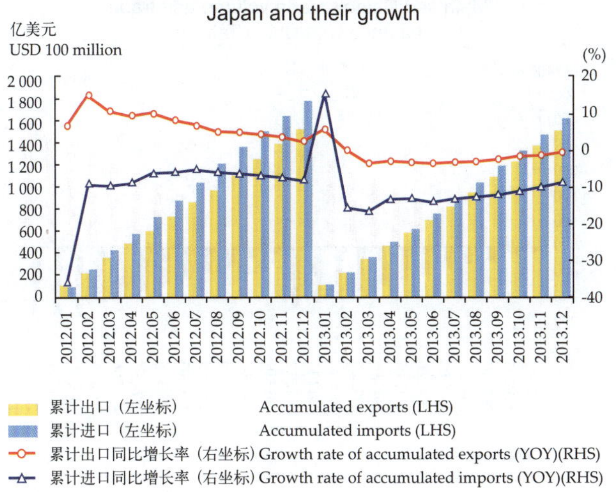

中国大陆对日本贸易总额和贸易差额

Mainland China's trade volume and trade balance with Japan

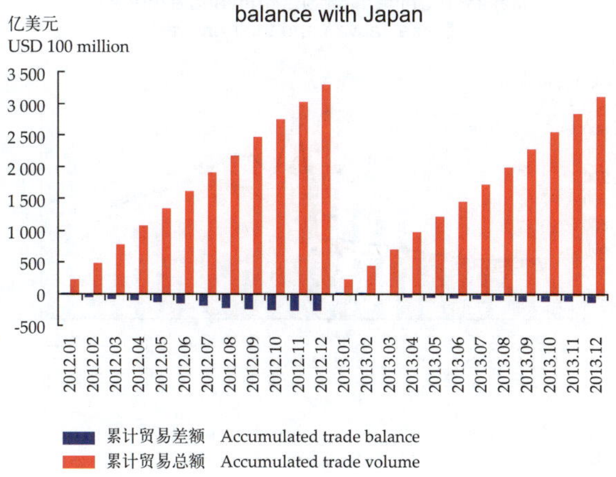

中国大陆对东盟进出口及其增长趋势
Mainland China's imports from and exports to ASEAN and their growth

中国大陆对东盟贸易总额和贸易差额
Mainland China's trade volume and trade balance with ASEAN

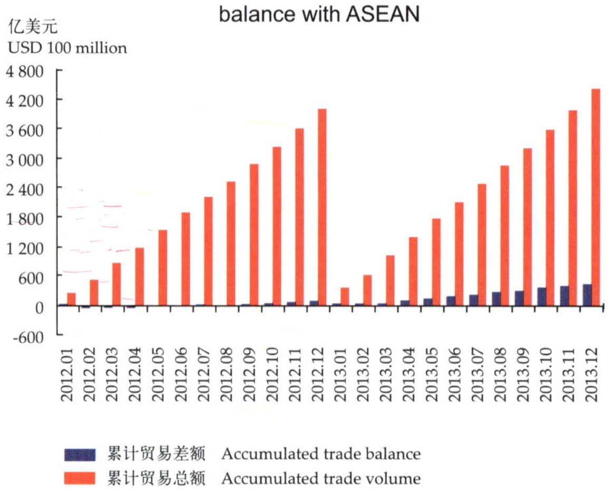

中国大陆对中国香港地区进出口及其增长趋势
Mainland China's imports from and exports to Hong Kong SAR of China and their growth

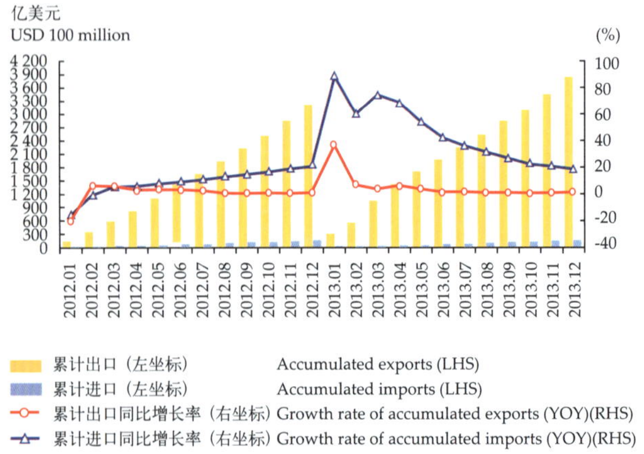

中国大陆对中国香港地区贸易总额和贸易差额
Mainland China's trade volume and trade balance with Hong Kong SAR of China

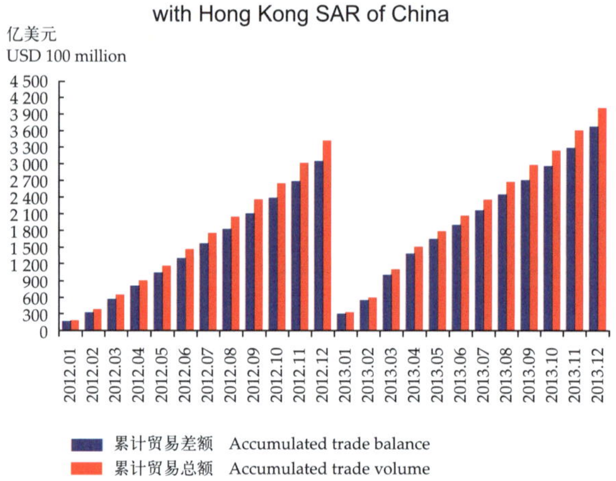

中国大陆对中国台湾地区进出口及其增长趋势
Mainland China's imports from and exports to China Taiwan and their growth

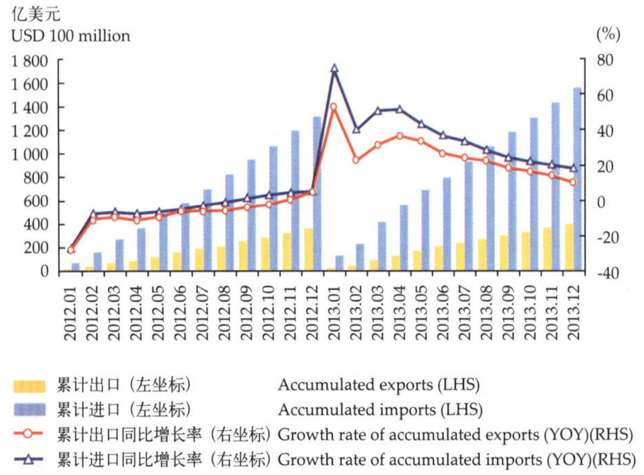

中国大陆对中国台湾地区贸易总额和贸易差额
Mainland China's trade volume and trade balance with China Taiwan

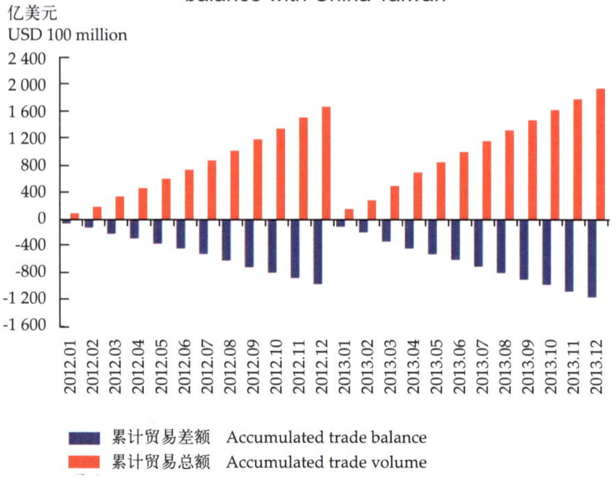

2.外资
(2) Foreign investment

据联合国贸易与发展会议2013年6月发布的《2013年世界投资报告》，中国以1 210亿美元流入量成为2012年全球发展中国家中第一大外国直接投资接受国，报告指出：2012年全球外国直接投资流入量为1.35万亿美元，较上年下降18%。

另据商务部统计，2013年，新批设立外商投资企业22 773家，实际使用外资金额1 175.9亿美元。

According to the UNCTAD's *World Investment Report 2013* published in June 2013, China became the world's No.1 recipient of foreign direct investment (FDI) among developing countries in 2012, with capital inflows of USD121 billion. It is pointed out in the report that global FDI inflows decreased by 18% to USD1.35 trillion in 2012.

According to statistics of the Ministry of Commerce, in 2013, 22,773 foreign-invested enterprises were approved for incorporation in China, with actual utilized FDI reaching USD117.59 billion.

实际利用外商直接投资及其增长趋势

Actual utilized foreign direct investments and growth rates

单位：亿美元
Unit: USD 100 million

年 Year	绝对值 Absolute value	增长率(%) Growth rates (%)
1991	43.7	28.7
1992	110.1	152.1
1993	275.2	150.0
1994	337.7	22.7
1995	375.2	11.1
1996	417.3	11.2
1997	452.6	8.5
1998	454.6	0.5
1999	403.2	-11.3
2000	407.2	1.0
2001	468.5	14.9
2002	527.4	12.6
2003	535.1	1.4
2004	606.3	13.3
2005	603.3	-0.5
2006	630.2	4.5
2007	747.7	13.6
2008	924.0	23.6
2009	900.3	-2.6
2010	1 057.0	17.4
2011	1 160.1	9.7
2012	1 117.2	-3.7
2013	1 175.9	5.3

实际利用外商直接投资及其增长率

Actual utilized foreign direct investments and growth rates

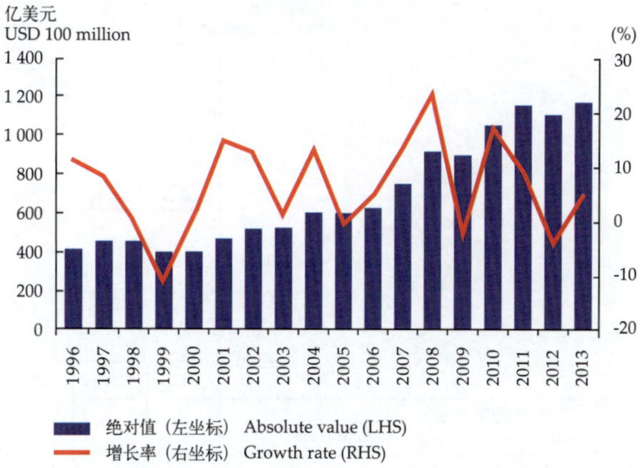

月度累计实际外商直接投资
Accumulated utilized FDI on a monthly basis

单位：亿美元
Unit: USD 100 million

年/月 Year/Month	实际外商直接投资累计金额 Accumulated utilized FDI	实际外商直接投资累计同比增长率(%) Growth rate of accumulated utilized FDI (%)
2012.01	100	-0.3
2012.02	177	-0.6
2012.03	295	-2.8
2012.04	379	-2.4
2012.05	471	-1.9
2012.06	591	-2.9
2012.07	667	-3.6
2012.08	750	-3.4
2012.09	834	-3.7
2012.10	918	-3.4
2012.11	1 001	-3.6
2012.12	1 117	-3.7
2013.01	93	-7.3
2013.02	175	-1.4
2013.03	299	1.4
2013.04	383	1.2
2013.05	476	1.0
2013.06	620	4.9
2013.07	714	7.0
2013.08	798	6.3
2013.09	886	6.2
2013.10	970	5.7
2013.11	1 055	5.4
2013.12	1 176	5.3

月度累计实际外商直接投资
Accumulated utilized FDI on a monthly basis

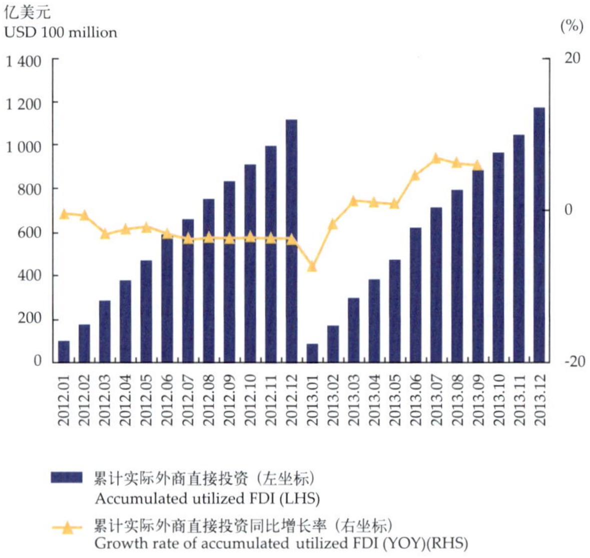

3.国际收支

(3) Balance of payments (BOP)

中国国际收支变化趋势
Movement of China's balance of payments

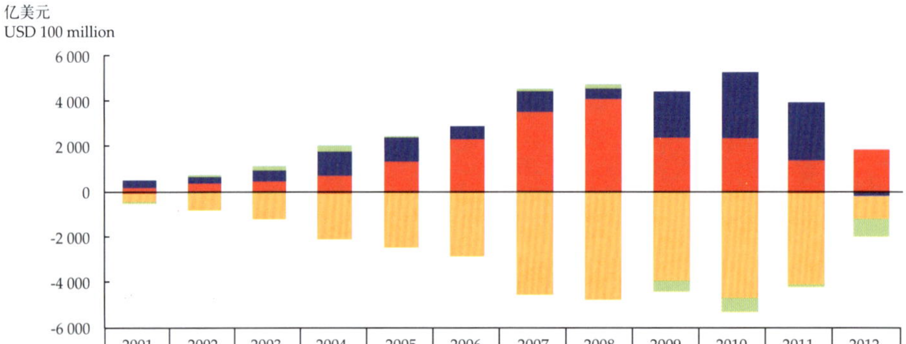

	2001	2002	2003	2004	2005	2006	2007	2008	2009	2010	2011	2012
净误差与遗漏差额 Balance of errors and omissions (net)	-49	78	184	270	155	37	133	188	-434	-530	-138	-798
储备资产差额 Balance of reserve assets	-473	-755	-1 170	-2 064	-2 506	-2 848	-4 607	-4 795	-3 984	-4 717	-3 878	-966
资本和金融项目差额 Balance of capital and financial accounts	348	323	527	1 107	1 010	493	942	401	1 985	2 869	2 655	-168
经常项目差额 Balance of current account	174	354	459	687	1 341	2 318	3 532	4 206	2 433	2 378	1 361	1 931

注：1. 储备资产的增加用负值表示，储备资产的减少用正值表示。
2. 图中数据根据国家统计局最新数据修订。

Notes: 1. The increase in the reserve assets is expressed in a negative figure and the decresae in the reserve assets is expressed in a positive figure.
2. Data are revised by State Administration of Foregn Exchange.

2013年前三个季度国际收支平衡表

BOP sheet in the first three quarters of 2013

单位：亿美元
Unit: USD 100 million

项　目	Items	差额 Balance	贷方 Credit	借方 Debit
一、经常项目	**Current account**	1 388	19 619	18 231
A．货物和服务	Goods and services	1 466	17 693	16 227
a.货物	Goods	2 443	16 218	13 775
b.服务	Services	-977	1 475	2 452
B．收益	Yields	-27	1 527	1 554
C．经常转移	Current transfers	-51	399	449
二、资本和金融项目	**Capital and financial accounts**	1 992	11 710	9 719
A．资本项目	Capital account	29	36	7
B．金融项目	Financial account	1 962	11 675	9 712
1.直接投资	Direct investment	1 117	2 215	1 098
1.1 我国在外直接投资	FDI outflow	-528	233	761
1.2 外国在华直接投资	FDI inflow	1 645	1 982	336
2.证券投资	Portfolio investment	341	633	292
2.1 资产	Assets	-56	167	223
2.2 负债	Liabilities	396	466	69
3.其他投资	Other investment	505	8 826	8 322
三、储备资产	**Reserve assets**	-3 006	11	3 017
3.1 货币黄金	Monetary gold	0	0	0
3.2 特别提款权	SDRs	1	1	0
3.3 在国际货币基金组织的储备头寸	Reserve position in IMF	10	10	0
3.4 外汇	Foreign exchange	-3 017	0	3 017
3.5 其他债权	Other claims	0	0	0
四、净误差与遗漏	**Errors and omissions (net)**	-374	0	374

4.外汇储备

(4) Foreign exchange reserves

外汇储备及其增长率

Foreign exchange reserves and growth rates

单位：亿美元
Unit: USD 100 million

年/月 Year/Month	外汇储备 Foreign exchange reserves	同比增长(%) Growth rate (YOY)(%)
2012.01	32 536	11.0
2012.02	33 097	10.6
2012.03	33 050	8.5
2012.04	32 989	4.9
2012.05	32 062	1.3
2012.06	32 400	1.3
2012.07	32 400	-0.2
2012.08	32 729	0.3
2012.09	32 851	2.6
2012.10	32 874	0.4
2012.11	32 977	2.4
2012.12	33 116	4.1
2013.01	34 101	4.8
2013.02	33 954	2.6
2013.03	34 426	4.2
2013.04	35 345	7.1
2013.05	35 148	9.6
2013.06	34 967	7.9
2013.07	35 478	9.5
2013.08	35 530	8.6
2013.09	36 627	11.5
2013.10	37 366	13.7
2013.11	37 895	14.9
2013.12	38 213	15.4

外汇储备及其增长率

Foreign exchange reserves and growth rates

5.外债
(5) External debt

外债余额与外债债务率
Balance and ratio of external debt to foreign exchange income

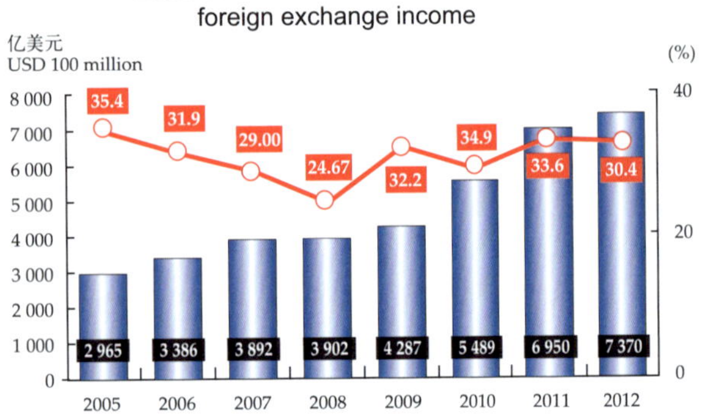

外债余额（左坐标）Balance (LHS)
债务率（外债债务余额/外汇收入）(右坐标)
Ratio (external debt balance/foreign exchange income)(RHS)

外债余额与外债负债率
Balance and ratio of external debt to GDP

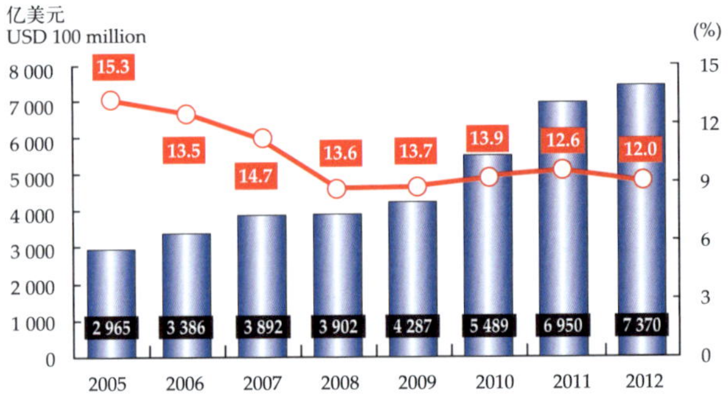

外债余额（左坐标）Balance (LHS)
负债率（外债债务余额/GDP）(右坐标)
Ratio (external debt balance/GDP)(RHS)

注：图中数据根据国家外汇管理局最新数据修订。
Note: Data are revised by State Administration of Foreign Exchange.

2013年9月末外债数据
External debt balance at the end of September of 2013

单位：亿美元
Unit: USD 100 million

	登记外债 Registered external debt	中资金融机构 Chinese financial institutions	外商投资企业 Foreign investment enterprises	境内外资金融机构 Domestic foreign financial institutions	贸易信贷 Trade credit	合计 Total
外债余额 Debt balance	4 961.18	2 376.63	1 560.64	608.50	3 268.00	8 229.18
比重(%) Share (%)	100	47.90	31.46	12.27	—	—

注：2013年前三个季度，中国新借入中长期外债401亿美元，还本251.87亿美元，付息25.92亿美元。
Note: In the first three quarters of 2013, China borrowed medium and long-term external debts totaling USD40.1 billion, repaid principal in the amount of USD25.187 billion and interest in the amount of USD2.592 billion.

2013年9月末外债结构
External debt structure at the end of September of 2013

短期外债余额占比为76.92 %
Balance of short-term external debt accounted for 76.92 percent

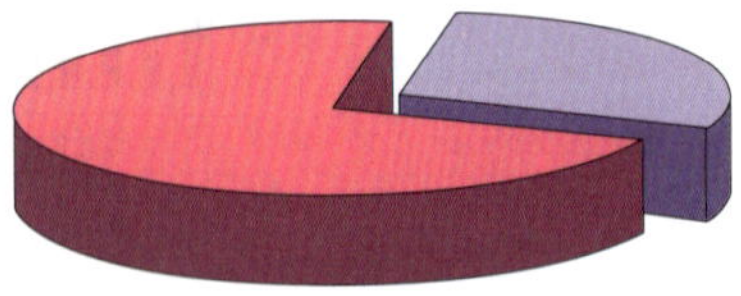

中长期外债余额占比为23.08%
Balance of medium- and long-term external debt accounted for 23.08 percent

2013年9月末，中国外债余额为8 229.18亿美元，其中，中长期外债余额为1 899.7亿美元，占外债余额的23.08%；短期外债余额为6 329.48亿美元，占外债余额的76.92%。
China's outstanding balance of external debt was USD822.918 billion at the end of September of 2013, among which USD189.97 billion or 23.08 percent was medium- and long-term external debt, and USD632.948 billion or 76.92 percent was short-term debt.

六、财政收支与债务
6. Fiscal Revenue, Expenditure and Debt

年度财政收入、财政支出及其增长趋势
Annual budgetary revenue, budgetary expenditure, and their growth

单位：亿元
Unit: RMB 100 million yuan

年 Year	财政收入 Budgetary revenue	财政支出 Budgetary expenditure	财政收入同比增长率(%) Growth rate of budgetary revenue (YOY) (%)	财政支出同比增长率(%) Growth rate of budgetary expenditure (YOY)(%)
1993	4 349	4 642	24.8	24.1
1994	5 218	5 793	20.0	24.8
1995	6 242	6 824	19.6	17.8
1996	7 408	7 938	18.7	16.3
1997	8 651	9 234	16.8	16.3
1998	9 876	10 798	14.2	16.9
1999	11 444	13 188	15.9	22.1
2000	13 395	15 887	17.0	20.5
2001	16 386	18 903	22.3	19.0
2002	18 904	22 053	15.4	16.7
2003	21 715	24 650	14.9	11.8
2004	26 396	28 487	21.6	15.6
2005	31 649	33 930	19.9	19.1
2006	38 760	40 423	22.5	19.1
2007	51 322	49 781	32.4	23.2
2008	61 330	62 593	19.5	25.4
2009	68 518	76 300	11.7	21.9
2010	83 080	89 575	21.3	17.4
2011	103 740	108 930	24.8	21.2
2012	117 210	125 712	12.8	15.1
2013	129 143	139 744	10.2	11.2

注：表中数据根据财政部最新数据修订。
Note: Data are revised by Ministry of Finance People's Republic of China.

月度累计财政收支增长率与收支差额
Monthly growth rate and balance of accumulated fiscal revenue and expenditure

单位：亿元
Unit: RMB 100 million yuan

年/月 Year/Month	财政收入累计同比增长率(%) Growth rate of accumulated fiscal revenue(YOY)(%)	财政支出累计同比增长率(%) Growth rate of accumulated fiscal expenditure(YOY)(%)	累计财政收支总量差额 Balance of accumulated fiscal revenue and expenditure
2012.01	12.3	9.6	5 886
2012.02	13.1	32.8	6 994
2012.03	14.7	33.6	5 858
2012.04	12.5	26.2	8 746
2012.05	12.7	22.4	11 586
2012.06	12.2	21.3	9 902
2012.07	11.6	23.4	11 046
2012.08	10.8	21.8	9 890
2012.09	10.9	21.1	6 469
2012.10	11.2	19.6	8 296
2012.11	11.9	17.9	4 008
2012.12	13.0	15.4	-8 000
2013.01	5.8	19.1	5 289
2013.02	7.2	15.7	6 321
2013.03	6.9	12.1	4 997
2013.04	6.7	13.6	7 120
2013.05	6.6	13.2	9 603
2013.06	7.5	10.8	8 877
2013.07	8.0	8.9	11 371
2013.08	8.1	8.6	10 351
2013.09	8.6	8.8	6 857
2013.10	9.4	10.0	8 486
2013.11	9.9	9.3	4 953
2013.12	10.2	11.2	-12 000

注：表中数据根据财政部最新数据修订。
Note: Data are revised by Ministry of Finance People's Republic of China.

年度财政收入、财政支出及其增长趋势
Annual budgetary revenue, budgetary expenditure, and their growth

财政收入(左坐标) Budgetary revenue (LHS)
财政支出(左坐标) Budgetary expenditure (LHS)
财政收入同比增长率(右坐标) Growth rate of budgetary revenue (YOY)(RHS)
财政支出同比增长率(右坐标) Growth rate of budgetary expenditure (YOY)(RHS)

月度累计财政收支增长率与收支差额
Monthly growth rate and balance of accumulated fiscal revenue and expenditure

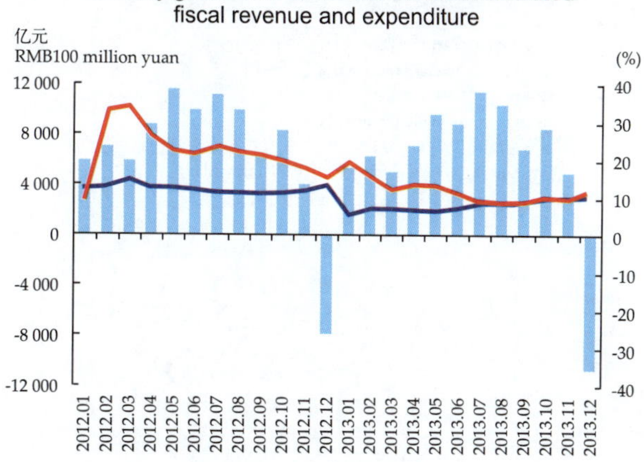

累计财政收支差额（左坐标）
Balance of accumulated fiscal revenue and expenditure (LHS)
财政收入累计同比增长率（右坐标）
Growth rate of accumulated fiscal revenue (YOY)(RHS)
财政支出累计同比增长率（右坐标）
Growth rate of accumulated fiscal expenditure (YOY)(RHS)

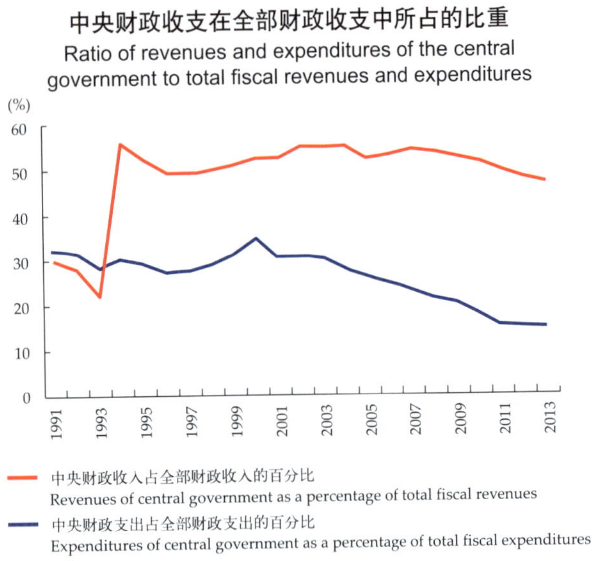

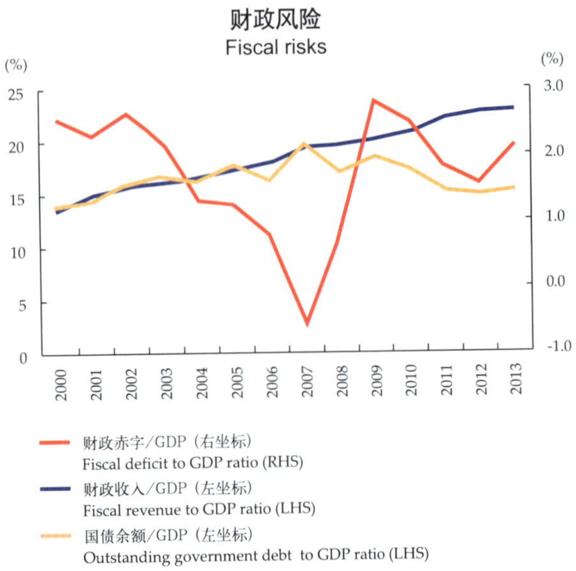

2014年主要预算指标：

2014年，中央财政预算收入为64 380亿元，比2013年执行数（下同）增长7%。从中央预算稳定调节基金中调入1 000亿元，合计收入总量为65 380亿元。中央财政预算支出总量74 880亿元，增长9%。中央财政收支总量相抵，赤字为9 500亿元，比上年预算数增加1 000亿元。中央财政国债余额限额为100 708.35亿元。

汇总中央预算和地方预算安排，2014年全国财政收入139 530亿元，增长8%，加上从中央预算稳定调节基金调入1 000亿元，可安排的收入总量为140 530亿元；全国财政支出153 037亿元，增长9.5%。全国财政收支差额13 500亿元。

Budgetary targets for 2014:

In 2014 Revenue in the central budget will reach RMB6.438 trillion yuan, 7% over the figure for 2013 (here and below). The central budget stabilization fund will contribute RMB100 billion yuan, bringing total revenue to RMB6.538 trillion yuan. Expenditures in the central budget will reach RMB7.488 trillion yuan, an increase of 9%. Expenditures in the central budget will exceed revenue, resulting in a deficit of RMB950 billion yuan, an increase of RMB100 billion yuan than previous year's budget. The limit for the outstanding balance of government bonds issued by the central government will be RMB10.070835 trillion yuan.

Total combined revenue of central and local governments is budgeted at RMB13.953 trillion yuan, an increase of 8%. Adding RMB100 billion yuan from the central budget stabilization fund, total national revenue is projected to reach RMB14.053 trillion yuan. Total national expenditures are budgeted at RMB15.3037 trillion yuan, up 9.5%. Total expenditures will exceed total revenue by RMB1.35 trillion yuan.

七、货币银行
7. Money and Banking

1. 货币供应量
(1) Money supply

年度M0、M1、M2及其变化趋势
Annual M0, M1 and M2 and their changes

单位：万亿元　Unit: RMB trillion yuan

年 Year	M0	M1	M2	M0同比增长率(%) Growth rate of M0 (YOY)(%)	M1同比增长率(%) Growth rate of M1 (YOY)(%)	M2同比增长率(%) Growth rate of M2 (YOY)(%)
1999	1.4	4.6	12.0	20.1	17.7	14.7
2000	1.5	5.3	13.5	8.9	16.0	12.3
2001	1.6	6.0	15.8	7.1	12.7	14.4
2002	1.7	7.1	18.5	10.1	16.8	16.8
2003	2.0	8.4	22.1	14.3	18.7	19.6
2004	2.2	9.6	25.4	8.7	13.6	14.7
2005	2.4	10.7	29.9	11.9	11.8	17.6
2006	2.7	12.6	34.6	12.7	17.5	16.9
2007	3.0	15.3	40.3	12.1	21.0	16.7
2008	3.4	16.6	47.5	12.7	9.1	17.8
2009	3.8	22.0	60.6	11.8	32.4	27.7
2010	4.5	26.7	72.6	16.7	21.2	19.7
2011	5.1	29.0	85.2	13.8	7.9	13.6
2012	5.5	30.9	97.4	7.7	6.5	13.8
2013	5.9	33.7	110.7	7.1	9.3	13.6

月度M0、M1、M2及其变化趋势
Monthly M0, M1 and M2 and their changes

单位：万亿元　Unit: RMB trillion yuan

年/月 Year/Month	M0	M1	M2	M0同比增长率(%) Growth rate of M0 (YOY)(%)	M1同比增长率(%) Growth rate of M1 (YOY)(%)	M2同比增长率(%) Growth rate of M2 (YOY)(%)
2011.01	5.8	26.3	73.4	42.5	13.6	17.2
2011.02	4.7	25.9	73.6	10.3	14.5	15.7
2011.03	4.5	26.6	75.8	14.8	15.0	16.6
2011.04	4.5	26.7	75.7	14.7	12.9	15.3
2011.05	4.5	26.9	76.3	15.4	12.7	15.1
2011.06	4.4	27.5	78.1	14.4	13.1	15.9
2011.07	4.5	27.1	77.3	14.3	11.6	14.7
2011.08	4.6	27.3	78.1	14.7	11.2	13.5
2011.09	4.7	26.7	78.7	12.7	8.9	13.0
2011.10	4.7	27.7	81.7	11.9	8.4	12.9
2011.11	4.7	28.1	82.6	12.0	7.8	12.7
2011.12	5.1	29.0	85.2	13.8	7.9	13.6
2012.01	6.0	27.0	85.6	3.0	3.1	12.4
2012.02	5.1	27.0	86.7	8.8	4.3	13.0
2012.03	5.0	27.8	89.6	10.6	4.4	13.4
2012.04	5.0	27.5	89.0	10.4	3.1	12.8
2012.05	4.9	27.9	90.0	10.0	3.5	13.2
2012.06	4.9	28.8	92.5	10.8	4.7	13.6
2012.07	5.0	28.3	91.9	10.0	4.6	13.9
2012.08	5.0	28.6	92.5	9.7	4.5	13.5
2012.09	5.3	28.7	94.4	13.3	7.3	14.8
2012.10	5.1	29.3	93.6	10.5	6.1	14.1
2012.11	5.2	29.7	94.5	10.7	5.5	13.9
2012.12	5.5	30.9	97.4	7.7	6.5	13.8
2013.01	6.2	31.1	99.2	4.4	15.3	15.9
2013.02	6.0	29.6	99.9	17.2	9.5	15.2
2013.03	5.5	31.1	103.6	12.4	11.9	15.7
2013.04	5.6	30.8	103.3	10.8	11.9	16.1
2013.05	5.4	31.0	104.2	10.8	11.3	15.8
2013.06	5.4	31.4	105.4	9.9	9.1	14.0
2013.07	5.4	31.1	105.2	9.5	9.7	14.5
2013.08	5.5	31.4	106.1	9.3	9.9	14.7
2013.09	5.6	31.2	107.7	5.7	8.9	14.2
2013.10	5.6	32.0	107.0	8.0	8.9	14.3
2013.11	5.6	32.5	107.9	7.7	9.4	14.2
2013.12	5.9	33.7	110.7	7.1	9.3	13.6

货币供应量与货币流动性
Money supply and monetary liquidity

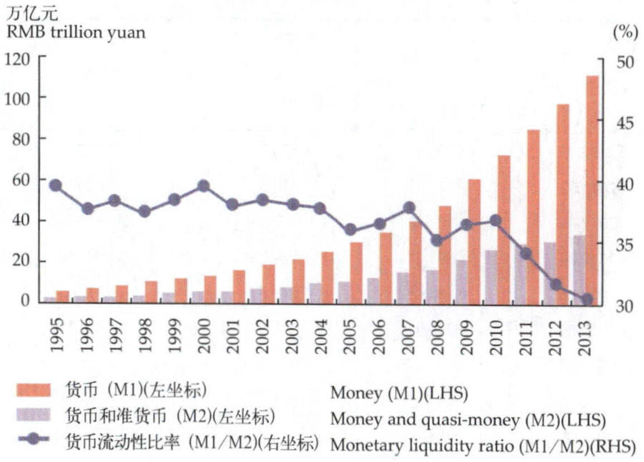

年度M0、M1、M2及其变化趋势
Annual M0, M1 and M2 and their changes

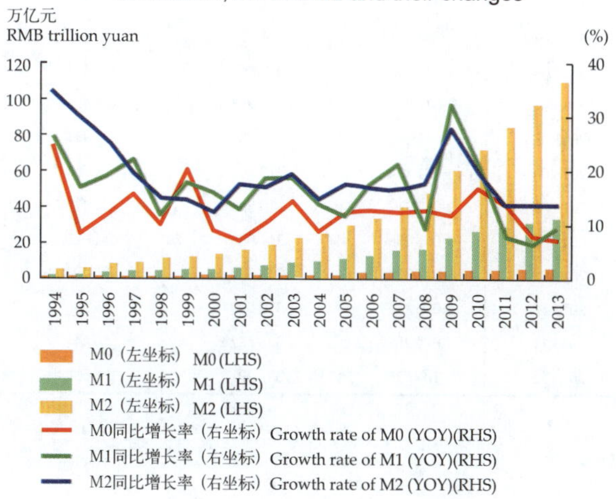

月度M0、M1、M2及其变化趋势
Monthly M0, M1 and M2 and their changes

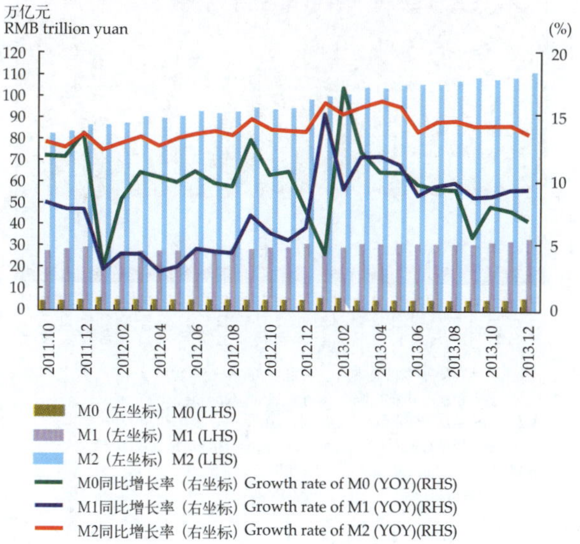

货币供应量构成
Composition of money supply

单位：亿元
Unit: RMB 100 million yuan

年/月 Year/Month	货币和准货币 Money & quasi-money M2	货币 Money M1	流通中货币 Currency in circulation M0	单位活期存款 Coporate demand deposits	准货币 Quasi-money	单位定期存款 Coporate time deposits	个人存款 Personal deposits	其他存款 Other deposits
2012.01	855 899	270 010	59 821	210 190	585 888	165 955	370 564	49 370
2012.02	867 171	270 312	51 449	218 863	596 859	168 851	372 271	55 737
2012.03	895 566	277 998	49 596	228 402	617 567	177 917	385 443	54 207
2012.04	889 604	274 984	50 199	224 785	614 620	179 841	378 926	55 853
2012.05	900 049	278 656	49 040	229 617	621 392	181 670	381 242	58 480
2012.06	924 991	287 526	49 285	238 242	637 465	186 606	396 300	54 560
2012.07	919 072	283 091	49 706	233 385	635 982	188 282	390 815	56 884
2012.08	924 895	285 739	50 235	235 504	639 155	190 002	391 897	57 256
2012.09	943 689	286 788	53 433	233 355	656 901	200 657	403 175	53 069
2012.10	936 404	293 310	51 468	241 842	643 094	191 727	396 448	54 920
2012.11	944 832	296 883	52 392	244 491	647 949	192 174	398 962	56 813
2012.12	974 149	308 664	54 660	254 004	665 485	195 940	411 363	58 182
2013.01	992 129	311 229	62 450	248 779	680 901	202 559	419 143	59 198
2013.02	998 601	296 103	60 314	235 790	702 498	204 965	436 912	60 621
2013.03	1 035 858	310 898	55 461	255 438	724 960	215 733	449 007	60 220
2013.04	1 032 552	307 648	55 607	252 041	724 903	223 900	439 471	61 532
2013.05	1 042 169	310 204	54 431	255 773	731 965	227 155	442 270	62 539
2013.06	1 054 404	313 500	54 064	259 436	740 904	228 029	453 411	59 464
2013.07	1 052 212	310 596	54 413	256 184	741 616	226 039	449 302	66 275
2013.08	1 061 256	314 086	54 925	259 161	747 171	229 496	450 214	67 461
2013.09	1 077 379	312 330	56 493	255 838	765 049	239 080	461 958	64 010
2013.10	1 070 242	319 509	55 596	263 914	750 733	230 221	452 907	67 605
2013.11	1 079 257	324 822	56 441	268 381	754 435	230 550	453 819	70 067
2013.12	1 106 525	337 291	58 574	278 717	769 234	232 697	467 031	69 506

广义货币供应量M2变动
Changes in the composition of broad money M2

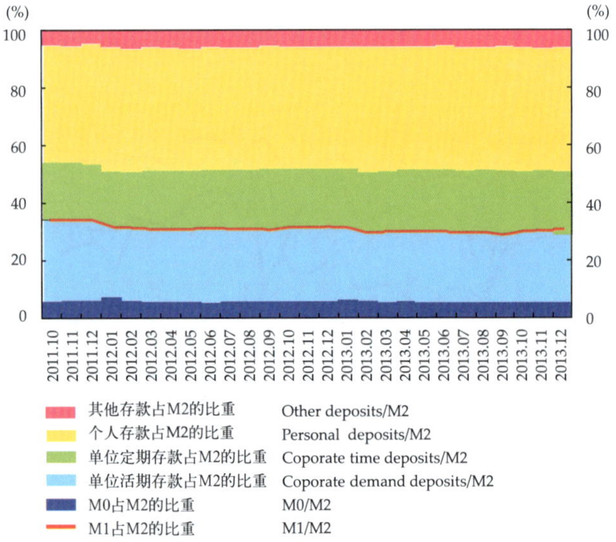

2013年年末货币供应量构成
Composition of money supply at the end of 2013

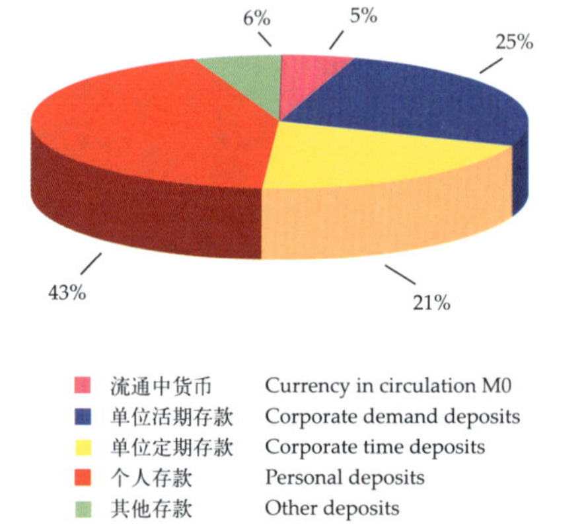

存款性公司概览
Depository corporations survey

单位：万亿元
Unit: RMB trillion yuan

年/月 Year/Month	国外净资产 Net foreign assets	国内信贷 Domestic credit	对政府债权(净) Claims on government (net)	对非金融部门债权 Claims on non-financial sectors	对其他金融部门债权 Claims on other financial sectors	其他 Others	货币和准货币 Money & quasi-money M2
2011.01	22.97	59.42	3.24	53.03	3.15	-9.00	73.39
2011.02	23.15	59.92	2.96	53.62	3.34	-9.46	73.61
2011.03	23.53	61.11	3.19	54.23	3.69	-8.82	75.81
2011.04	23.71	61.09	2.80	55.04	3.25	-9.06	75.74
2011.05	23.97	61.59	2.60	55.67	3.32	-9.22	76.34
2011.06	24.35	63.05	2.66	56.28	4.10	-9.32	78.08
2011.07	24.57	62.67	2.38	56.85	3.44	-9.94	77.29
2011.08	24.73	63.61	2.40	57.45	3.77	-10.25	78.09
2011.09	24.87	64.76	2.79	57.94	4.03	-10.89	78.74
2011.10	25.00	65.01	2.52	58.69	3.80	-8.33	81.68
2011.11	25.04	66.36	3.02	59.35	3.99	-8.85	82.55
2011.12	25.16	68.80	4.24	60.06	4.50	-8.80	85.16
2012.01	25.37	69.12	3.95	60.90	4.28	-8.90	85.59
2012.02	25.55	70.03	3.85	61.72	4.46	-8.87	86.72
2012.03	25.81	72.20	4.21	62.90	5.09	-8.45	89.56
2012.04	25.90	71.89	3.84	63.48	4.57	-8.83	88.96
2012.05	25.98	72.52	3.60	64.34	4.58	-8.49	90.00
2012.06	26.13	74.65	3.89	65.36	5.40	-8.28	92.50
2012.07	26.23	74.32	3.63	65.98	4.71	-8.64	91.91
2012.08	26.24	75.19	3.84	66.70	4.64	-8.93	92.49
2012.09	26.19	77.26	4.21	67.51	5.55	-9.08	94.37
2012.10	26.11	77.02	3.76	68.13	5.14	-9.49	93.64
2012.11	25.97	77.89	3.91	68.77	5.21	-9.38	94.48
2012.12	25.89	80.56	5.07	69.44	6.06	-9.03	97.41
2013.01	26.49	81.43	4.75	70.76	5.93	-8.71	99.21
2013.02	26.69	82.00	4.67	71.54	5.79	-8.83	99.86
2013.03	26.95	84.64	4.86	72.95	6.84	-8.01	103.59
2013.04	27.18	84.53	4.48	73.95	6.10	-8.46	103.26
2013.05	27.22	85.12	4.13	74.60	6.39	-8.13	104.22
2013.06	27.27	86.80	4.16	75.38	7.26	-8.63	105.44
2013.07	27.17	86.98	3.80	76.19	6.99	-8.93	105.22
2013.08	27.20	87.90	3.85	76.92	7.13	-8.97	106.13
2013.09	27.27	89.92	4.16	78.04	7.72	-9.46	107.74
2013.10	27.67	89.61	3.59	78.58	7.44	-10.26	107.02
2013.11	27.97	90.33	3.53	79.02	7.77	-10.37	107.93
2013.12	28.10	92.70	4.90	79.65	8.15	-10.15	110.65

国外净资产及国内信贷对广义货币的影响
The impact of net foreign assets and domestic credit on broad money M2

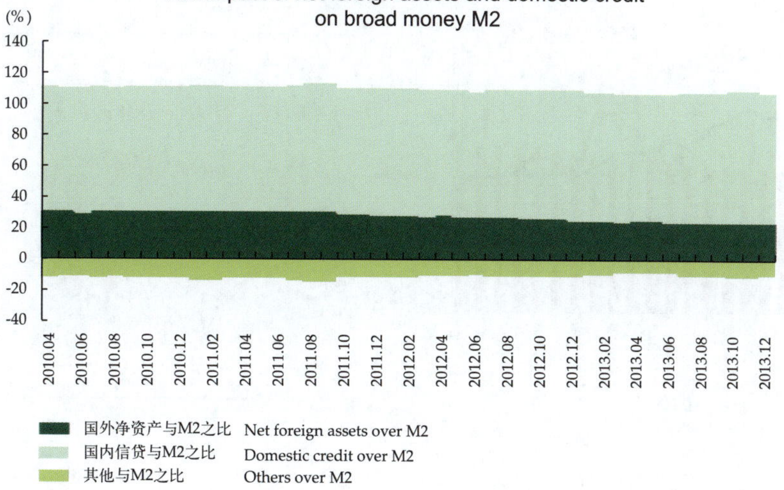

2.存贷款
(2) Deposits and loans

金融机构人民币各项存贷款余额及其增长趋势
Outstanding amounts of total deposits & loans and their growth in financial institutions

单位：万亿元
Unit: RMB trillion yuan

年/月 Year/Month	各项存款 Total deposits	各项贷款 Total loans	各项存款同比增长率(%) Growth rate of deposits (YOY)(%)	各项贷款同比增长率(%) Growth rate of loans (YOY)(%)
2011.10	79.2	53.5	13.6	15.8
2011.11	79.5	54.1	13.1	15.6
2011.12	80.9	54.8	13.5	15.8
2012.01	80.1	55.5	12.4	15.0
2012.02	81.7	56.2	12.6	15.2
2012.03	84.7	57.2	12.5	15.7
2012.04	84.2	57.9	11.4	15.4
2012.05	85.4	58.7	11.4	15.7
2012.06	88.3	59.6	12.3	16.0
2012.07	87.8	60.2	12.6	16.0
2012.08	88.3	60.9	12.2	16.1
2012.09	90.0	61.5	13.3	16.3
2012.10	89.7	62.0	13.3	15.9
2012.11	90.2	62.5	13.4	15.7
2012.12	91.7	63.0	13.3	15.0
2013.01	92.9	64.1	16.0	15.4
2013.02	93.7	64.7	14.6	15.0
2013.03	97.9	65.8	15.6	14.9
2013.04	97.8	66.6	16.2	14.9
2013.05	99.3	67.2	16.2	14.5
2013.06	100.9	68.1	14.3	14.2
2013.07	100.7	68.8	14.6	14.3
2013.08	101.5	69.5	14.9	14.1
2013.09	103.1	70.3	14.6	14.3
2013.10	102.7	70.8	14.5	14.2
2013.11	103.2	71.4	14.5	14.2
2013.12	104.4	71.9	13.8	14.1

金融机构人民币各项存贷款余额及其增长趋势
Outstanding amounts of total deposits & loans and their growth in financial institutions

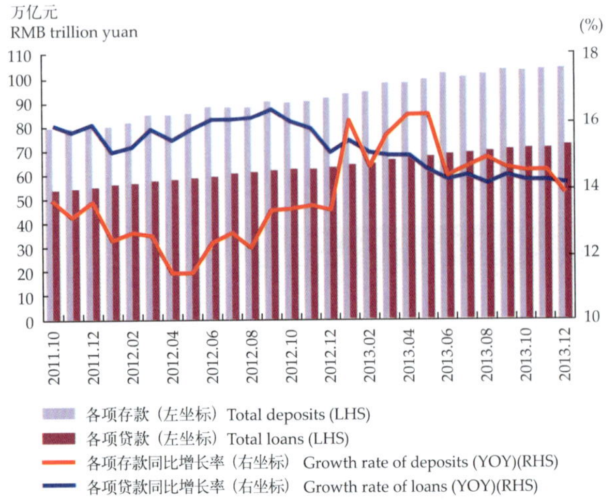

金融机构当年累计新增人民币存款
Accumulated new RMB deposits in financial institutions

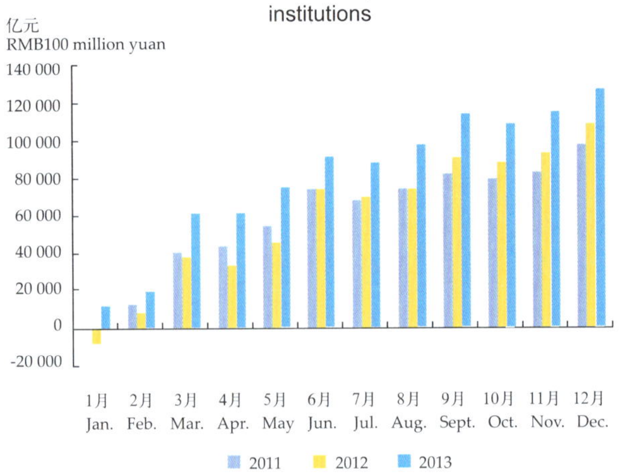

金融机构当月新增人民币存款
New RMB deposits in financial institutions by month

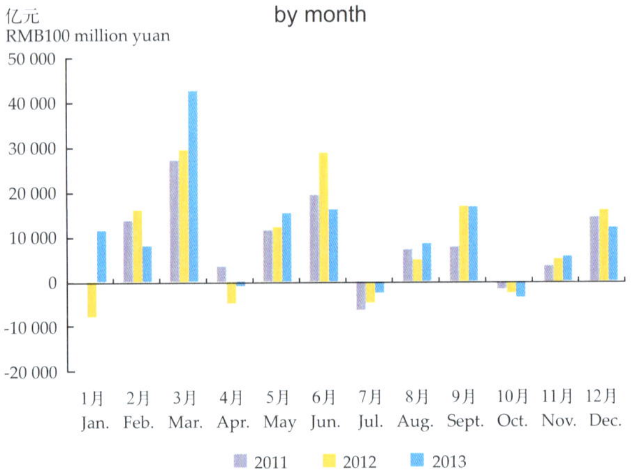

2013年年末人民币存款余额
Outstanding amounts of RMB deposits at the end of 2013

单位：亿元
Unit: RMB 100 million yuan

		余额 Outstanding amount
各项存款	**Total deposits**	**1 043 847**
单位存款	Corporate deposits	520 826
个人存款	Personal deposits	466 502
财政性存款	Fiscal deposits	30 133
临时性存款	Temporary deposits	1 661
委托存款	Designated deposits	354
其他存款	Other deposits	24 370

住户存款和非金融企业存款余额
Outstanding amounts of household deposits and non-financial corporate deposits

单位：亿元
Unit: RMB 100 million yuan

年/月 Year/Month	住户存款 Deposits of households	活期及临时性存款 Demand & temporary deposits	定期及保证性存款 Time & marginal deposits	非金融企业存款 Deposits of non-financial enterprises	活期及临时性存款 Demand & temporary deposits	定期及保证性存款 Time & marginal deposits
2012.01	365 910	143 134	222 776	276 304	116 854	159 450
2012.02	367 554	139 418	228 136	285 251	121 224	164 028
2012.03	380 498	145 084	235 415	299 253	125 784	173 469
2012.04	374 119	138 798	235 321	296 285	123 413	172 872
2012.05	376 379	140 041	236 338	301 806	126 675	175 131
2012.06	391 186	148 865	242 321	311 167	130 445	180 722
2012.07	385 846	144 160	241 686	307 197	126 854	180 343
2012.08	386 878	145 937	240 941	309 161	127 474	181 687
2012.09	398 070	150 833	247 237	313 960	125 826	188 134
2012.10	391 431	147 279	244 152	312 800	131 052	181 747
2012.11	393 947	149 874	244 073	316 049	133 099	182 950
2012.12	406 181	158 265	247 916	327 445	140 900	186 544
2013.01	413 958	162 592	251 366	327 904	135 453	192 452
2013.02	431 656	167 187	264 469	318 498	127 440	191 059
2013.03	443 408	173 557	269 851	342 606	137 114	205 492
2013.04	434 067	163 516	270 551	345 752	134 317	211 435
2013.05	436 833	164 319	272 514	349 577	135 071	214 507
2013.06	447 772	169 141	278 632	349 741	135 326	214 415
2013.07	443 837	165 060	278 777	343 816	133 247	210 569
2013.08	444 717	166 378	278 338	347 263	133 646	213 618
2013.09	456 348	171 760	284 589	350 387	131 108	219 279
2013.10	447 381	167 439	279 942	348 348	136 096	212 253
2013.11	448 321	168 230	280 091	352 225	138 403	213 822
2013.12	461 370	178 050	283 320	361 555	145 522	216 033

住户存款和非金融企业存款余额

Outstanding amounts of household deposits and non-financial enterprises deposits

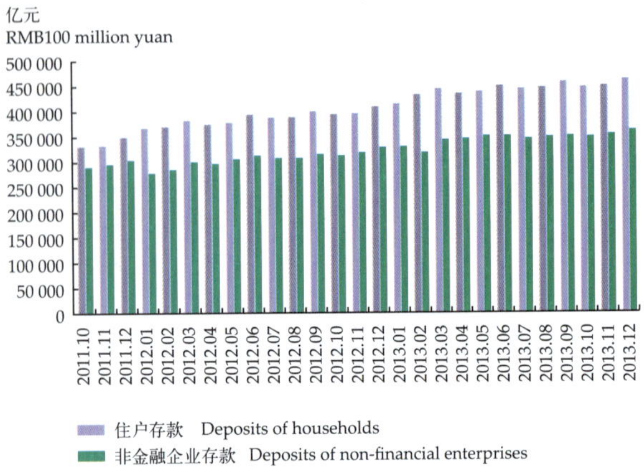

住户存款构成

Composition of households deposits

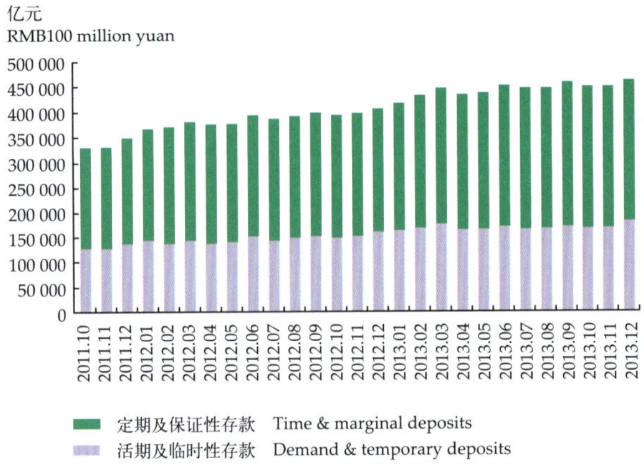

非金融企业存款构成

Composition of non-financial enterprise deposits

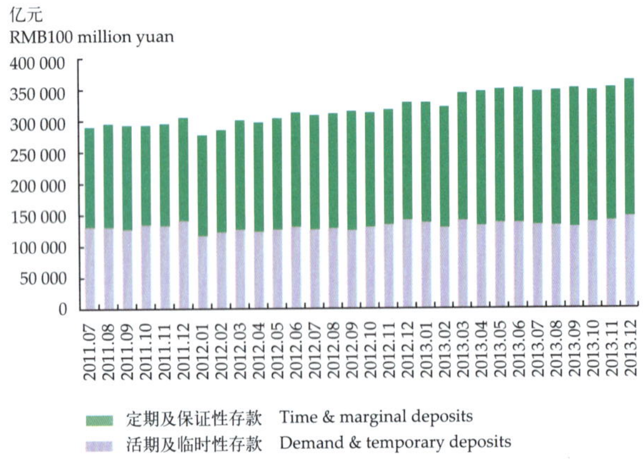

2013年年末人民币存款余额构成

Composition of outstanding amounts of RMB deposits at the end of 2013

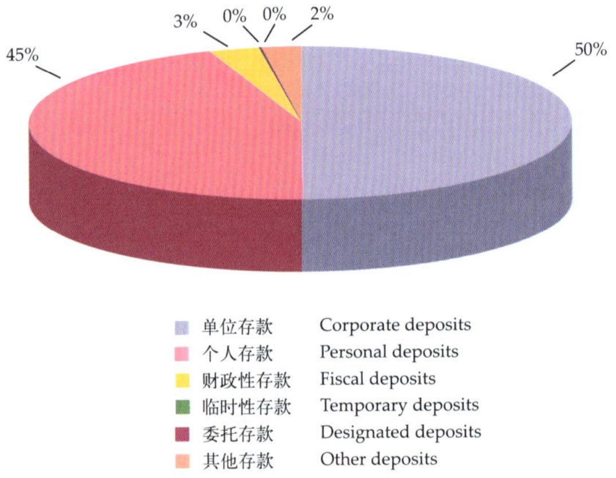

2013年年末人民币贷款按部门分类
RMB loans issued at the end of 2013 by sectors

单位：亿元
Unit: RMB 100 million yuan

	余额 Outstanding amounts	比年初增加 Increase over the beginning of the year
住户贷款 Loans to households	198 504	37 126
消费性贷款 Consumer loans	129 721	25 401
短期消费性贷款 Short-term consumer loans	26 558	7 198
中长期消费性贷款 Medium- and long-term consumer loans	103 163	18 203
经营性贷款 Business loans	68 783	11 725
短期经营性贷款 Short-term business loans	43 585	7 446
中长期经营性贷款 Medium- and long-term business loans	25 197	4 279
非金融性企业及其他部门贷款 Loans to non-financial enterprises and other sectors	518 584	51 726
短期贷款及票据融资 Short-term loans and bill financing	239 688	26 445
中长期贷款 Medium- and long-term loans	270 502	23 378
其他贷款 Other loans	8 393	1 903

金融机构当年累计新增人民币贷款
Accumulated new RMB loans in financial institutions

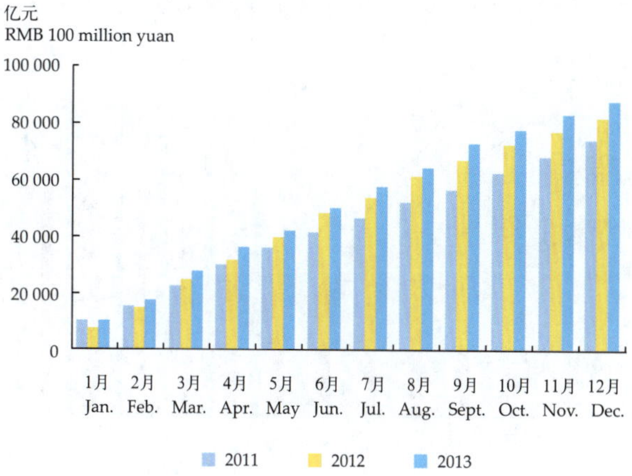

金融机构当月新增人民币贷款
New RMB loans in financial institutions by month

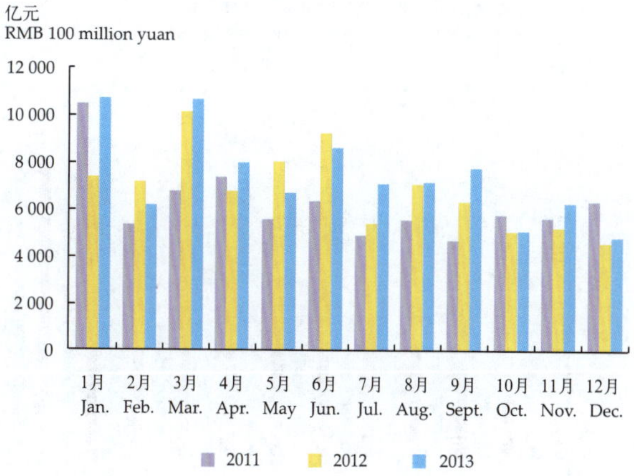

2013年金融机构新增人民币贷款构成
Composition of new RMB loans of financial institutions in 2013

单位：亿元
Unit: RMB 100 million yuan

	2013年 Year 2013		2012年 Year 2012	
	比年初增加 Increase over the beginning of the year	比重(%) Share (%)	比年初增加 Increase over the beginning of the year	比重(%) Share (%)
各项贷款 Total loans	**88 916**	**100**	**82 035**	**100**
短期贷款 Short-term loans	41 985	47.2	45 605	55.6
中长期贷款 Medium- and long-term loans	45 860	51.6	28 744	35.0
票据融资 Bill financing	- 896	-1.0	5 301	6.5
其他贷款 Other loans	1 967	2.2	2 385	2.9

当年累计新增住户贷款
Accumulated new loans to households

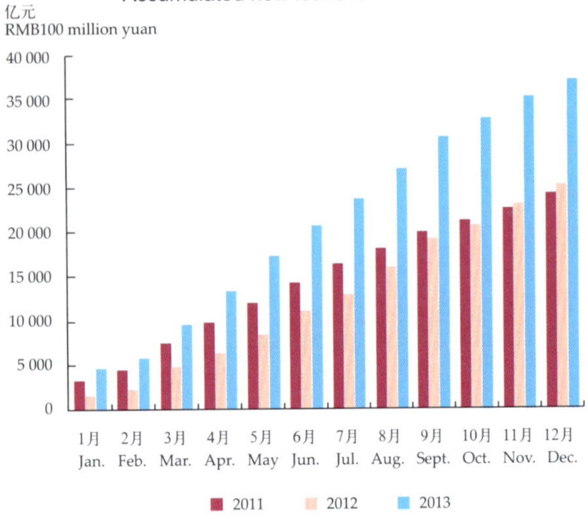

当月新增住户贷款
New loans to households by month

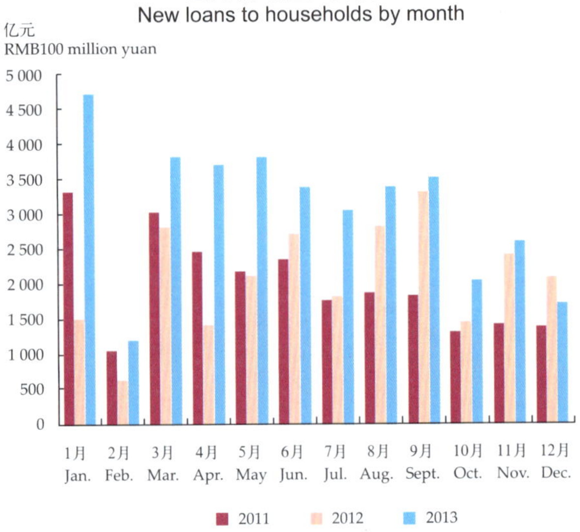

当年累计新增非金融企业及其他部门贷款
Accumulated new loans to non-financial insititutions and other sectors

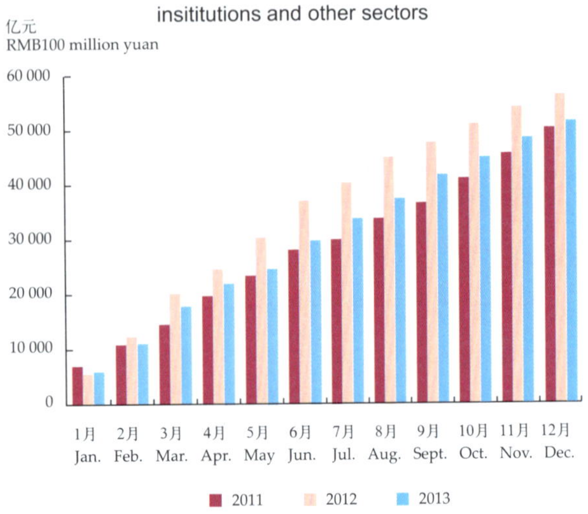

当月新增非金融企业及其他部门贷款
New loans to non-financial institutions and other sectors by month

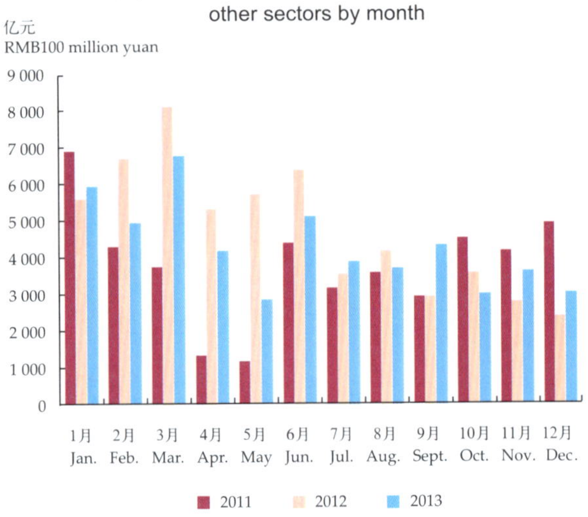

2013年年末个人消费贷款构成
Composition of consumer loans at the end of 2013

单位：亿元
Unit: RMB 100 million yuan

	余额 Outstanding amounts	同比增长率(%) Growth rate (YOY)(%)	比年初增加 Increase over the beginning of the year	比上年同期 Change compared with the same period of last year
个人消费贷款 Consumer loans	**129 716**	**24.3**	**25 396**	**9 739**
个人住房贷款 Individual housing mortgage loans	89 643	21.8	15 623	7 200
个人汽车消费贷款 Individual auto loans	3 414	29.1	748	718
助学贷款 Student loans	553	9.4	47	- 15
其他贷款 Other loans	36 105	30.7	8 977	1 837

2013年年末个人消费贷款构成
Composition of consumer loans at the end of 2013

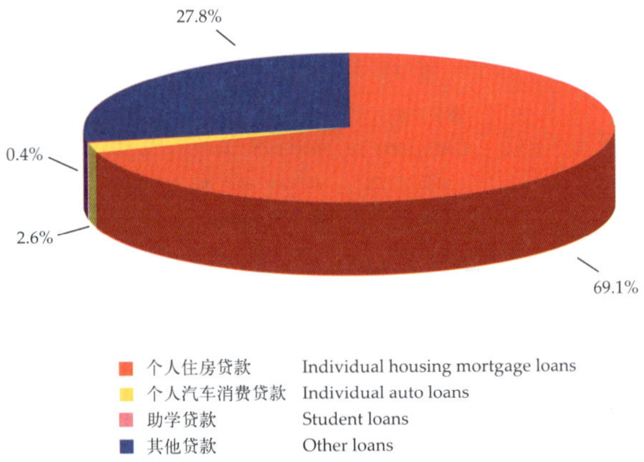

当年累计新增个人消费贷款
Accumulated new consumer loans

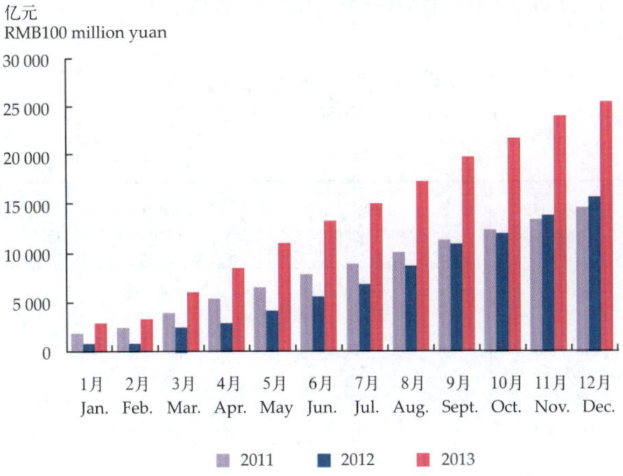

当月新增个人消费贷款
New consumer loans by month

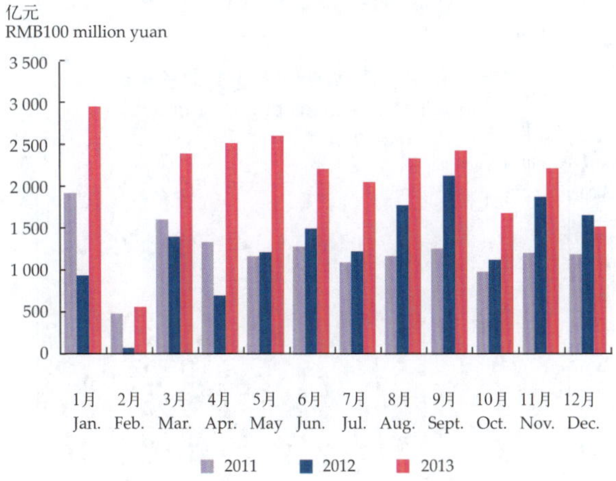

当年累计新增个人住房贷款
Accumulated new housing mortgage loans

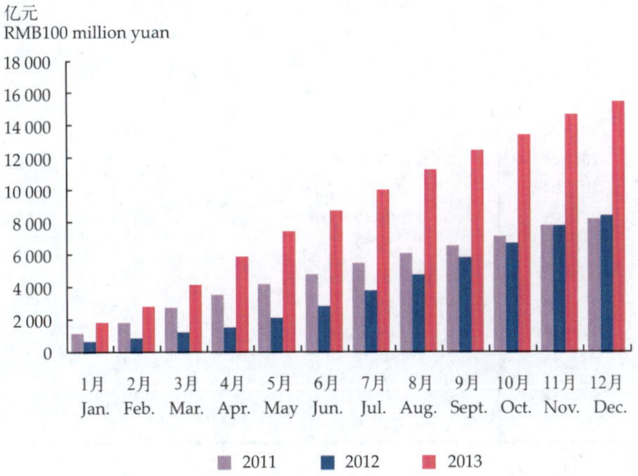

当月新增个人住房贷款
New housing mortgage loans by month

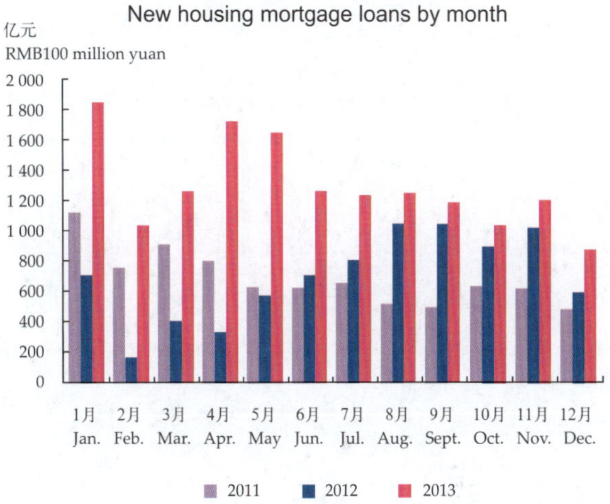

个人消费贷款余额及其增长趋势
Consumer loans and their growth

个人住房贷款余额及其增长趋势
Individual housing mortgage loans and their growth

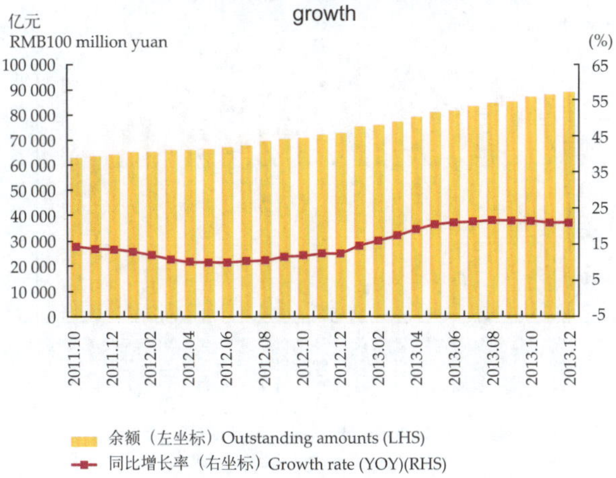

个人汽车消费贷款余额及其增长趋势
Individual auto loans and their growth

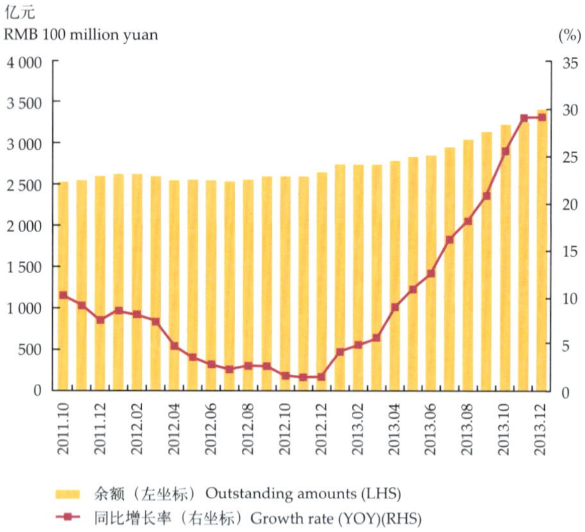

3.基础货币

(3) Monetary base

基础货币余额及其增长趋势
Monetary base and its growth

单位：万亿元
Unit: RMB trillion yuan

年/月 Year/Month	余额 Outstanding amounts	同比增长率(%) Growth rate (YOY) (%)
2011.10	21.28	29.9
2011.11	21.66	28.2
2011.12	22.46	23.2
2012.01	23.74	22.3
2012.02	22.33	16.8
2012.03	22.67	17.7
2012.04	22.44	16.1
2012.05	22.20	13.1
2012.06	22.81	12.1
2012.07	22.55	11.4
2012.08	22.85	11.4
2012.09	23.60	11.2
2012.10	23.45	10.2
2012.11	23.49	8.4
2012.12	25.21	12.2
2013.01	25.29	6.5
2013.02	25.20	12.8
2013.03	25.37	11.9
2013.04	25.15	12.1
2013.05	24.95	12.4
2013.06	25.78	13.0
2013.07	25.44	12.8
2013.08	25.73	11.4
2013.09	26.31	11.5
2013.10	25.84	10.2
2013.11	26.01	10.7
2013.12	27.10	7.4

助学贷款余额及其增长趋势
Student loans and their growth

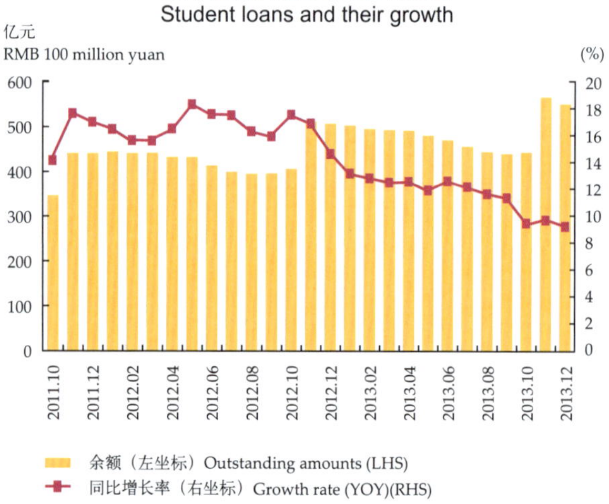

基础货币余额及其增长趋势
Monetary base and its growth

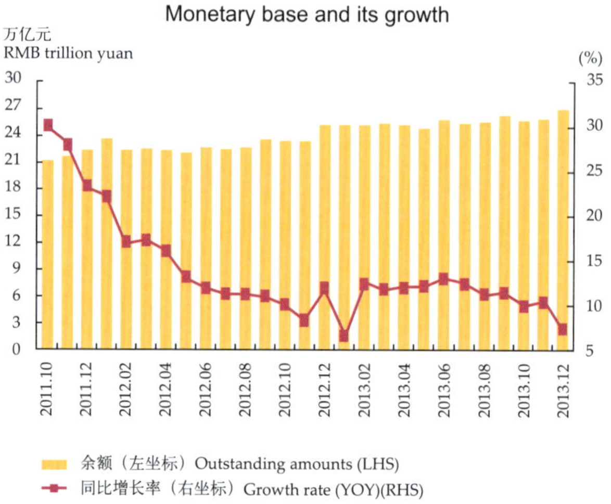

基础货币构成
Composition of monetary base

单位：亿元
Unit: RMB 100 million yuan

年/季 Year/Quarter	货币发行 Currency issue	金融性公司存款 Deposits of financial corporations	其他存款性公司存款 Deposits of other depository corporations	其他金融性公司存款 Deposits of other financial corporations
2010Q1	42 836	107 197	107 058	139
2010Q2	42 567	111 668	111 506	161
2010Q3	46 220	115 101	114 946	155
2010Q4	48 646	136 665	136 481	184
2011Q1	49 273	143 293	143 293	—
2011Q2	48 816	154 654	154 654	—
2011Q3	52 203	160 001	160 001	—
2011Q4	55 850	168 792	168 792	—
2012Q1	54 379	172 306	172 306	—
2012Q2	54 294	173 757	173 757	—
2012Q3	59 178	176 855	176 855	—
2012Q4	60 646	191 699	191 699	—
2013Q1	61 331	192 319	192 319	—
2013Q2	59 831	197 945	197 945	—
2013Q3	63 041	200 097	200 097	—
2013Q4	64 981	206 042	206 042	—

注：2011年1月起，中国人民银行采用国际货币基金组织关于储备货币的定义，不再将其他金融性公司在货币当局的存款计入储备货币。
Note: Since January 2011, the PBC used the definition of reserve money defined by IMF, deposits of other financial corporation are no longer included in reserve money.

基础货币构成
Composition of monetary base

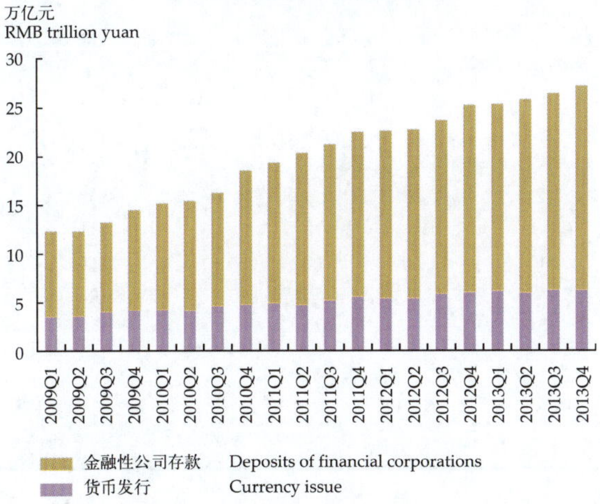

金融机构准备金和超额准备金率
Reserves and excess reserve ratio of financial institutions

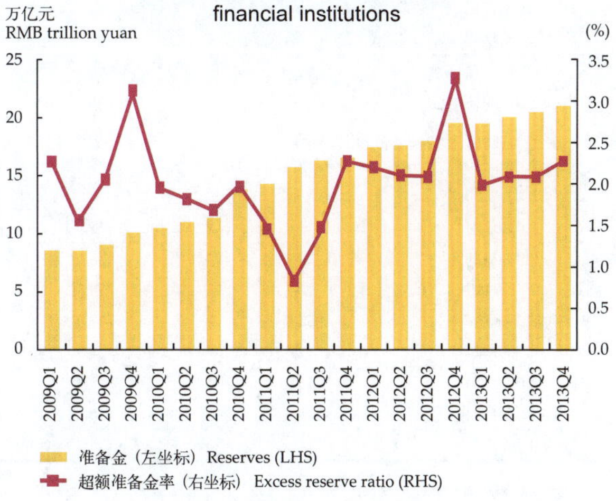

金融机构法定人民币存款准备金率
Official RMB reserve requirement ratios of financial institutions

单位：%
Unit: %

日期 Date	中资全国性大型银行① Chinese-funded large banks operating nationwide[1]	中小金融机构② Medium- and small-sized financial institutions[2]	农村合作银行 Rural cooperative banks	城市信用社 Urban credit cooperatives	农村信用社 Rural credit cooperatives
2003.09.21	7.0	7.0	—	6.0	6.0
2004.04.25	7.5	7.5	7.5	6.0	6.0
2006.07.05	8.0	8.0	7.5	6.5	6.0
2006.08.15	8.5	8.5	7.5	7.0	6.0
2006.11.15	9.0	9.0	8.0	7.5	6.5
2007.01.15	9.5	9.5	8.5	8.0	7.0
2007.02.25	10.0	10.0	9.0	8.5	7.5
2007.04.16	10.5	10.5	9.5	9.0	8.0
2007.05.15	11.0	11.0	10.0	9.5	8.5
2007.06.05	11.5	11.5	10.5	10.0	9.0
2007.08.15	12.0	12.0	11.0	10.5	9.5
2007.09.25	12.5	12.5	11.5	11.0	10.0
2007.10.25	13.0	13.0	12.0	11.5	10.5
2007.11.26	13.5	13.5	12.5	12.0	11.0
2007.12.25	14.5	14.5	13.5	13.0	12.0
2008.01.25	15.0	15.0	14.0	13.5	12.5
2008.03.25	15.5	15.5	14.5	14.0	13.0
2008.04.25	16.0	16.0	15.0	14.5	13.5
2008.05.20	16.5	16.5	15.5	15.0	14.0
2008.06.15	17.0	17.0	16.0	15.5	14.5
2008.06.25	17.5	17.5	16.5	16.0	15.0
2008.09.25	17.5	16.5	15.5	15.0	14.0
2008.10.15	17.0	16.0	15.0	14.5	13.5
2008.12.05	16.0	14.0	13.0	11.5	11.5
2008.12.25	15.5	13.5	11.0	11.0	11.0
2010.01.18	16.0	14.0	11.0	11.0	11.0
2010.02.25	16.5	14.5	11.0	11.0	11.0
2010.05.10	17.0	15.0	11.5	11.5	11.0
2010.11.16	17.5	15.5	12.0	12.0	11.5
2010.11.29	18.0	16.0	12.5	12.5	12.0
2010.12.20	18.5	16.5	13.0	13.0	12.5
2011.01.20	19.0	17.0	13.5	13.5	13.0
2011.02.24	19.5	17.5	14.0	14.0	13.5
2011.03.25	20.0	18.0	14.5	14.5	14.0
2011.04.21	20.5	18.5	15.0	15.0	14.5
2011.05.18	21.0	19.0	15.5	15.5	15.0
2011.06.20	21.5	19.5	16.0	16.0	15.5
2011.12.05	21.0	19.0	15.5	15.5	15.0
2012.02.24	20.5	18.5	15.0	15.0	14.5
2012.05.18	20.0	18.0	14.5	14.5	14.0

注：①包括中国工商银行、中国农业银行、中国银行、中国建设银行、交通银行和中国邮政储蓄银行。
　　②包括中国农业发展银行、股份制商业银行、城市商业银行、农村商业银行、有关外资金融机构。

Notes: 1. Including Industrial and Commercial Bank of China, Agricultural Bank of China, Bank of China, China Construction Bank, Bank of Communication, Postal Savings Bank of China.
2. Including Agricultural Development Bank of China, joint-stock commercial banks, city commercial banks, rural commercial banks and foreign-funded financial institutions.

4. 社会融资规模
(4) All-system financing aggregate

社会融资规模统计表
Statistics of all-system financing aggregate

单位：亿元人民币
Unit: RMB100 million yuan

日期 Date	社会融资规模 All-system financing aggregate	其中 Of which:						
		人民币贷款 RMB bank loans	外币贷款(折合人民币) Foreign currency bank loans (converted into RMB)	委托贷款 Entrusted loans	信托贷款 Trust loans	未贴现的银行承兑汇票 Undiscounted bankers' acceptences	企业债券 Net financing of corporate bonds	非金融企业境内股票融资 Equity financing on the domestic stock market by non-financial enterprises
2011.01	17 560	10 263	862	1 272	- 98	3 157	1 012	731
2011.02	6 468	5 377	347	419	141	-1 176	877	270
2011.03	18 212	6 794	572	1 513	47	5 631	2 682	557
2011.04	13 673	7 430	492	1 407	501	2 332	761	448
2011.05	10 854	5 516	842	1 216	180	1 695	721	351
2011.06	10 873	6 339	245	1 202	141	1 630	536	320
2011.07	5 393	4 916	9	1 232	- 28	-1 726	422	252
2011.08	10 741	5 484	376	1 409	176	1 652	898	350
2011.09	4 279	4 693	1 025	1 008	- 223	-3 361	520	236
2011.10	7 908	5 868	415	518	90	-1 186	1 639	244
2011.11	9 581	5 629	49	595	716	- 227	2 077	268
2011.12	12 744	6 406	478	1 173	389	1 851	1 514	350
2012.01	9 754	7 381	- 148	1 646	247	- 214	442	81
2012.02	10 431	7 107	526	394	522	- 284	1 544	229
2012.03	18 703	10 114	950	770	1 018	2 821	1 974	565
2012.04	9 637	6 818	96	1 015	37	279	887	190
2012.05	11 432	7 932	302	215	557	380	1 441	184
2012.06	17 802	9 198	1 040	789	988	3 113	1 982	246
2012.07	10 522	5 401	70	1 279	384	218	2 486	316
2012.08	12 475	7 039	743	1 046	1 238	- 846	2 579	208
2012.09	16 462	6 226	1 764	1 449	2 012	2 155	2 278	158
2012.10	12 906	5 054	1 290	941	1 444	729	2 992	88
2012.11	11 225	5 220	1 045	1 218	1 802	- 489	1 820	107
2012.12	16 282	4 546	1 486	2 079	2 598	2 637	2 126	135
2013.01	25 446	10 721	1 795	2 061	2 108	5 798	2 248	244
2013.02	10 704	6 200	1 149	1 426	1 825	-1 823	1 453	165
2013.03	25 502	10 625	1 509	1 748	4 312	2 731	3 869	208
2013.04	17 624	7 923	847	1 926	1 942	2 218	2 033	274
2013.05	11 860	6 694	357	1 967	971	-1 141	2 219	231
2013.06	10 375	8 605	133	1 990	1 162	-2 620	410	126
2013.07	8 189	6 997	-1 157	1 927	1 151	-1 777	474	128
2013.08	15 833	7 128	- 360	2 938	1 209	3 049	1 232	136
2013.09	14 049	7 870	891	2 217	1 116	- 82	1 415	113
2013.10	8 640	5 060	53	1 834	431	- 345	1 072	78
2013.11	12 269	6 246	122	2 704	1 006	60	1 383	147
2013.12	12 322	4 825	509	2 727	1 155	1 674	251	369

注：1. 社会融资规模是指一定时期内实体经济从金融体系获得的资金总额，是增量概念。
2. 当期数据为初步统计数。
3. 表中的人民币贷款为历史公布数。

数据来源：中国人民银行、国家发展和改革委员会、中国证券监督管理委员会、中国保险监督管理委员会、中央国债登记结算有限责任公司和银行间市场交易商协会等部门。

Notes: 1. All-system financing aggregate refers to the total value of funds provided by the financial system to the real economy in a certain period of time. It is a flow.
2. Data for the current period is preliminary.
3. Data for RMB loans in the table are the historical numbers released in the past.

Sources: The People's Bank of China, National Development and Reform Commission, China Securities Regulatory Commission, China Insurance Regulatory Commission, China Government Securities Depository Trust and Clearing Co., Ltd., National Association of Financial Market Institutional Investors, and etc..

5. 利率
(5) Interest rates

中央银行基准利率
Central bank benchmark interest rates

单位：年利率%
Unit: annual interest rate%

日期 Date	法定存款准备金 Required reserves	超额存款准备金 Excess reserves	对金融机构贷款 Lending to financial institutions				再贴现 Rediscount
			1年期 1-year	6个月以内 6-month and less	3个月以内 3-month and less	20天以内 20 days and less	
1996.05.01	8.82	8.82	10.98	10.17	10.08	9.00	*
1996.08.23	8.28	7.92	10.62	—	9.72	—	*
1997.10.23	7.56	7.02	9.36	9.09	8.82	8.55	*
1998.03.25	5.22	—	7.92	7.02	6.84	6.39	6.03
1998.07.01	3.51	—	5.67	5.58	5.49	5.22	4.32
1998.12.07	3.24	—	5.13	5.04	4.86	4.59	3.96
1999.06.10	2.07	—	3.78	3.69	3.51	3.24	2.16
2001.09.11	—	—	—	—	—	—	2.97
2002.02.21	1.89	—	3.24	3.15	2.97	2.70	2.97
2003.12.20	—	1.62	—	—	—	—	—
2004.03.25	—	—	3.87	3.78	3.60	3.33	3.24
2005.03.17	—	0.99	—	—	—	—	—
2008.01.01	—	—	4.68	4.59	4.41	4.14	4.32
2008.11.27	1.62	0.72	3.60	3.51	3.33	3.06	2.97
2008.12.23	—	—	3.33	3.24	3.06	2.79	1.80
2010.12.26	—	—	3.85	3.75	3.55	3.25	2.25

注：1. 1998年3月法定准备金和超额准备金两个账户合并为准备金账户。
2. *按同档次中央银行贷款利率下浮5%~10%。

Notes: 1. The required reserves account and excess reserves account were merged into the reserves account in March 1998.
2. *The interest rate is 5%~10% below that of the central bank lending rate of the same tranche.

法定存款准备金利率和再贴现利率
Required reserves interest rates and rediscount interest rates

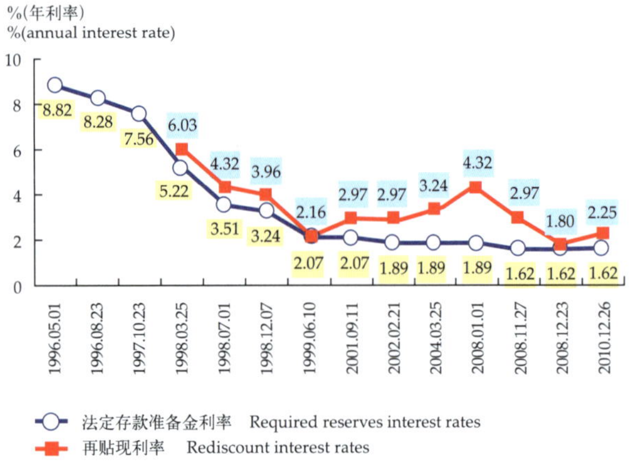

对金融机构贷款利率
Interest rates of central bank lending to financial institutions

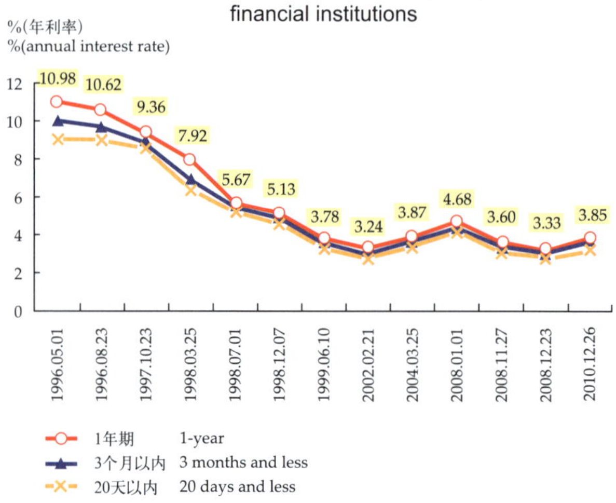

金融机构人民币存款基准利率
RMB deposit benchmark interest rates in financial institutions

单位：年利率%
Unit: annual interest rate %

日期 Date	活期 Demand deposits	定期 Time deposits					
		3个月 3-month	6个月 6-month	1年 1-year	2年 2-year	3年 3-year	5年 5-year
1990.04.15	2.88	6.30	7.74	10.08	10.98	11.88	13.68
1990.08.21	2.16	4.32	6.48	8.64	9.36	10.08	11.52
1991.04.21	1.80	3.24	5.40	7.56	7.92	8.28	9.00
1993.05.15	2.16	4.86	7.20	9.18	9.90	10.80	12.06
1993.07.11	3.15	6.66	9.00	10.98	11.70	12.24	13.86
1996.05.01	2.97	4.86	7.20	9.18	9.90	10.80	12.06
1996.08.23	1.98	3.33	5.40	7.47	7.92	8.28	9.00
1997.10.23	1.71	2.88	4.14	5.67	5.94	6.21	6.66
1998.03.25	1.71	2.88	4.14	5.22	5.58	6.21	6.66
1998.07.01	1.44	2.79	3.96	4.77	4.86	4.95	5.22
1998.12.07	1.44	2.79	3.33	3.78	3.96	4.14	4.50
1999.06.10	0.99	1.98	2.16	2.25	2.43	2.70	2.88
2002.02.21	0.72	1.71	1.89	1.98	2.25	2.52	2.79
2004.10.29	0.72	1.71	2.07	2.25	2.70	3.24	3.60
2006.08.19	0.72	1.80	2.25	2.52	3.06	3.69	4.14
2007.03.18	0.72	1.98	2.43	2.79	3.33	3.96	4.41
2007.05.19	0.72	2.07	2.61	3.06	3.69	4.41	4.95
2007.07.21	0.81	2.34	2.88	3.33	3.96	4.68	5.22
2007.08.22	0.81	2.61	3.15	3.60	4.23	4.95	5.49
2007.09.15	0.81	2.88	3.42	3.87	4.50	5.22	5.76
2007.12.21	0.72	3.33	3.78	4.14	4.68	5.40	5.85
2008.10.09	0.72	3.15	3.51	3.87	4.41	5.13	5.58
2008.10.30	0.72	2.88	3.24	3.60	4.14	4.77	5.13
2008.11.27	0.36	1.98	2.25	2.52	3.06	3.60	3.87
2008.12.23	0.36	1.71	1.98	2.25	2.79	3.33	3.60
2010.10.20	0.36	1.91	2.20	2.50	3.25	3.85	4.20
2010.12.26	0.36	2.25	2.50	2.75	3.55	4.15	4.55
2011.02.09	0.40	2.60	2.80	3.00	3.90	4.50	5.00
2011.04.06	0.50	2.85	3.05	3.25	4.15	4.75	5.25
2011.07.07	0.50	3.10	3.30	3.50	4.40	5.00	5.50
2012.06.08	0.40	2.85	3.05	3.25	4.10	4.65	5.10
2012.07.06	0.35	2.60	2.80	3.00	3.75	4.25	4.75

人民币存款基准利率
RMB deposit benchmark interest rates

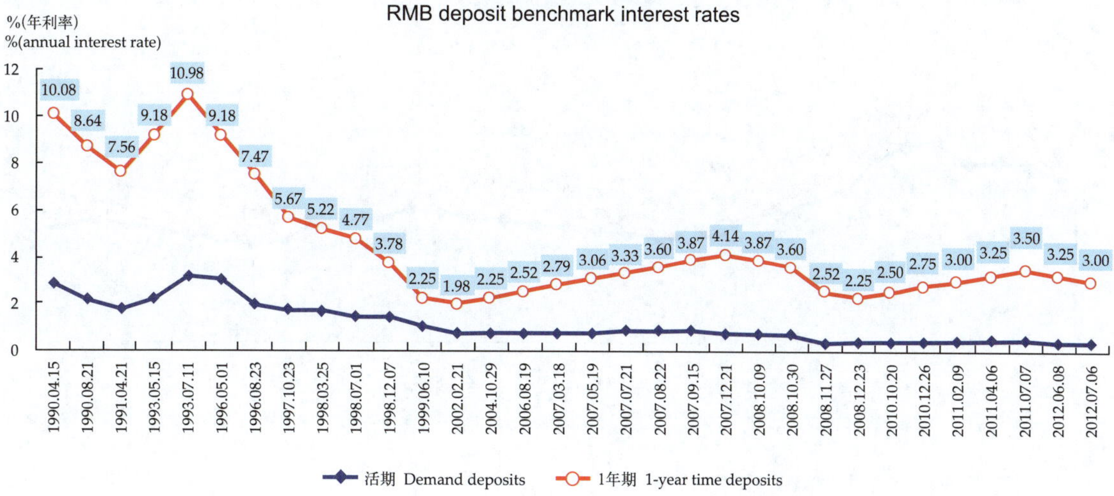

金融机构人民币贷款基准利率
RMB lending benchmark interest rates in financial institutions

单位：年利率%
Unit: annual interest rate %

日期 Date	短期贷款 Short-term loans		中长期贷款 Medium- and long-term loans		
	6个月以内(含6个月) 6-month and less (including 6-month)	6个月至1年(含1年) 6-month to 1-year (including 1-year)	1～3年(含3年) 1 to 3-year (including 3-year)	3～5年(含5年) 3 to 5-year (including 5-year)	5年以上 More than 5-year
1991.04.21	8.10	8.64	9.00	9.54	9.72
1993.05.15	8.82	9.36	10.80	12.06	12.24
1993.07.11	9.00	10.98	12.24	13.86	14.04
1995.01.01	9.00	10.98	12.96	14.58	14.76
1995.07.01	10.08	12.06	13.50	15.12	15.30
1996.05.01	9.72	10.98	13.14	14.94	15.12
1996.08.23	9.18	10.08	10.98	11.70	12.42
1997.10.23	7.65	8.64	9.36	9.90	10.53
1998.03.25	7.02	7.92	9.00	9.72	10.35
1998.07.01	6.57	6.93	7.11	7.65	8.01
1998.12.07	6.12	6.39	6.66	7.20	7.56
1999.06.10	5.58	5.85	5.94	6.03	6.21
2002.02.21	5.04	5.31	5.49	5.58	5.76
2004.10.29	5.22	5.58	5.76	5.85	6.12
2006.04.28	5.40	5.85	6.03	6.12	6.39
2006.08.19	5.58	6.12	6.30	6.48	6.84
2007.03.18	5.67	6.39	6.57	6.75	7.11
2007.05.19	5.85	6.57	6.75	6.93	7.20
2007.07.21	6.03	6.84	7.02	7.20	7.38
2007.08.22	6.21	7.02	7.20	7.38	7.56
2007.09.15	6.48	7.29	7.47	7.65	7.83
2007.12.21	6.57	7.47	7.56	7.74	7.83
2008.09.16	6.21	7.20	7.29	7.56	7.74
2008.10.09	6.12	6.93	7.02	7.29	7.47
2008.10.30	6.03	6.66	6.75	7.02	7.20
2008.11.27	5.04	5.58	5.67	5.94	6.12
2008.12.23	4.86	5.31	5.40	5.76	5.94
2010.10.20	5.10	5.56	5.60	5.96	6.14
2010.12.26	5.35	5.81	5.85	6.22	6.40
2011.02.09	5.60	6.06	6.10	6.45	6.60
2011.04.06	5.85	6.31	6.40	6.65	6.80
2011.07.07	6.10	6.56	6.65	6.90	7.05
2012.06.08	5.85	6.31	6.40	6.65	6.80
2012.07.06	5.60	6.00	6.15	6.40	6.55

人民币贷款基准利率
RMB lending benchmark interest rates

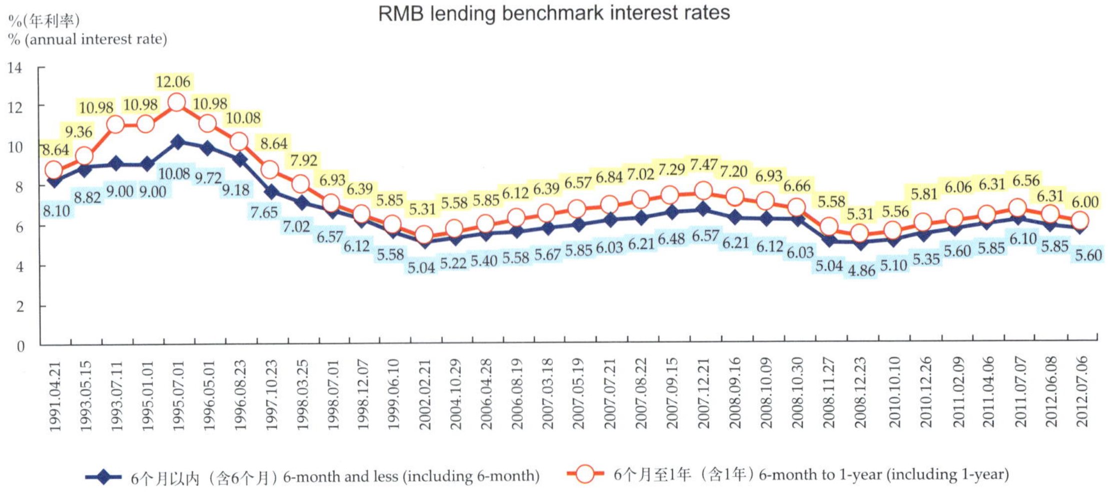

金融机构人民币贷款各利率区间占比表
Share of loans with floating rates in various ranges

单位：% Unit: %

日期 Date	下浮 Floating downward	基准 At benchmark	上浮 Floating upward					
			小计 Subtotal	(1.0, 1.1]	(1.1, 1.3]	(1.3, 1.5]	(1.5, 2.0]	2.0以上Above 2.0
2011.01	21.35	29.45	49.20	15.97	15.01	6.08	8.67	3.48
2011.02	19.94	31.80	48.26	17.91	14.55	5.61	7.29	2.90
2011.03	13.96	30.22	55.82	18.25	17.76	6.96	9.24	3.60
2011.04	12.54	28.43	59.04	18.72	20.56	7.39	9.14	3.22
2011.05	11.18	27.96	60.87	20.81	21.34	7.29	8.69	2.74
2011.06	9.94	28.91	61.15	20.56	22.70	7.22	8.08	2.60
2011.07	8.53	26.72	64.74	20.75	23.98	8.14	8.99	2.89
2011.08	6.05	25.27	68.67	22.40	25.80	8.42	9.06	3.00
2011.09	6.96	25.86	67.19	21.62	25.47	8.29	8.89	2.91
2011.10	5.06	29.96	64.99	21.54	25.02	7.81	7.87	2.75
2011.11	7.00	26.90	66.10	21.16	25.25	8.20	8.34	3.14
2011.12	7.02	26.96	66.02	21.51	24.20	8.26	8.98	3.08
2012.01	4.79	26.22	68.99	22.33	25.51	8.76	9.22	3.17
2012.02	5.53	27.59	66.88	23.12	23.76	7.98	8.61	3.40
2012.03	4.62	24.95	70.43	21.12	26.99	9.48	9.41	3.43
2012.04	5.03	23.06	71.91	20.76	28.92	10.10	8.98	3.16
2012.05	5.35	24.08	70.57	20.51	28.90	9.73	8.31	3.12
2012.06	7.92	25.08	66.99	19.94	27.87	8.90	7.66	2.63
2012.07	9.51	24.38	66.11	19.74	26.78	9.13	7.61	2.85
2012.08	11.61	22.66	65.73	19.64	26.45	8.30	8.33	3.01
2012.09	11.31	24.57	64.12	20.16	25.18	8.13	7.67	2.98
2012.10	10.88	26.80	62.32	20.15	24.30	7.28	7.53	3.06
2012.11	11.70	25.74	62.56	19.43	24.52	7.64	7.71	3.26
2012.12	14.16	26.10	59.74	18.41	22.87	7.58	7.84	3.04
2013.01	10.62	25.08	64.30	19.84	25.23	7.87	8.29	3.07
2013.02	11.69	25.05	63.26	19.57	23.96	7.88	8.83	3.02
2013.03	11.44	23.79	64.77	19.55	24.71	8.15	9.27	3.09
2013.04	10.56	23.53	65.91	18.96	25.52	8.96	9.23	3.24
2013.05	11.89	22.45	65.66	19.65	25.92	8.84	8.46	2.79
2013.06	12.55	24.52	62.93	19.47	24.95	7.95	8.04	2.52
2013.07	10.54	23.32	66.14	19.99	27.07	8.61	7.96	2.51
2013.08	10.23	21.95	67.82	19.70	27.33	9.46	8.60	2.73
2013.09	10.70	23.31	65.99	19.59	26.58	9.33	8.03	2.46
2013.10	9.81	24.23	65.96	19.85	26.26	8.86	8.41	2.58
2013.11	10.41	24.09	65.50	19.13	26.15	8.90	8.45	2.87
2013.12	12.48	24.12	63.40	17.89	24.66	9.64	8.55	2.66

2013年第四季度金融机构人民币贷款各利率区间占比表
Share of loans with rates floating at various ranges in the fourth quarter of 2013

单位：% Unit: %

	下浮 Floating downward	基准 At benchmark	上浮 Floating upward					
			小计 Subtotal	(1.0, 1.1]	(1.1, 1.3]	(1.3, 1.5]	(1.5, 2.0]	2.0以上 Above 2.0
四大国有商业银行 Four state-owned commercial banks	16.30	31.55	52.15	27.29	21.60	2.92	0.28	0.06
股份制商业银行 Joint-stock commercial banks	7.40	15.83	76.77	22.51	42.54	9.05	1.13	1.54
外资商业银行 Foreign commercial banks	34.38	20.31	45.31	20.27	18.99	4.89	0.95	0.21
城市商业银行 City commercial banks	4.50	16.70	78.80	13.76	31.71	17.66	12.47	3.20
城乡信用社 Urban and rural credit cooperatives	2.48	7.28	90.24	6.09	19.73	19.92	34.38	10.12
政策性银行 Policy banks	16.47	70.92	12.61	9.85	2.49	0.27	0.00	0.00
合计 Total	10.57	24.56	64.87	19.11	25.95	8.99	8.16	2.66

大额美元存款与美元贷款平均利率表
Average interest rates of large-value dollar deposits and loans

单位：% Unit: %

日期 Date	大额存款 Large-value deposits						贷款 Loans				
	活期 Demand	3个月以内 Within 3 months	3(含)~6个月 3~6 months (including 3 months)	6(含)~12个月 6~12 months (including 6 months)	1年 1 year	1年以上 Above 1 year	3个月以内 Within 3 months	3(含)~6个月 3~6 months (including 3 months)	6(含)~12个月 6~12 months (including 6 months)	1年 1 year	1年以上 Above 1 year
2011.10	0.34	2.98	3.48	3.48	1.74	5.03	3.72	4.17	4.76	3.72	4.92
2011.11	0.30	3.36	3.85	4.48	3.84	2.52	3.76	4.29	4.78	4.37	3.74
2011.12	0.31	3.29	3.97	4.08	2.82	3.37	3.85	4.31	4.57	3.89	4.26
2012.01	0.34	3.29	4.24	4.73	5.46	5.87	3.78	4.35	4.81	4.47	4.27
2012.02	0.29	3.16	3.93	4.34	4.64	4.50	3.51	4.08	4.35	4.28	4.29
2012.03	0.27	2.91	3.61	4.34	4.76	5.35	3.56	4.00	4.36	4.03	3.53
2012.04	0.21	2.69	3.54	3.97	4.40	3.32	3.54	3.96	4.44	4.07	3.99
2012.05	0.26	2.37	3.33	3.92	4.12	4.16	3.50	4.11	4.27	4.21	3.90
2012.06	0.26	2.07	2.93	3.39	4.07	4.36	3.38	3.74	3.72	4.02	4.10
2012.07	0.19	2.80	2.57	3.06	3.78	2.13	3.01	3.29	3.54	3.00	3.76
2012.08	0.20	0.96	2.08	2.43	3.21	1.59	2.48	2.70	3.11	2.44	4.04
2012.09	0.17	0.63	1.45	1.65	2.13	1.88	2.05	2.09	2.24	2.15	3.36
2012.10	0.14	0.71	1.30	1.50	2.14	2.17	2.01	2.01	2.05	2.00	3.60
2012.11	0.13	0.60	1.19	1.27	1.86	1.98	1.99	1.89	2.21	2.34	3.73
2012.12	0.17	0.51	1.01	1.52	1.76	1.67	2.02	1.96	1.97	2.73	3.42
2013.01	0.11	0.90	1.35	1.75	1.90	2.45	1.74	2.04	1.87	2.00	3.25
2013.02	0.12	0.84	1.42	1.75	2.04	2.12	2.18	1.91	1.82	2.14	4.08
2013.03	0.11	0.92	1.57	1.91	2.44	1.54	1.97	2.16	2.07	2.35	3.03
2013.04	0.10	0.82	1.36	2.04	2.36	1.27	1.99	2.13	2.22	2.30	3.26
2013.05	0.12	0.80	1.39	1.89	2.31	1.20	2.00	2.11	2.34	2.38	3.02
2013.06	0.12	1.07	1.69	1.86	2.50	1.14	2.23	2.34	2.40	2.78	3.33
2013.07	0.13	1.14	1.97	2.15	2.57	1.79	2.25	2.58	2.69	2.77	3.13
2013.08	0.12	1.17	1.84	2.05	2.68	2.39	2.29	2.41	2.57	2.63	3.23
2013.09	0.19	1.58	2.37	2.06	3.43	2.22	2.28	2.80	2.63	2.49	3.18
2013.10	0.22	1.63	2.38	2.65	3.18	1.58	2.46	2.60	2.83	2.75	3.36
2013.11	0.17	1.81	2.69	2.91	3.36	1.87	2.52	2.64	2.88	2.91	3.29
2013.12	0.18	1.99	3.19	2.89	2.70	1.96	2.66	2.82	2.88	2.95	3.71

八、金融市场
8. Financial Market

1.货币市场
(1) Money market

银行间市场交易量
Transaction volume in the inter-bank market

单位：万亿元
Unit: RMB trillion yuan

年 Year	债券回购 Repurchasing	同业拆借 Inter-bank borrowing	现券买卖 Outright transactions
2000	1.6	0.7	0.1
2001	4.0	0.8	0.1
2002	10.2	1.2	0.4
2003	11.7	2.4	3.1
2004	9.4	1.5	2.5
2005	15.9	1.3	6.0
2006	26.6	2.2	10.2
2007	44.8	10.6	15.6
2008	58.1	15.0	37.1
2009	70.3	19.4	47.3
2010	87.6	27.9	64.0
2011	99.5	33.4	63.6
2012	141.7	46.7	75.2
2013	158.2	35.5	41.6

银行间市场月加权平均利率
Monthly weighted average interest rates in the inter-bank market

单位：% Unit: %

年/月 Year/Month	同业拆借市场 Inter-bank borrowing market	质押式债券回购 Bond-pledged repurchasing
2012.01	4.37	4.68
2012.02	3.38	3.58
2012.03	2.58	2.66
2012.04	3.25	3.29
2012.05	2.19	2.23
2012.06	2.72	2.81
2012.07	2.78	2.85
2012.08	2.84	2.87
2012.09	2.93	3.01
2012.10	2.87	2.82
2012.11	2.57	2.55
2012.12	2.61	2.62
2013.01	2.27	2.25
2013.02	2.77	2.89
2013.03	2.47	2.46
2013.04	2.50	2.55
2013.05	2.92	3.01
2013.06	6.58	6.82
2013.07	3.54	3.60
2013.08	3.44	3.45
2013.09	3.47	3.49
2013.10	3.83	3.86
2013.11	4.12	4.12
2013.12	4.16	4.28

银行间市场交易量
Transaction volume in the inter-bank market

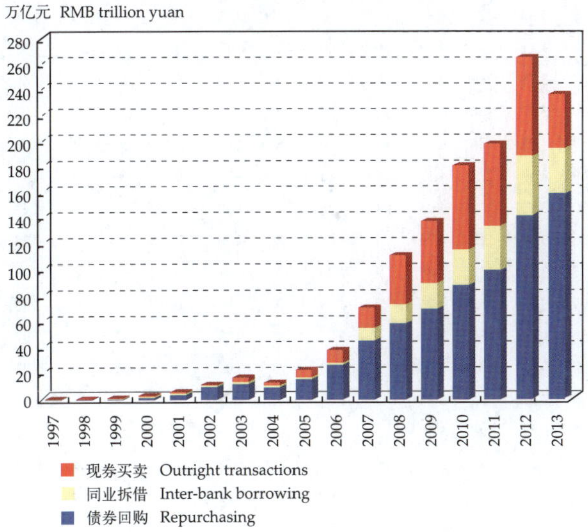

银行间市场月加权平均利率
Monthly weighted average interest rates in the inter-bank market

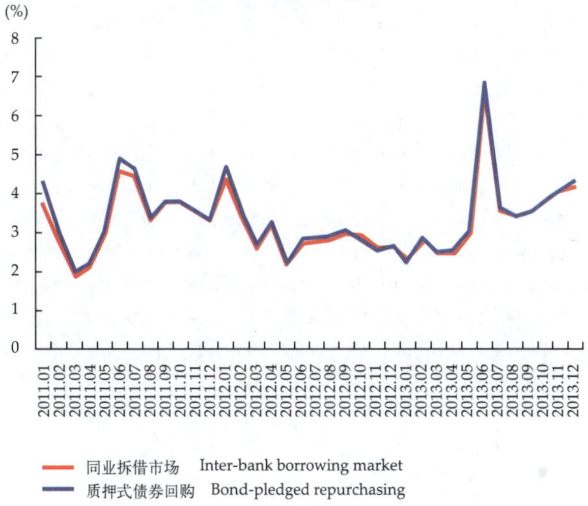

各品种Shibor走势图

Movements of the Shibor

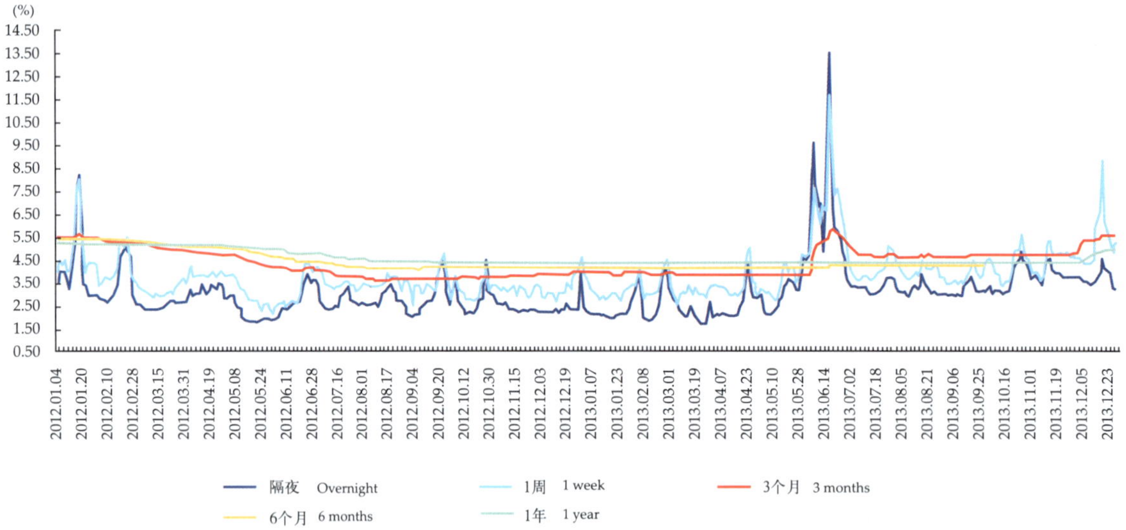

全国银行间同业拆借各期限当月交易量及月加权平均利率

Monthly transaction volume and monthly weighted average interest rates of inter-bank borrowing with different maturities

单位：亿元、%
Unit: RMB 100 million yuan, %

年／月 Year/Month	1天 1 day		7天 7 days		14天 14 days		21天 21 days		1个月 1 month		2个月 2 months		3个月 3 months		4个月 4 months		6个月 6 months		9个月 9 months		1年 1 year	
	交易量 Volume	利率 Rate	交易量 Volume	利率 Rate	交易量 Volume	利率 Rate	交易量 Volume	利率 Rate	交易量 Volume	利率 Rate	交易量 Volume	利率 Rate	交易量 Volume	利率 Rate	交易量 Volume	利率 Rate	交易量 Volume	利率 Rate	交易量 Volume	利率 Rate	交易量 Volume	利率 Rate
2012.01	15 741	4.21	3 305	4.55	956	5.64	85	6.01	303	6.04	59	6.08	14	5.76	0	—	25	5.81	0	—	0	—
2012.02	27 771	3.22	3 543	4.06	664	4.38	37	4.67	390	5.03	209	5.14	130	5.32	1	5.40	17	5.09	0	—	0	—
2012.03	42 524	2.47	4 191	3.20	922	3.70	198	4.08	204	4.21	26	4.29	60	4.92	3	4.2	87	4.75	12	4.69	5	4.95
2012.04	37 186	3.18	2 986	3.86	563	3.89	121	4.07	448	4.05	39	4.30	24	5.70	2	5.35	23	4.67	0	—	20	4.67
2012.05	50 007	2.13	2 276	2.98	702	3.15	48	3.34	81	3.58	27	4.00	79	4.47	10	3.27	27	4.05	0	4.20	6	4.67
2012.06	36 646	2.65	3 573	3.26	591	3.14	112	3.36	305	3.15	14	3.90	40	4.76	3	4.21	17	3.68	0	4.70	5	4.45
2012.07	42 053	2.68	3 840	3.52	731	3.76	228	3.58	322	3.93	94	3.21	50	4.19	1	3.20	19	3.50	2	3.60	4	3.95
2012.08	34 303	2.72	3 631	3.54	797	3.79	152	3.78	546	3.64	158	3.67	121	3.84	0	—	6	3.78	0	—	10	4.24
2012.09	30 994	2.79	3 538	3.54	2 022	3.67	361	3.48	422	4.03	62	4.11	91	4.10	0	4.50	11	4.47	3	4.40	20	4.35
2012.10	22 345	2.73	3 658	3.17	1 362	3.59	209	3.76	546	3.88	160	3.71	249	3.78	0	—	98	4.12	0	—	1	4.60
2012.11	32 078	2.41	3 502	3.26	1 112	3.40	228	3.70	430	3.77	500	3.77	186	4.07	42	4.37	32	4.46	7	4.80	15	5.00
2012.12	31 167	2.36	3 891	3.50	1 646	3.77	592	3.99	481	4.09	279	4.27	126	4.62	20	4.20	18	4.48	5	4.25	12	5.08
2013.01	33 896	2.13	3 047	3.27	719	3.14	91	3.68	234	3.89	69	4.17	222	4.11	17	3.86	41	4.16	0	—	9	4.48
2013.02	23 010	2.59	3 102	3.44	1 140	3.67	195	4.00	337	4.16	70	3.75	34	4.03	11	4.48	1	4.40	0	—	6	4.42
2013.03	30 720	2.31	4 302	3.22	564	3.47	98	3.32	767	3.41	38	3.87	112	4.24	1	3.88	2	4.30	0	—	3	4.33
2013.04	37 911	2.38	3 160	3.37	738	3.50	345	3.32	588	3.66	53	3.52	116	3.88	2	4.20	5	4.01	0	—	1	4.00
2013.05	38 622	2.80	3 953	3.71	864	3.69	67	3.34	748	3.88	69	3.57	53	4.26	2	4.03	0	—	0	—	1	4.33
2013.06	11 324	6.43	3 125	6.98	805	7.07	32	7.13	161	6.79	57	6.44	86	5.92	3	5.00	23	5.91	0	—	11	3.97
2013.07	18 775	3.34	3 759	4.10	807	4.24	101	4.58	352	5.23	52	5.07	152	5.08	3	4.43	6	5.01	0	4.80	8	5.23
2013.08	19 592	3.23	3 911	4.10	675	4.52	97	4.83	255	4.67	55	5.27	84	5.24	2	5.80	14	4.98	0	—	15	5.49
2013.09	22 371	3.22	3 892	3.87	1 911	4.64	473	4.57	447	5.18	83	5.41	125	5.46	6	4.57	0	—	2	5.09	18	5.51
2013.10	16 880	3.62	3 311	4.39	1 158	4.24	92	5.04	440	5.26	116	5.05	225	5.32	4	4.30	7	5.78	0	—	10	5.72
2013.11	20 190	3.88	4 623	4.53	1 057	5.08	34	6.01	390	5.75	159	5.68	335	6.45	2	4.63	8	5.25	0	—	0	—
2013.12	16 345	3.71	3 839	5.17	1 143	5.63	204	5.51	352	5.82	212	6.18	205	6.10	15	5.35	12	7.00	0	—	2	6.47

全国银行间同业拆借各期限月加权平均利率
Monthly weighted average interest rates of inter-bank borrowing with different maturities

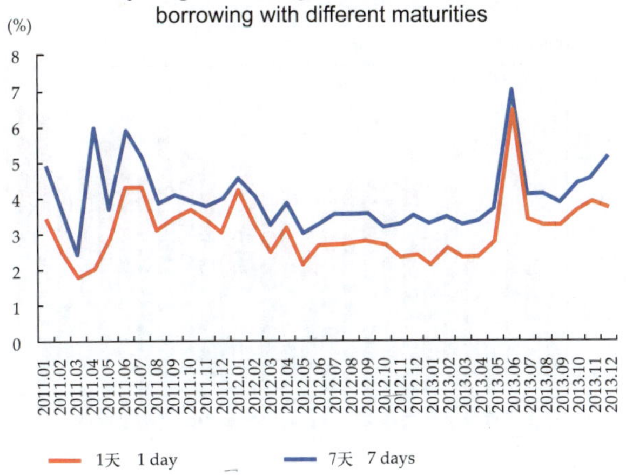

全国银行间同业拆借各期限当月交易量
Monthly transaction volume of inter-bank borrowing with different maturities

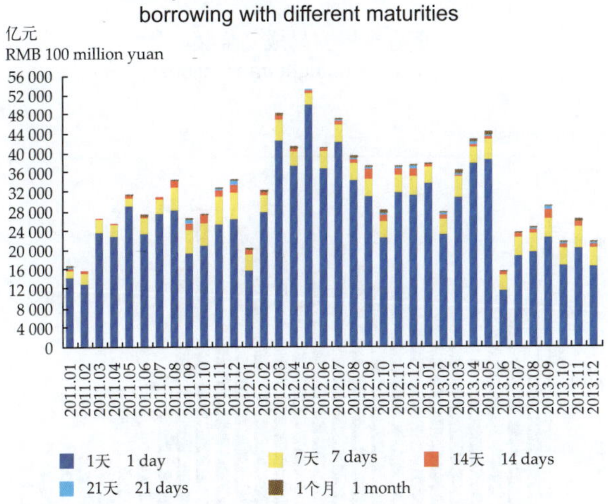

2.债券市场
(2) Bond market

债券回购交易成交金额
Turnover of repurchasing

单位：亿元
Unit: RMB 100 million yuan

年/月 Year/Month	银行间债券市场 Inter-bank bond market	交易所 Stock exchanges
2012.01	70 275	18 498
2012.02	100 057	27 788
2012.03	136 220	26 753
2012.04	114 046	23 840
2012.05	143 590	31 965
2012.06	137 805	32 413
2012.07	133 956	38 150
2012.08	127 722	40 642
2012.09	114 132	34 931
2012.10	100 780	34 774
2012.11	120 104	42 016
2012.12	118 454	41 144
2013.01	138 841	40 964
2013.02	101 705	30 824
2013.03	137 814	45 877
2013.04	147 431	40 396
2013.05	147 189	56 130
2013.06	122 313	50 127
2013.07	127 290	70 623
2013.08	127 709	67 660
2013.09	125 937	55 901
2013.10	115 707	56 056
2013.11	143 350	69 318
2013.12	146 351	77 148

债券现券交易成交金额
Turnover of outright transactions

单位：亿元
Unit: RMB 100 million yuan

年/月 Year/Month	银行间债券市场 Inter-bank bond market	交易所* Stock exchanges *
2012.01	30 850	62
2012.02	51 154	79
2012.03	66 472	89
2012.04	54 518	62
2012.05	70 698	113
2012.06	62 691	72
2012.07	69 011	90
2012.08	75 199	75
2012.09	67 099	54
2012.10	57 997	62
2012.11	72 851	74
2012.12	73 416	55
2013.01	80 027	73
2013.02	51 930	62
2013.03	84 974	70
2013.04	67 927	77
2013.05	26 892	58
2013.06	11 839	69
2013.07	12 852	82
2013.08	13 688	46
2013.09	14 058	52
2013.10	14 540	45
2013.11	17 925	73
2013.12	19 454	97

注：*仅包含政府债券。
Note: * Only including government bonds.

债券回购交易成交金额
Turnover of repurchasing

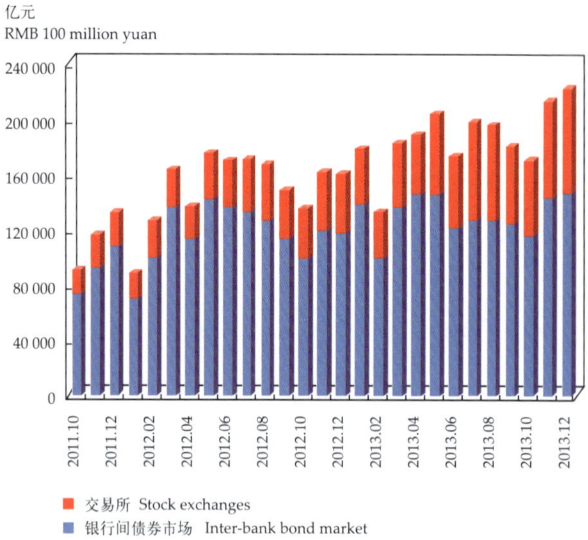

债券现券交易成交金额
Turnover of outright transactions

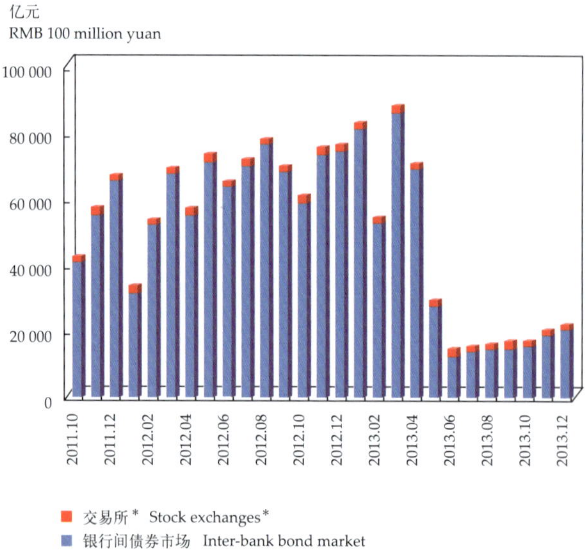

注：*仅包含政府债券。
Note: * Only including government bonds.

国债发行、兑付、期末余额
Issue and redemption values and end-period balance of government bonds

单位：亿元
Unit: RMB 100 million yuan

年/月 Year/Month	发行额 Issue value	兑付额 Redemption value	期末余额 End-period balance
2012.01	280	681	73 426
2012.02	840	642	73 624
2012.03	1 059	1 975	72 708
2012.04	1 369	2 181	71 896
2012.05	1 414	1 620	71 689
2012.06	1 858	2 799	70 749
2012.07	2 262	1 564	71 447
2012.08	2 243	4 463	69 227
2012.09	1 992	857	70 362
2012.10	1 147	464	71 045
2012.11	1 118	676	71 487
2012.12	572	66	71 994
2013.01	1 120	881	84 253
2013.02	780	1 063	84 026
2013.03	733	726	84 262
2013.04	2 231	687	85 668
2013.05	2 310	506	87 161
2013.06	1 537	927	88 092
2013.07	2 281	432	89 697
2013.08	2 585	1 193	91 278
2013.09	2 062	830	92 601
2013.10	2 346	363	94 216
2013.11	1 280	878	94 878
2013.12	965	374	95 471

国债发行与兑付
Issue and redemption values of government bonds

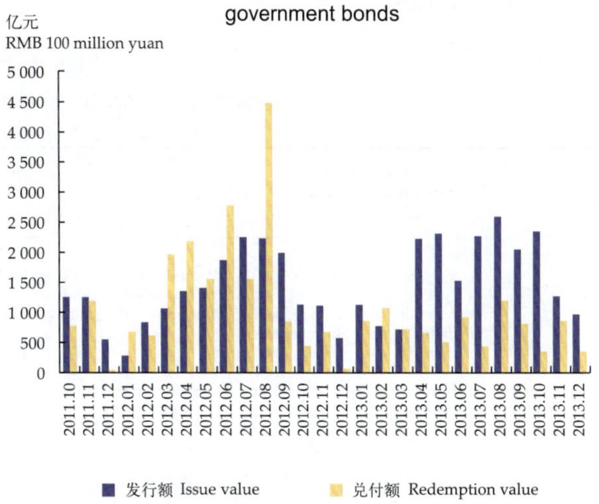

国债期末余额
Outstanding amounts of government bonds at end-period

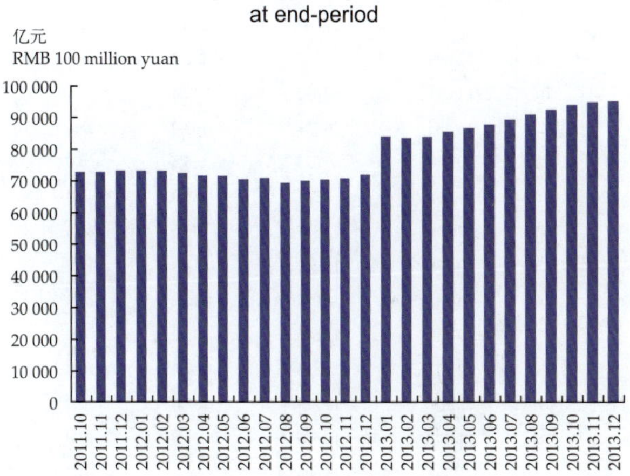

3.股票市场
(3) Stock market

股票成交、发行筹资额
Turnover of stock trading and funds raised in the stock market

年/月 Year/month		成交金额（亿元）Turnover of stock trading (RMB100 million yuan)		A股筹资（亿元）A-shares capital raised (RMB100 million yuan)					B股筹资（亿美元）B-shares capital rasied (USD100 million)	H股筹资（亿美元）H-shares capital rasied (USD100 million)	
		上海证券交易所A股 A-shares on the Shanghai stock exchange	深圳证券交易所A股 A-shares on the Shenzhen stock exchange	首次发行金额 Initial public offering	公开增发 Additional offering	定向增发（现金）Placement (Cash)	配股 Allotment	权证行权 Exercise warrant		首次发行金额 Initial public offering	再筹资金额 Refinancing
2011	1	20 198	14 365	454.1	35.1	141.7	99.7	0.0	0.0	0.0	0.0
	2	21 593	15 851	242.9	1.3	19.4	6.8	0.0	0.0	0.0	0.0
	3	36 920	26 190	342.6	25.3	208.7	6.1	0.0	0.0	0.0	0.0
	4	27 271	18 486	259.7	6.9	270.0	113.7	0.0	0.0	0.0	7.7
	5	20 431	13 530	222.9	0.0	128.4	0.0	0.0	0.0	22.5	0.0
	6	18 480	12 797	204.8	0.0	111.4	3.3	0.0	0.0	8.5	24.9
	7	22 994	19 063	113.6	14.6	145.3	175.6	0.0	0.0	0.0	12.8
	8	19 128	17 744	260.7	21.5	240.5	0.0	29.5	0.0	0.0	0.0
	9	12 099	10 155	182.2	0.0	53.5	0.0	0.0	0.0	0.0	0.0
	10	11 151	9 475	212.4	0.0	31.6	0.0	0.0	0.0	18.3	0.0
	11	16 285	16 198	163.0	27.4	68.5	9.0	0.0	0.0	0.0	0.0
	12	10 260	9 675	166.5	0.0	245.6	7.7	0.0	0.0	18.6	0.0
2012	1	9 052	7 531	63.6	0.0	17.2	0.0	0.0	0.0	0.0	0.0
	2	17 706	15 867	73.6	84.8	48.7	22.1	0.0	0.0	0.0	3.2
	3	20 278	18 239	214.3	19.9	375.4	73.0	0.0	0.0	0.0	14.4
	4	14 682	12 079	112.2	0.0	98.8	0.0	0.0	0.0	18.5	0.0
	5	19 408	15 645	135.2	0.0	60.3	6.2	0.0	0.0	0.0	0.0
	6	12 137	11 823	127.2	0.0	214.6	0.0	0.0	0.0	3.5	0.0
	7	12 167	12 723	135.0	0.0	181.5	0.0	0.0	0.0	10.9	0.0
	8	11 447	12 510	72.9	0.0	432.9	0.0	0.0	0.0	0.0	42.4
	9	11 555	11 606	68.5	0.0	122.8	6.3	0.0	0.0	0.0	0.0
	10	9 216	8 986	31.6	0.0	56.5	0.0	0.0	0.0	5.3	0.0
	11	9 193	8 276	0.4	0.0	101.1	5.7	0.0	0.0	0.0	13.4
	12	17 208	14 383	0.0	0.0	157.6	7.7	0.0	0.0	44.3	3.8
2013	1	22 552	20 394	0.0	10.3	452.1	18.5	0.0	0.0	0.0	0.0
	2	16 243	13 875	0.0	0.0	165.0	193.5	0.0	0.0	0.0	31.3
	3	20 389	18 176	0.0	0.0	159.6	48.4	0.0	0.0	0.0	5.3
	4	12 848	12 799	0.0	0.0	238.4	35.7	0.0	0.0	0.0	0.0
	5	20 915	23 965	0.0	7.8	262.4	0.0	0.0	0.0	28.9	0.0
	6	13 290	15 115	0.0	16.4	83.6	26.4	0.0	0.0	0.0	5.0
	7	18 206	23 224	0.0	7.0	112.9	7.8	0.0	0.0	0.0	0.0
	8	20 669	24 394	0.0	7.0	114.7	14.5	0.0	0.0	0.0	0.0
	9	25 377	21 378	0.0	0.0	112.9	275.3	0.0	0.0	0.0	11.8
	10	20 956	22 394	0.0	0.0	78.5	0.0	0.0	0.0	0.0	6.2
	11	19 249	20 755	0.0	0.0	146.6	0.0	0.0	0.0	18.9	0.0
	12	18 224	21 244	0.0	32.0	320.1	49.2	0.0	0.0	65.4	0.0

月末加权平均市盈率
Weighted average price-earnings ratio at month-end

年/月 Year/Month	上海证券交易所A股 A-shares on the Shanghai stock exchange	上海证券交易所B股 B-shares on the Shanghai stock exchange	深圳证券交易所A股 A-shares on the Shenzhen stock exchange	深圳证券交易所B股 B-shares on the Shenzhen stock exchange
2012.01	14.0	12.7	23.1	10.0
2012.02	14.9	13.8	25.7	11.3
2012.03	13.9	13.2	22.6	9.6
2012.04	14.7	14.2	23.1	10.3
2012.05	12.7	11.9	23.9	9.9
2012.06	11.9	11.8	22.9	9.6
2012.07	11.3	10.7	21.3	8.7
2012.08	11.0	11.3	21.0	8.8
2012.09	11.3	11.6	21.5	8.8
2012.10	11.2	11.6	21.3	9.1
2012.11	10.7	11.5	18.9	9.4
2012.12	12.3	13.2	22.2	12.2
2013.01	13.0	14.9	23.6	15.1
2013.02	12.9	14.9	24.4	13.8
2013.03	12.2	14.2	24.1	13.8
2013.04	11.9	13.7	24.1	13.9
2013.05	11.8	12.3	27.5	14.9
2013.06	10.2	11.2	23.5	13.1
2013.07	10.3	11.1	24.9	13.0
2013.08	10.8	11.3	26.3	13.6
2013.09	11.2	11.7	27.8	13.8
2013.10	11.1	11.5	26.9	13.8
2013.11	11.5	11.7	28.7	14.7
2013.12	11.0	11.6	28.0	14.5

股票成交金额
Turnover of stock trading

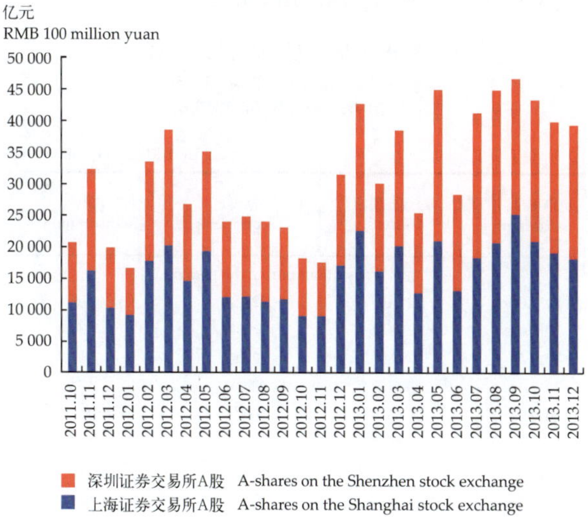

月末加权平均市盈率
Weighted average price-earnings ratio at month-end

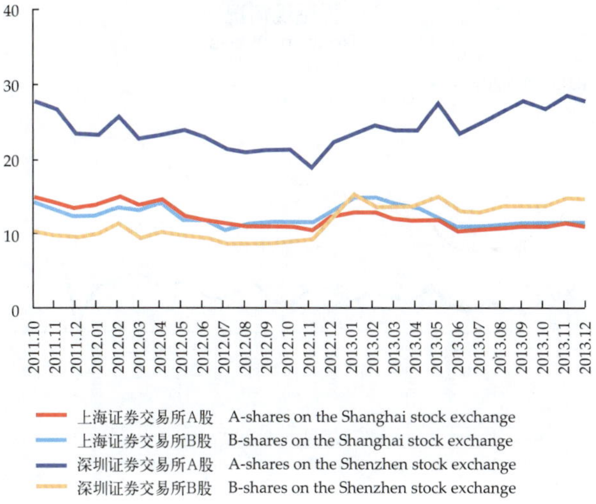

月末收盘指数
Closing index at month-end

4.票据市场
(4) Commercial paper market

票据市场交易额与期末余额
Transactions and outstanding balance of commercial paper market

单位：亿元
Unit: RMB 100 million yuan

年/月 Year/Month	商业汇票 Drafts	贴现 Discount bills	再贴现 Rediscount bills
	发生额 Transactions during the period		
2012.01	10 946	12 481	109
2012.02	12 211	17 143	144
2012.03	17 060	27 288	254
2012.04	13 645	22 632	163
2012.05	26 553	29 828	198
2012.06	7 388	31 360	215
2012.07	13 270	22 458	175
2012.08	13 532	27 826	249
2012.09	16 877	33 654	233
2012.10	12 454	25 941	151
2012.11	17 084	31 292	164
2012.12	17 855	34 508	276
2013.01	22 362	31 346	217
2013.02	11 454	22 159	179
2013.03	20 506	41 691	241
2013.04	16 417	35 659	272
2013.05	18 754	55 447	261
2013.06	17 444	37 239	319
2013.07	10 751	44 562	281
2013.08	16 395	31 899	242
2013.09	17 857	46 205	34
2013.10	17 727	35 687	494
2013.11	15 719	43 037	308
2013.12	17 301	31 655	403
	期末余额 Outstanding balance at the end of the period		
2012.01	68 130	15 194	437
2012.02	70 826	16 304	454
2012.03	72 242	17 700	602
2012.04	74 868	20 107	611
2012.05	77 369	22 427	655
2012.06	81 153	22 766	702
2012.07	82 534	24 279	723
2012.08	82 936	25 599	760
2012.09	84 076	23 437	782
2012.10	82 626	22 705	785
2012.11	82 608	22 336	761
2012.12	83 452	20 426	760
2013.01	84 588	20 155	761
2013.02	87 129	20 336	746
2013.03	92 425	21 520	813
2013.04	94 127	23 207	865
2013.05	94 428	24 045	935
2013.06	91 557	23 283	1 034
2013.07	88 653	22 245	1 028
2013.08	95 874	22 118	1 047
2013.09	89 381	20 594	1 016
2013.10	88 632	19 887	1 007
2013.11	89 487	20 078	1 004
2013.12	90 371	19 594	1 136

商业汇票交易情况
Draft transactions

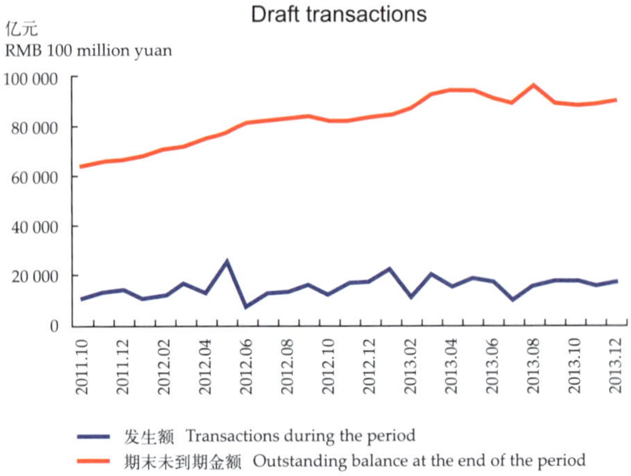

贴现情况
Discount bills

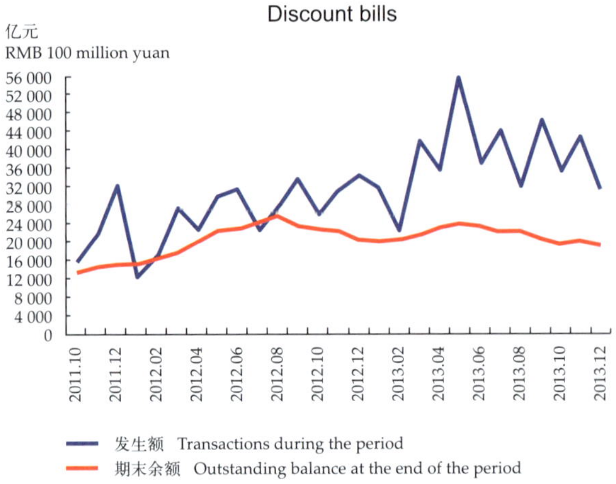

再贴现情况
Rediscount bills

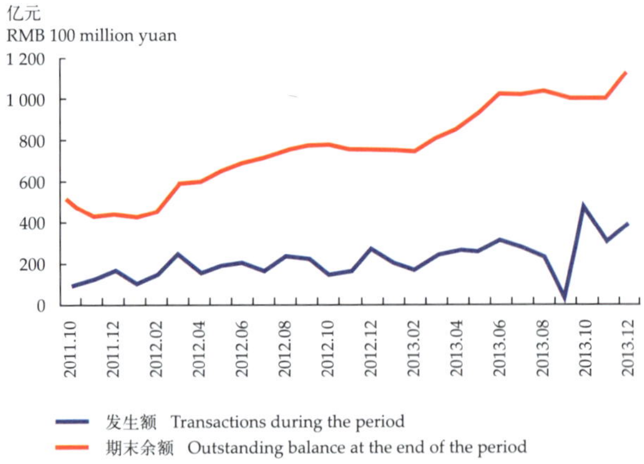

5.外汇市场
(5) Foreign exchange market

世界主要货币兑人民币月平均汇率
Monthly average exchange rate of the RMB against major foreign currencies

年/月 Year/Month	人民币/美元 RMB/USD	人民币/欧元 RMB/EUR	人民币/100日元 RMB/100JPY	人民币/港元 RMB/HKD	卢布/人民币 RUB/RMB
2012.01	6.3168	8.1178	8.2213	0.8135	4.9912
2012.02	6.3000	8.3312	8.0409	0.8124	4.7300
2012.03	6.3081	8.3369	7.6487	0.8127	4.6483
2012.04	6.2966	8.2703	7.7408	0.8112	4.6838
2012.05	6.3062	8.0715	7.9047	0.8122	4.8841
2012.06	6.3178	7.9210	7.9733	0.8142	5.1825
2012.07	6.3235	7.7785	8.0038	0.8153	5.1289
2012.08	6.3404	7.8565	8.0567	0.8175	5.0339
2012.09	6.3395	8.1497	8.1083	0.8175	4.9639
2012.10	6.3144	8.1938	7.9681	0.8146	4.9520
2012.11	6.2953	8.0789	7.7618	0.8122	5.0152
2012.12	6.2900	8.2463	7.4973	0.8112	4.9137
2013.01	6.2787	8.3466	7.0278	0.8098	4.8467
2013.02	6.2842	8.3911	6.7348	0.8103	4.8375
2013.03	6.2743	8.1326	6.6062	0.8086	4.9375
2013.04	6.2471	8.1325	6.3673	0.8047	5.0441
2013.05	6.1970	8.0402	6.1261	0.7984	5.0870
2013.06	6.1718	8.1382	6.3292	0.7953	5.2555
2013.07	6.1725	8.0758	6.1831	0.7958	5.3346
2013.08	6.1708	8.2204	6.2977	0.7957	5.3765
2013.09	6.1588	8.2087	6.1972	0.7942	5.3252
2013.10	6.1393	8.3824	6.2606	0.7918	5.2426
2013.11	6.1372	8.2808	6.1333	0.7917	5.3589
2013.12	6.1160	8.3757	5.8995	0.7888	5.4018

世界主要货币兑人民币期末汇率
Exchange rate of the RMB against major foreign currencies at the end of the period

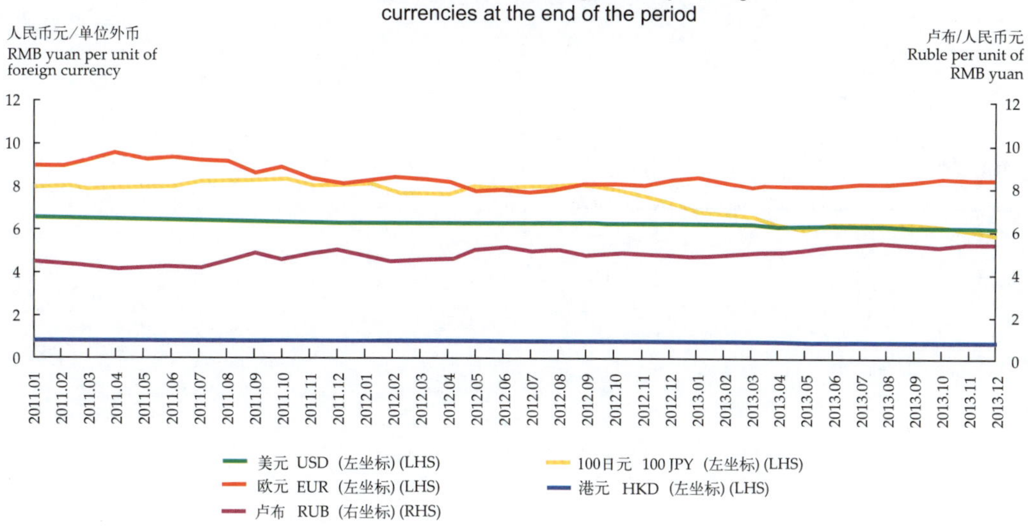

人民币/美元中间价
Central parity of the RMB against the USD
2005年7月21日至2013年12月31日
From July 21, 2005 to December 31, 2013

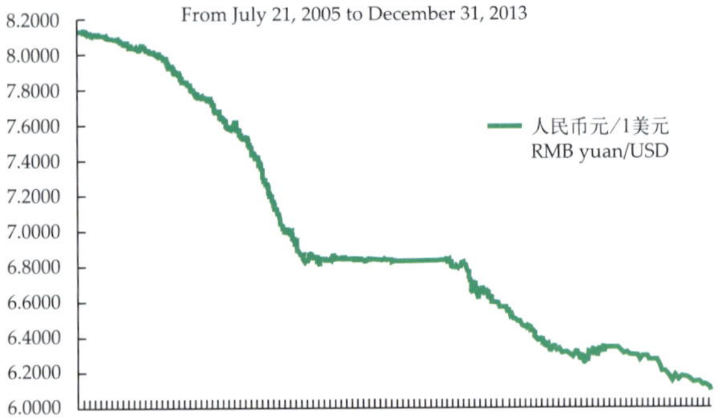

人民币/日元中间价
Central parity of the RMB against the JPY
2005年7月21日至2013年12月31日
From July 21, 2005 to December 31, 2013

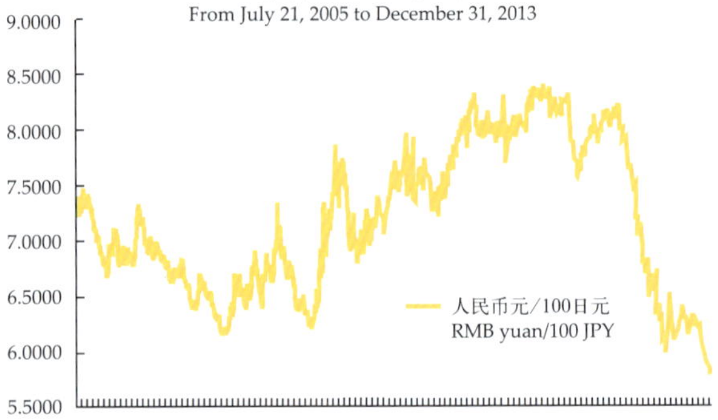

人民币/欧元中间价
Central parity of the RMB against the EUR
2005年7月21日至2013年12月31日
From July 21, 2005 to December 31, 2013

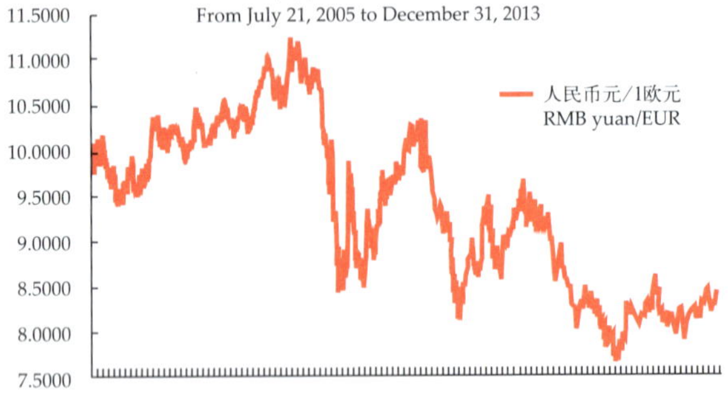

人民币/港元中间价
Central parity of the RMB against the HKD
2005年7月21日至2013年12月31日
From July 21, 2005 to December 31, 2013

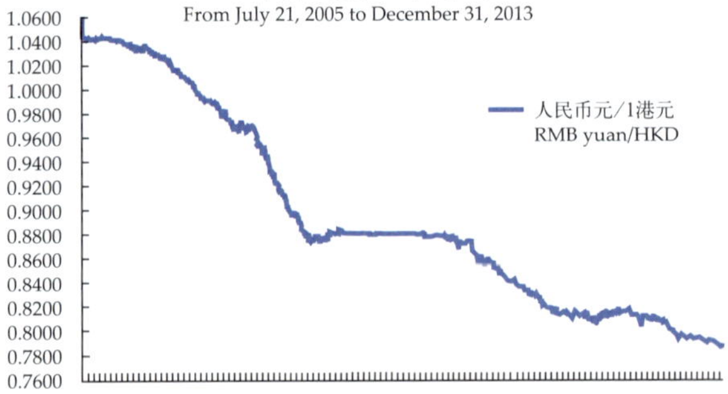

卢布/人民币中间价
Central parity of the RUB against the RMB
2010年11月22日至2013年12月31日
From November 22, 2010 to December 31, 2013

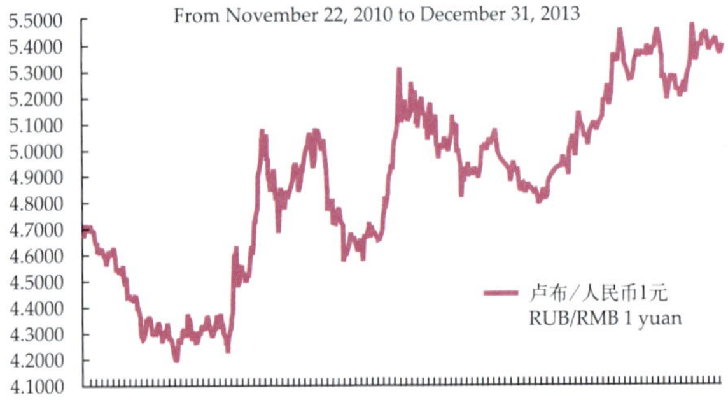

2013年1月4日以来人民币汇率中间价
Central parity of RMB against major foreign currencies Since January 4, 2013

日期 Date	人民币/美元 RMB/USD	人民币/欧元 RMB/EUR	人民币/100日元 RMB/100JPY	人民币/港元 RMB/HKD	卢布/人民币 RUB/RMB
2013.01.04	6.2897	8.1983	7.1769	0.81145	4.8498
2013.01.07	6.2872	8.2017	7.1235	0.81114	4.8662
2013.01.08	6.2804	8.2377	7.1702	0.81025	4.8672
2013.01.09	6.2814	8.2088	7.1985	0.81036	4.8606
2013.01.10	6.2793	8.1995	7.1150	0.81004	4.8570
2013.01.11	6.2712	8.3187	7.0425	0.80904	4.8364
2013.01.14	6.2695	8.3773	6.9928	0.80871	4.8624
2013.01.15	6.2691	8.3893	6.9876	0.80864	4.8499
2013.01.16	6.2745	8.3467	7.0592	0.80934	4.8655
2013.01.17	6.2767	8.3496	7.1280	0.80964	4.8637
2013.01.18	6.2752	8.3903	6.9657	0.80944	4.8454
2013.01.21	6.2790	8.3536	6.9672	0.80991	4.8590
2013.01.22	6.2796	8.3550	6.9853	0.80991	4.8522
2013.01.23	6.2762	8.3571	7.0680	0.80948	4.8488
2013.01.24	6.2783	8.3527	7.0698	0.80978	4.8401
2013.01.25	6.2805	8.3951	6.9214	0.81005	4.8237
2013.01.28	6.2818	8.4553	6.8796	0.81007	4.8296
2013.01.29	6.2851	8.4528	6.9197	0.81020	4.8373
2013.01.30	6.2806	8.4722	6.9055	0.80952	4.8004
2013.01.31	6.2795	8.5197	6.8802	0.80941	4.8179
2013.02.01	6.2819	8.5509	6.8282	0.81011	4.8121
2013.02.04	6.2860	8.5772	6.7630	0.81043	4.7889
2013.02.05	6.2850	8.4813	6.7941	0.81048	4.8132
2013.02.06	6.2881	8.5421	6.7038	0.81094	4.7987
2013.02.07	6.2898	8.4985	6.7120	0.81120	4.8074
2013.02.08	6.2793	8.4108	6.7024	0.80962	4.8383
2013.02.18	6.2816	8.3797	6.6791	0.81005	4.8247
2013.02.19	6.2821	8.3831	6.6836	0.81011	4.8198
2013.02.20	6.2804	8.4248	6.6927	0.80991	4.8095
2013.02.21	6.2846	8.3488	6.6888	0.81041	4.8353
2013.02.22	6.2871	8.2924	6.7275	0.81065	4.8716
2013.02.25	6.2892	8.2939	6.6714	0.81080	4.8637
2013.02.26	6.2856	8.2231	6.7760	0.81036	4.8878
2013.02.27	6.2842	8.2053	6.8104	0.80996	4.9021
2013.02.28	6.2779	8.2551	6.7884	0.80934	4.8887
2013.03.01	6.2798	8.2049	6.7509	0.80972	4.9070
2013.03.04	6.2822	8.1728	6.6989	0.81009	4.9159
2013.03.05	6.2797	8.1806	6.7096	0.80968	4.9246
2013.03.06	6.2745	8.1917	6.7163	0.80900	4.9092
2013.03.07	6.2785	8.1479	6.6642	0.80948	4.9310
2013.03.08	6.2719	8.2165	6.6029	0.80857	4.9150
2013.03.11	6.2769	8.1540	6.5175	0.80923	4.9386
2013.03.12	6.2746	8.1761	6.4838	0.80890	4.9281
2013.03.13	6.2726	8.1723	6.5283	0.80863	4.9239
2013.03.14	6.2752	8.1361	6.5259	0.80884	4.9429
2013.03.15	6.2723	8.1571	6.5117	0.80852	4.9343
2013.03.18	6.2741	8.0989	6.6002	0.80845	4.9322
2013.03.19	6.2758	8.1312	6.5582	0.80859	4.9436
2013.03.20	6.2716	8.0725	6.5962	0.80805	4.9708
2013.03.21	6.2731	8.1139	6.5298	0.80815	4.9541
2013.03.22	6.2711	8.0963	6.5888	0.80783	4.9638
2013.03.25	6.2692	8.1703	6.5955	0.80760	4.9399
2013.03.26	6.2715	8.0655	6.6539	0.80799	4.9651
2013.03.27	6.2727	8.0698	6.6163	0.80841	4.9558
2013.03.28	6.2742	8.0184	6.6334	0.80824	4.9022
2013.03.29	6.2689	8.0383	6.6486	0.80757	4.9904
2013.04.01	6.2674	8.0166	6.6336	0.80734	4.9884
2013.04.02	6.2586	8.0529	6.7192	0.80622	4.9894
2013.04.03	6.2609	8.0218	6.6802	0.80659	5.0376
2013.04.08	6.2650	8.1379	6.3449	0.80688	5.0639
2013.04.09	6.2639	8.1800	6.2949	0.80683	5.0138
2013.04.10	6.2548	8.1816	6.3023	0.80574	4.9908
2013.04.11	6.2578	8.1667	6.2647	0.80621	4.9736
2013.04.12	6.2506	8.1948	6.2615	0.80533	4.9714
2013.04.15	6.2454	8.1837	6.3303	0.80462	5.0037
2013.04.16	6.2408	8.1414	6.4372	0.80399	5.0707
2013.04.17	6.2342	8.2145	6.3557	0.80316	5.0466
2013.04.18	6.2416	8.1356	6.3574	0.80402	5.1436
2013.04.19	6.2395	8.1444	6.3355	0.80367	5.0945
2013.04.22	6.2415	8.1530	6.2437	0.80390	5.1017
2013.04.23	6.2360	8.1439	6.2782	0.80320	5.0923
2013.04.24	6.2384	8.1109	6.2513	0.80347	5.1007
2013.04.25	6.2300	8.1143	6.2536	0.80240	5.0786
2013.04.26	6.2208	8.0917	6.2675	0.80119	5.0329
2013.05.02	6.2082	8.1784	6.3807	0.80005	5.0638
2013.05.03	6.2152	8.1233	6.3337	0.80095	5.0638
2013.05.06	6.2114	8.1556	6.2685	0.80055	5.0393
2013.05.07	6.2083	8.1183	6.2543	0.80005	5.0139
2013.05.08	6.1980	8.1054	6.2634	0.79859	5.0341
2013.05.09	6.1925	8.1496	6.2507	0.79806	5.0518
2013.05.10	6.2016	8.0767	6.1408	0.79918	5.0656
2013.05.13	6.2072	8.0473	6.0793	0.79982	5.0955
2013.05.14	6.2035	8.0745	6.0944	0.79930	5.0916
2013.05.15	6.2070	8.0315	6.0632	0.79970	5.0896
2013.05.16	6.2096	8.0017	6.0640	0.80002	5.1020
2013.05.17	6.1997	7.9871	6.0534	0.79855	5.1022
2013.05.20	6.1998	7.9528	6.0212	0.79861	5.1044
2013.05.21	6.1911	7.9726	6.0363	0.79754	5.0788
2013.05.22	6.1904	8.0042	6.0243	0.79763	5.0657
2013.05.23	6.1947	7.9484	5.9797	0.79811	5.0977
2013.05.24	6.1867	7.9907	6.0378	0.79694	5.1073
2013.05.27	6.1811	7.9866	6.1169	0.79619	5.0960
2013.05.28	6.1818	7.9693	6.0765	0.79627	5.1094
2013.05.29	6.1856	7.9516	6.0365	0.79667	5.1295
2013.05.30	6.1820	7.9973	6.0982	0.79626	5.1449
2013.05.31	6.1796	8.0622	6.0997	0.79599	5.1662
2013.06.03	6.1806	8.0363	6.1434	0.79614	5.1862
2013.06.04	6.1735	8.0728	6.1935	0.79529	5.1759
2013.06.05	6.1757	8.0707	6.1494	0.79572	5.1999
2013.06.06	6.1737	8.0752	6.2099	0.79555	5.2372
2013.06.07	6.1620	8.1588	6.3246	0.79381	5.2341
2013.06.13	6.1612	8.2304	6.4521	0.79347	5.2487
2013.06.14	6.1607	8.2319	6.4781	0.79345	5.2036
2013.06.17	6.1598	8.2166	6.5060	0.79371	5.1655
2013.06.18	6.1651	8.2390	6.4927	0.79454	5.1763
2013.06.19	6.1677	8.2626	6.4470	0.79493	5.2087
2013.06.20	6.1698	8.2015	6.4005	0.79530	5.2633
2013.06.21	6.1766	8.1639	6.3380	0.79645	5.3637
2013.06.24	6.1807	8.1010	6.2741	0.79671	5.3356
2013.06.25	6.1767	8.1060	6.3147	0.79614	5.3304
2013.06.26	6.1779	8.0829	6.2924	0.79639	5.3331
2013.06.27	6.1797	8.0457	6.3188	0.79652	5.3515
2013.06.28	6.1787	8.0536	6.2607	0.79655	5.3294

2013年1月4日以来人民币汇率中间价

Central parity of RMB against major foreign currencies
Since January 4, 2013

续表

日期 Date	人民币/美元 RMB/USD	人民币/欧元 RMB/EUR	人民币/100日元 RMB/100JPY	人民币/港元 RMB/HKD	卢布/人民币 RUB/RMB
2013.07.01	6.1805	8.0424	6.2131	0.79676	5.3333
2013.07.02	6.1773	8.0691	6.1921	0.79645	5.3748
2013.07.03	6.1803	8.0152	6.1297	0.79704	5.3925
2013.07.04	6.1755	8.0315	6.1740	0.79644	5.3940
2013.07.05	6.1790	7.9706	6.1540	0.79689	5.4711
2013.07.08	6.1807	7.9271	6.0880	0.79705	5.4363
2013.07.09	6.1730	7.9308	6.1031	0.79595	5.4054
2013.07.10	6.1652	7.8751	6.0980	0.79484	5.3733
2013.07.11	6.1599	8.0704	6.1836	0.79416	5.3500
2013.07.12	6.1631	8.0727	6.2191	0.79458	5.3013
2013.07.15	6.1663	8.0529	6.2035	0.79484	5.3116
2013.07.16	6.1692	8.0594	6.1625	0.79518	5.3012
2013.07.17	6.1652	8.1020	6.2052	0.79470	5.2838
2013.07.18	6.1720	8.0974	6.1865	0.79562	5.2621
2013.07.19	6.1751	8.0835	6.1223	0.79598	5.2849
2013.07.22	6.1721	8.1256	6.1652	0.79562	5.2601
2013.07.23	6.1702	8.1382	6.1976	0.79530	5.2589
2013.07.24	6.1695	8.1558	6.1904	0.79529	5.2575
2013.07.25	6.1759	8.1494	6.1461	0.79611	5.2835
2013.07.26	6.1720	8.1921	6.2114	0.79562	5.3137
2013.07.29	6.1705	8.1991	6.2854	0.79550	5.3390
2013.07.30	6.1770	8.1904	6.2849	0.79632	5.3435
2013.07.31	6.1788	8.1925	6.2956	0.79672	5.3641
2013.08.01	6.1778	8.2205	6.3011	0.79659	5.3675
2013.08.02	6.1817	8.1632	6.2032	0.79701	5.3820
2013.08.05	6.1767	8.1968	6.2265	0.79637	5.3472
2013.08.06	6.1753	8.1931	6.2841	0.79610	5.3593
2013.08.07	6.1726	8.2105	6.3272	0.79580	5.3832
2013.08.08	6.1703	8.2303	6.3717	0.79547	5.3761
2013.08.09	6.1668	8.2496	6.3607	0.79509	5.3513
2013.08.12	6.1665	8.2215	6.4030	0.79512	5.3621
2013.08.13	6.1705	8.2021	6.3269	0.79562	5.3840
2013.08.14	6.1720	8.1850	6.2727	0.79579	5.3927
2013.08.15	6.1696	8.1834	6.2917	0.79549	5.3935
2013.08.16	6.1666	8.2352	6.3281	0.79526	5.3556
2013.08.19	6.1690	8.2242	6.3007	0.79565	5.3685
2013.08.20	6.1697	8.2295	6.3050	0.79560	5.3754
2013.08.21	6.1675	8.2789	6.3160	0.79532	5.3724
2013.08.22	6.1698	8.2290	6.2945	0.79558	5.4014
2013.08.23	6.1710	8.2349	6.2407	0.79569	5.3489
2013.08.26	6.1680	8.2580	6.2344	0.79534	5.3835
2013.08.27	6.1688	8.2548	6.2668	0.79540	5.3467
2013.08.28	6.1667	8.2538	6.3344	0.79504	5.4041
2013.08.29	6.1690	8.2245	6.2962	0.79545	5.4117
2013.08.30	6.1709	8.1693	6.2645	0.79569	5.4161
2013.09.02	6.1702	8.1407	6.2520	0.79568	5.3820
2013.09.03	6.1718	8.1403	6.1832	0.79592	5.4361
2013.09.04	6.1729	8.1294	6.1874	0.79593	5.4594
2013.09.05	6.1696	8.1442	6.1765	0.79553	5.4329
2013.09.06	6.1728	8.0996	6.1604	0.79588	5.4496
2013.09.09	6.1642	8.1253	6.1713	0.79479	5.4321
2013.09.10	6.1612	8.1657	6.1669	0.79455	5.4096
2013.09.11	6.1601	8.1760	6.1346	0.79437	5.3779
2013.09.12	6.1575	8.2009	6.1649	0.79408	5.3478
2013.09.13	6.1578	8.1865	6.1726	0.79413	5.2607
2013.09.16	6.1554	8.2270	6.2167	0.79381	5.2944
2013.09.17	6.1571	8.2071	6.1991	0.79402	5.2699
2013.09.18	6.1557	8.2176	6.1991	0.79384	5.2563
2013.09.23	6.1475	8.3194	6.1921	0.79285	5.1992
2013.09.24	6.1485	8.2959	6.2160	0.79303	5.1891
2013.09.25	6.1497	8.2864	6.2224	0.79317	5.2444
2013.09.26	6.1477	8.3120	6.2419	0.79286	5.2371
2013.09.27	6.1495	8.2935	6.2107	0.79305	5.2195
2013.09.30	6.1480	8.2983	6.2793	0.79287	5.2805
2013.10.08	6.1415	8.3392	6.3452	0.7920	5.2308
2013.10.09	6.1430	8.3407	6.3208	0.7922	5.2875
2013.10.10	6.1452	8.3025	6.2953	0.7925	5.2784
2013.10.11	6.1458	8.3119	6.2471	0.7925	5.2588
2013.10.14	6.1406	8.3242	6.2452	0.7919	5.2713
2013.10.15	6.1412	8.3226	6.2216	0.7919	5.2787
2013.10.16	6.1408	8.2953	6.2271	0.7919	5.2834
2013.10.17	6.1431	8.3138	6.2039	0.7922	5.2537
2013.10.18	6.1372	8.3856	6.2503	0.7915	5.2212
2013.10.21	6.1352	8.3902	6.2509	0.7913	5.2129
2013.10.22	6.1395	8.3948	6.2404	0.7919	5.2364
2013.10.23	6.1330	8.4516	6.2411	0.7911	5.1932
2013.10.24	6.1335	8.4553	6.2826	0.7911	5.2056
2013.10.25	6.1333	8.4594	6.2929	0.7910	5.2025
2013.10.28	6.1336	8.4726	6.2757	0.7911	5.2150
2013.10.29	6.1373	8.4538	6.2769	0.7916	5.2348
2013.10.30	6.1412	8.4371	6.2409	0.7921	5.2607
2013.10.31	6.1425	8.4333	6.2332	0.7923	5.2418
2013.11.01	6.1452	8.3357	6.2476	0.7926	5.1998
2013.11.04	6.1482	8.2985	6.2188	0.7931	5.3019
2013.11.05	6.1447	8.3073	6.2244	0.7927	5.2947
2013.11.06	6.1475	8.2828	6.2268	0.7931	5.3244
2013.11.07	6.1450	8.2979	6.2146	0.7927	5.3078
2013.11.08	6.1355	8.2280	6.2497	0.7915	5.3110
2013.11.11	6.1390	8.2014	6.1864	0.7920	5.3515
2013.11.12	6.1360	8.2238	6.1746	0.7915	5.3781
2013.11.13	6.1342	8.2398	6.1493	0.7912	5.4754
2013.11.14	6.1315	8.2692	6.1697	0.7908	5.3660
2013.11.15	6.1351	8.2508	6.1122	0.7913	5.3592
2013.11.18	6.1332	8.2676	6.1072	0.7910	5.3410
2013.11.19	6.1317	8.2818	6.1333	0.7909	5.3336
2013.11.20	6.1305	8.3084	6.1136	0.7909	5.3601
2013.11.21	6.1366	8.2369	6.1043	0.7916	5.3933
2013.11.22	6.1380	8.2700	6.0532	0.7918	5.4048
2013.11.25	6.1342	8.3121	6.0463	0.7912	5.3680
2013.11.26	6.1357	8.3001	6.0398	0.7914	5.3959
2013.11.27	6.1330	8.3209	6.0446	0.7911	5.4005
2013.11.28	6.1343	8.3215	5.9976	0.7913	5.4367
2013.11.29	6.1325	8.3417	5.9844	0.7910	5.4326
2013.12.02	6.1329	8.3386	5.9742	0.7911	5.4287
2013.12.03	6.1352	8.3086	5.9517	0.7914	5.4434
2013.12.04	6.1300	8.3291	5.9722	0.7907	5.4503
2013.12.05	6.1310	8.3305	5.9805	0.7908	5.4361
2013.12.06	6.1232	8.3677	6.0085	0.7897	5.4470
2013.12.09	6.1130	8.3806	5.9325	0.7883	5.3712
2013.12.10	6.1114	8.3949	5.9050	0.7882	5.3761
2013.12.11	6.1100	8.4095	5.9291	0.7881	5.3785
2013.12.12	6.1115	8.4195	5.9472	0.7882	5.3868
2013.12.13	6.1148	8.4057	5.8976	0.7886	5.3912
2013.12.16	6.1124	8.4024	5.9154	0.7884	5.4028

2013年1月4日以来人民币汇率中间价
Central parity of RMB against major foreign currencies
Since January 4, 2013

续表

日期 Date	人民币/美元 RMB/USD	人民币/欧元 RMB/EUR	人民币/100日元 RMB/100JPY	人民币/港元 RMB/HKD	卢布/人民币 RUB/RMB
2013.12.17	6.1108	8.4039	5.9216	0.7881	5.4115
2013.12.18	6.1105	8.4132	5.9361	0.7882	5.4197
2013.12.19	6.1183	8.3738	5.8608	0.7892	5.4087
2013.12.20	6.1196	8.3450	5.8542	0.7892	5.4235
2013.12.23	6.1161	8.3739	5.8698	0.7887	5.4208
2013.12.24	6.1145	8.3714	5.8591	0.7886	5.3807
2013.12.25	6.1160	8.3639	5.8568	0.7887	5.3633
2013.12.26	6.1156	8.3609	5.8325	0.7886	5.3733
2013.12.27	6.1050	8.3660	5.8179	0.7872	5.3676
2013.12.30	6.1024	8.3884	5.7884	0.7869	5.3597
2013.12.31	6.0969	8.4189	5.7771	0.7862	5.3985

九、中央银行公开市场业务
9. Central Bank Open Market Operations

中央银行公开市场业务交易
Central bank open market operations

日期 Date		操作工具 Mode of transaction	招标方式 Mode of bidding	期限品种(天) Maturity (Day)	招标数量(亿元) Bidding amount (RMB 100 million yuan)	操作量／买入面额(亿元) Transaction volume/ Purchasing face value (RMB 100 million yuan)	发行价格(元)／买入金额(亿元) Issue price (RMB yuan)/ purchasing amount (RMB 100 million yuan)	中标利率／参考收益率(%) Interest rate of successful bidding/ reference yield (%)
2013.01.05	周六 Saturday	逆回购 Repurchase	利率招标 Interest rate bidding	5天 5-day	900	900	—	3.30
2013.01.08	周二 Tuesday	逆回购 Repurchase	利率招标 Interest rate bidding	7天 7-day	200	200	—	3.35
2013.01.08	周二 Tuesday	逆回购 Repurchase	利率招标 Interest rate bidding	28天 28-day	180	180	—	3.60
2013.01.10	周四 Thursday	逆回购 Repurchase	利率招标 Interest rate bidding	7天 7-day	150	150	—	3.35
2013.01.10	周四 Thursday	逆回购 Repurchase	利率招标 Interest rate bidding	14天 14-day	400	400	—	3.45
2013.01.15	周二 Tuesday	逆回购 Repurchase	利率招标 Interest rate bidding	14天 14-day	100	100	—	3.45
2013.01.17	周四 Thursday	逆回购 Repurchase	利率招标 Interest rate bidding	14天 14-day	100	100	—	3.45
2013.01.22	周二 Tuesday	逆回购 Repurchase	利率招标 Interest rate bidding	7天 7-day	430	430	—	3.35
2013.01.24	周四 Thursday	逆回购 Repurchase	利率招标 Interest rate bidding	7天 7-day	580	580	—	3.35
2013.01.29	周二 Tuesday	逆回购 Repurchase	利率招标 Interest rate bidding	7天 7-day	800	800	—	3.35
2013.01.31	周四 Thursday	逆回购 Repurchase	利率招标 Interest rate bidding	7天 7-day	1 000	1 000	—	3.35
2013.02.05	周二 Tuesday	逆回购 Repurchase	利率招标 Interest rate bidding	14天 14-day	4 500	4 500	—	3.45
2013.02.07	周四 Thursday	逆回购 Repurchase	利率招标 Interest rate bidding	14天 14-day	4 100	4 100	—	3.45
2013.02.19	周二 Tuesday	正回购 Reverse repurchase	利率招标 Interest rate bidding	28天 28-day	300	300	—	2.75
2013.02.21	周四 Thursday	正回购 Reverse repurchase	利率招标 Interest rate bidding	28天 28-day	100	100	—	2.75
2013.02.21	周四 Thursday	正回购 Reverse repurchase	利率招标 Interest rate bidding	91天 91-day	100	100	—	3.05

中央银行公开市场业务交易
Central bank open market operations

续表

日期 Date		操作工具 Mode of transaction	招标方式 Mode of bidding	期限品种(天) Maturity (Day)	招标数量(亿元) Bidding amount (RMB 100 million yuan)	操作量/买入面额(亿元) Transaction volume/ Purchasing face value (RMB 100 million yuan)	发行价格(元)/买入金额(亿元) Issue price (RMB yuan)/ purchasing amount (RMB 100 million yuan)	中标利率/参考收益率(%) Interest rate of successful bidding/ reference yield (%)
2013.02.26	周二 Tuesday	正回购 Reverse repurchase	利率招标 Interest rate bidding	28天 28-day	50	50	—	2.75
2013.03.07	周四 Thursday	正回购 Reverse repurchase	利率招标 Interest rate bidding	28天 28-day	50	50	—	2.75
2013.03.12	周二 Tuesday	正回购 Reverse repurchase	利率招标 Interest rate bidding	28天 28-day	260	260	—	2.75
2013.03.14	周四 Thursday	正回购 Reverse repurchase	利率招标 Interest rate bidding	28天 28-day	180	180	—	2.75
2013.03.19	周二 Tuesday	正回购 Reverse repurchase	利率招标 Interest rate bidding	28天 28-day	390	390	—	2.75
2013.03.21	周四 Thursday	正回购 Reverse repurchase	利率招标 Interest rate bidding	28天 28-day	480	480	—	2.75
2013.03.26	周二 Tuesday	正回购 Reverse repurchase	利率招标 Interest rate bidding	28天 28-day	320	320	—	2.75
2013.03.28	周四 Thursday	正回购 Reverse repurchase	利率招标 Interest rate bidding	28天 28-day	300	300	—	2.75
2013.04.02	周二 Tuesday	正回购 Reverse repurchase	利率招标 Interest rate bidding	28天 28-day	300	300	—	2.75
2013.04.09	周二 Tuesday	正回购 Reverse repurchase	利率招标 Interest rate bidding	28天 28-day	300	300	—	2.75
2013.04.11	周四 Thursday	正回购 Reverse repurchase	利率招标 Interest rate bidding	28天 28-day	460	460	—	2.75
2013.04.16	周二 Tuesday	正回购 Reverse repurchase	利率招标 Interest rate bidding	28天 28-day	580	580	—	2.75
2013.04.18	周四 Thursday	正回购 Reverse repurchase	利率招标 Interest rate bidding	28天 28-day	430	430	—	2.75
2013.04.23	周二 Tuesday	正回购 Reverse repurchase	利率招标 Interest rate bidding	28天 28-day	100	100	—	2.75
2013.04.25	周四 Thursday	正回购 Reverse repurchase	利率招标 Interest rate bidding	28天 28-day	180	180	—	2.75
2013.05.02	周四 Thursday	正回购 Reverse repurchase	利率招标 Interest rate bidding	28天 28-day	300	300	—	2.75
2013.05.07	周二 Tuesday	正回购 Reverse repurchase	利率招标 Interest rate bidding	28天 28-day	550	550	—	2.75
2013.05.09	周四 Thursday	中央银行票据 Central bank bills	价格招标 Price bidding	91天 91-day	100	100	99.28	2.9089
2013.05.09	周四 Thursday	正回购 Reverse repurchase	利率招标 Interest rate bidding	28天 28-day	370	370	—	2.75

中央银行公开市场业务交易
Central bank open market operations

续表

日期 Date		操作工具 Mode of transaction	招标方式 Mode of bidding	期限品种(天) Maturity (Day)	招标数量(亿元) Bidding amount (RMB 100 million yuan)	操作量/买入面额(亿元) Transaction volume/ Purchasing face value (RMB 100 million yuan)	发行价格(元)/买入金额(亿元) Issue price (RMB yuan)/ purchasing amount (RMB 100 million yuan)	中标利率/参考收益率(%) Interest rate of successful bidding/ reference yield (%)
2013.05.14	周二 Tuesday	中央银行票据 Central bank bills	价格招标 Price bidding	91天 91-day	270	270	99.28	2.9089
2013.05.14	周二 Tuesday	正回购 Reverse repurchase	利率招标 Interest rate bidding	28天 28-day	520	520	—	2.75
2013.05.16	周四 Thursday	中央银行票据 Central bank bills	价格招标 Price bidding	91天 91-day	170	170	99.28	2.9089
2013.05.16	周四 Thursday	正回购 Reverse repurchase	利率招标 Interest rate bidding	28天 28-day	400	400	—	2.75
2013.05.21	周二 Tuesday	中央银行票据 Central bank bills	价格招标 Price bidding	91天 91-day	100	100	99.28	2.9089
2013.05.21	周二 Tuesday	正回购 Reverse repurchase	利率招标 Interest rate bidding	28天 28-day	90	90	—	2.75
2013.05.23	周四 Thursday	中央银行票据 Central bank bills	价格招标 Price bidding	91天 91-day	60	60	99.28	2.9089
2013.05.23	周四 Thursday	正回购 Reverse repurchase	利率招标 Interest rate bidding	28天 28-day	50	50	—	2.75
2013.05.28	周二 Tuesday	中央银行票据 Central bank bills	价格招标 Price bidding	91天 91-day	70	70	99.28	2.9089
2013.05.28	周二 Tuesday	正回购 Reverse repurchase	利率招标 Interest rate bidding	28天 28-day	120	120	—	2.75
2013.05.30	周四 Thursday	中央银行票据 Central bank bills	价格招标 Price bidding	91天 91-day	150	150	99.28	2.9089
2013.05.30	周四 Thursday	正回购 Reverse repurchase	利率招标 Interest rate bidding	28天 28-day	130	130	—	2.75
2013.06.04	周二 Tuesday	中央银行票据 Central bank bills	价格招标 Price bidding	91天 91-day	70	70	99.28	2.9089
2013.06.04	周二 Tuesday	正回购 Reverse repurchase	利率招标 Interest rate bidding	28天 28-day	140	140	—	2.75
2013.06.06	周四 Thursday	中央银行票据 Central bank bills	价格招标 Price bidding	91天 91-day	110	110	99.28	2.9089
2013.06.06	周四 Thursday	正回购 Reverse repurchase	利率招标 Interest rate bidding	28天 28-day	100	100	—	2.75
2013.06.18	周二 Tuesday	中央银行票据 Central bank bills	价格招标 Price bidding	91天 91-day	20	20	99.28	2.9089
2013.06.20	周四 Thursday	中央银行票据 Central bank bills	价格招标 Price bidding	91天 91-day	20	20	99.28	2.9089

中央银行公开市场业务交易
Central bank open market operations

续表

日期 Date		操作工具 Mode of transaction	招标方式 Mode of bidding	期限品种(天) Maturity (Day)	招标数量(亿元) Bidding amount (RMB 100 million yuan)	操作量/买入面额(亿元) Transaction volume/ Purchasing face value (RMB 100 million yuan)	发行价格(元)/买入金额(亿元) Issue price (RMB yuan)/ purchasing amount (RMB 100 million yuan)	中标利率/参考收益率(%) Interest rate of successful bidding/ reference yield (%)
2013.07.30	周二 Tuesday	逆回购 Repurchase	利率招标 Interest rate bidding	7天 7-day	170	170	—	4.40
2013.08.01	周四 Thursday	逆回购 Repurchase	利率招标 Interest rate bidding	14天 14-day	340	340	—	4.50
2013.08.06	周二 Tuesday	逆回购 Repurchase	利率招标 Interest rate bidding	7天 7-day	120	120	—	4.00
2013.08.08	周四 Thursday	逆回购 Repurchase	利率招标 Interest rate bidding	14天 14-day	150	150	—	4.10
2013.08.13	周二 Tuesday	逆回购 Repurchase	利率招标 Interest rate bidding	7天 7-day	110	110	—	3.90
2013.08.15	周四 Thursday	逆回购 Repurchase	利率招标 Interest rate bidding	14天 14-day	280	280	—	4.10
2013.08.20	周二 Tuesday	逆回购 Repurchase	利率招标 Interest rate bidding	7天 7-day	360	360	—	3.90
2013.08.22	周四 Thursday	逆回购 Repurchase	利率招标 Interest rate bidding	14天 14-day	460	460	—	4.10
2013.08.27	周二 Tuesday	逆回购 Repurchase	利率招标 Interest rate bidding	7天 7-day	290	290	—	3.90
2013.08.29	周四 Thursday	逆回购 Repurchase	利率招标 Interest rate bidding	14天 14-day	260	260	—	4.10
2013.09.03	周二 Tuesday	逆回购 Repurchase	利率招标 Interest rate bidding	7天 7-day	100	100	—	3.90
2013.09.05	周四 Thursday	逆回购 Repurchase	利率招标 Interest rate bidding	14天 14-day	100	100	—	4.10
2013.09.10	周二 Tuesday	逆回购 Repurchase	利率招标 Interest rate bidding	7天 7-day	100	100	—	3.90
2013.09.12	周四 Thursday	逆回购 Repurchase	利率招标 Interest rate bidding	14天 14-day	100	100	—	4.10
2013.09.17	周二 Tuesday	逆回购 Repurchase	利率招标 Interest rate bidding	7天 7-day	80	80	—	3.90
2013.09.24	周二 Tuesday	逆回购 Repurchase	利率招标 Interest rate bidding	6天 6-day	880	880	—	3.90
2013.09.26	周四 Thursday	逆回购 Repurchase	利率招标 Interest rate bidding	14天 14-day	800	800	—	4.10

中央银行公开市场业务交易
Central bank open market operations

续表

日期 Date		操作工具 Mode of transaction	招标方式 Mode of bidding	期限品种(天) Maturity (Day)	招标数量(亿元) Bidding amount (RMB 100 million yuan)	操作量/买入面额(亿元) Transaction volume/ Purchasing face value (RMB 100 million yuan)	发行价格(元)/买入金额(亿元) Issue price (RMB yuan)/ purchasing amount (RMB 100 million yuan)	中标利率/参考收益率(%) Interest rate of successful bidding/ reference yield (%)
2013.10.08	周二 Tuesday	逆回购 Repurchase	利率招标 Interest rate bidding	7天 7-day	650	650	—	3.90
2013.10.10	周四 Thursday	逆回购 Repurchase	利率招标 Interest rate bidding	14天 14-day	480	480	—	4.10
2013.10.15	周二 Tuesday	逆回购 Repurchase	利率招标 Interest rate bidding	7天 7-day	100	100	—	3.90
2013.10.29	周二 Tuesday	逆回购 Repurchase	利率招标 Interest rate bidding	7天 7-day	130	130	—	4.10
2013.10.31	周四 Thursday	逆回购 Repurchase	利率招标 Interest rate bidding	14天 14-day	160	160	—	4.30
2013.11.05	周二 Tuesday	逆回购 Repurchase	利率招标 Interest rate bidding	7天 7-day	80	80	—	4.10
2013.11.12	周二 Tuesday	逆回购 Repurchase	利率招标 Interest rate bidding	7天 7-day	90	90	—	4.10
2013.11.19	周二 Tuesday	逆回购 Repurchase	利率招标 Interest rate bidding	7天 7-day	350	350	—	4.10
2013.11.21	周四 Thursday	逆回购 Repurchase	利率招标 Interest rate bidding	14天 14-day	330	330	—	4.30
2013.11.26	周二 Tuesday	逆回购 Repurchase	利率招标 Interest rate bidding	7天 7-day	320	320	—	4.10
2013.11.28	周四 Thursday	逆回购 Repurchase	利率招标 Interest rate bidding	14天 14-day	190	190	—	4.30
2013.12.03	周二 Tuesday	逆回购 Repurchase	利率招标 Interest rate bidding	7天 7-day	180	180	—	4.10
2013.12.24	周二 Tuesday	逆回购 Repurchase	利率招标 Interest rate bidding	7天 7-day	290	290	—	4.10

附录四 世界主要经济体经济和金融指标
Appendix 4 Economic and Financial Indicators of Major Economies

一、经济增长率
1. Economic Growth Rate

世界经济增长率
World economic growth rate

单位：% Unit: %

		2010	2011	2012	2013年10月预计 Projection in October, 2013		2014年1月预计 Projection in January, 2014	
					2013	2014	2013	2014
国际货币基金组织 IMF	按购买力平价方法计算的实际GDP增长率 Real GDP growth rate based on PPP	5.1	3.9	3.1	2.9	3.6	3.0	3.7
	按市场汇率法计算的实际GDP增长率 Real GDP growth rate based on market exchange rate	4.1	2.9	2.5	2.3	3.0	2.4	3.1
世界银行 World Bank	按2005年不变价及市场汇率法计算的实际GDP增长率 Real GDP growth rate based on 2005 constant price and market exchange rate	4.1	2.8	2.5	-		2.4	3.2

数据来源：国际货币基金组织《世界经济展望》（2014年1月），世界银行《全球经济展望》（2014年1月）。
Source: *World Economic Outlook update*, IMF, January, 2014; *Global Economic Prospects Forecast*, The World Bank, January, 2014.

世界经济增长率
World economic growth rate

单位：% Unit: %

年 Year	国际货币基金组织按购买力平价方法计算的实际GDP增长率 Real GDP growth rate based on PPP (IMF)	国际货币基金组织按市场汇率法计算的实际GDP增长率 Real GDP growth rate based on market exchange rate (IMF)
1985	3.6	3.6
1986	3.5	3.3
1987	3.7	3.5
1988	4.5	4.5
1989	3.7	3.7
1990	2.9	2.8
1991	1.5	1.0
1992	2.0	1.2
1993	2.0	1.2
1994	3.4	3.0
1995	3.3	2.9
1996	3.7	3.2
1997	4.0	3.5
1998	2.5	2.1
1999	3.5	3.1
2000	4.7	4.1
2001	2.2	1.5
2002	2.8	1.9
2003	3.6	2.6
2004	4.9	4.0
2005	4.4	3.4
2006	5.1	3.9
2007	5.2	3.7
2008	3.0	1.8
2009	-0.7	-2.3
2010	5.1	4.1
2011	3.9	2.9
2012	3.1	2.5
2013*	3.0	2.4
2014*	3.7	3.1

注：＊为预测数。
Note: * Projection.

世界经济增长
World economic growth

国际货币基金组织按购买力平价方法计算的实际GDP增长率
Real GDP growth rate based on PPP (IMF)
国际货币基金组织按市场汇率法计算的实际GDP增长率
Real GDP growth rate based on market exchange rate (IMF)

注：＊为预测数。
Note: * Projection.

GDP年度增长率
Annual growth rate of GDP

单位：% Unit: %

年 Year	美国 U.S.	日本 Japan	欧元区 Euro Area	英国 U.K.
2001	0.8	0.2	1.9	2.4
2002	1.6	0.3	0.9	2.1
2003	2.5	1.4	0.8	2.8
2004	3.6	2.7	2.1	3.3
2005	2.9	1.9	1.6	1.8
2006	2.8	2.4	2.8	2.8
2007	2.1	2.3	2.7	2.6
2008	0.0	-1.2	0.5	-0.1
2009	-3.5	-6.3	-4.3	-4.9
2010	2.4	4.5	2.0	1.8
2011	1.8	-0.6	1.5	1.1
2012	2.8	1.4	-0.7	0.3
2013*	1.9	1.7	-0.4	1.7
2014*	2.8	1.7	1.0	2.4

注：*为预测数。
Note: *Projection.

GDP季度同比增长率
Year-on-year growth rate of GDP

单位：% Unit: %

年/季 Year/Quarter	美国 U.S.	日本 Japan	欧元区 Euro Area	英国 U.K.
2010Q1	1.6	4.9	0.8	0.5
2010Q2	3.9	4.4	2.0	2.0
2010Q3	2.8	6.0	2.0	2.4
2010Q4	2.8	3.3	1.9	1.8
2011Q1	-1.3	0.0	2.4	1.7
2011Q2	3.2	-1.5	1.7	0.8
2011Q3	1.4	-0.5	1.3	1.0
2011Q4	4.9	0.1	0.7	1.1
2012Q1	3.7	3.2	0.0	0.6
2012Q2	1.2	3.2	-0.4	0.0
2012Q3	2.8	-0.2	-0.6	0.2
2012Q4	0.1	-0.3	-0.9	0.2
2013Q1	1.1	0.0	-1.0	0.6
2013Q2	2.5	1.2	-0.6	1.8
2013Q3	4.1	2.3	-0.3	1.9
2013Q4	2.4	2.7	0.5	2.7

GDP年度增长率
Annual growth rate of GDP

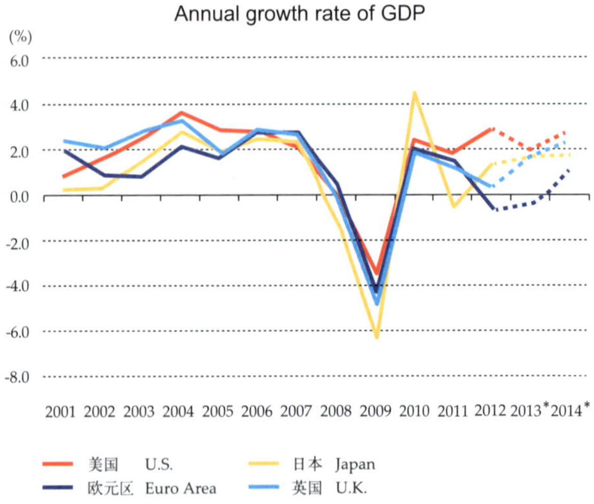

注：*为预测数。
Note: * Projection.
数据来源：国际货币基金组织《世界经济展望》(2014年1月)。
Source: *World Economic Outlook update*, IMF, Januray, 2014.

GDP季度同比增长率
Year-on-year growth rate of GDP

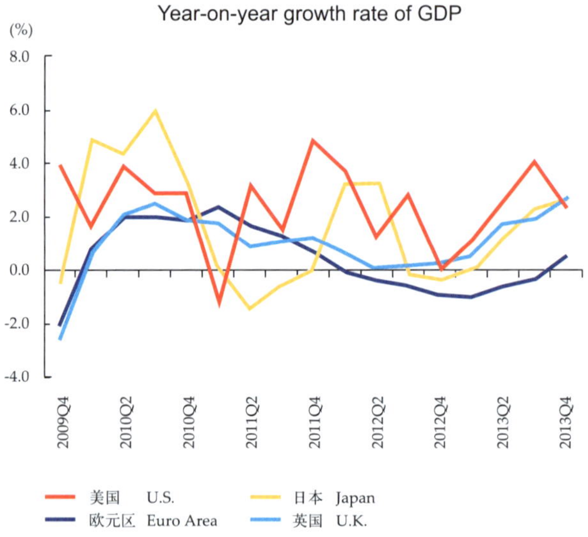

注：美国GDP增长率为环比折年率季节调整后的数据，折年率方法为$[(GDP_1/GDP_0)^4-1]\times100$。
Note: The U.S. GDP growth rate is an annualized rate after a seasonal adjustment. It can be written as $[(GDP_1/GDP_0)^4-1]\times100$.
数据来源：各经济体官方统计网站。
Source: Official Statistical Websites of the Economies.

二、消费价格指数
2. CPI

消费价格当月同比指数
Monthly CPI (YOY)

单位：% Unit: %

年/月 Year/Month	美国 U.S.	日本 Japan	欧元区 Euro Area	英国 U.K.
2012.10	2.2	-0.4	2.5	2.7
2012.11	1.8	-0.2	2.2	2.7
2012.12	1.8	-0.1	2.2	2.7
2013.01	1.6	-0.3	2.0	2.7
2013.02	2.0	-0.7	1.8	2.8
2013.03	1.5	-0.9	1.7	2.8
2013.04	1.1	-0.7	1.2	2.4
2013.05	1.4	-0.3	1.4	2.7
2013.06	1.8	0.2	1.6	2.9
2013.07	2.0	0.7	1.6	2.8
2013.08	1.5	0.9	1.3	2.7
2013.09	1.2	1.1	1.1	2.7
2013.10	0.9	1.1	0.7	2.2
2013.11	1.2	1.5	0.9	2.1
2013.12	1.5	1.6	0.8	2.0

数据来源：各经济体官方统计网站。
Source: Official Statistical Websites of the Economies.

消费价格当月同比指数
Monthly CPI (YOY)

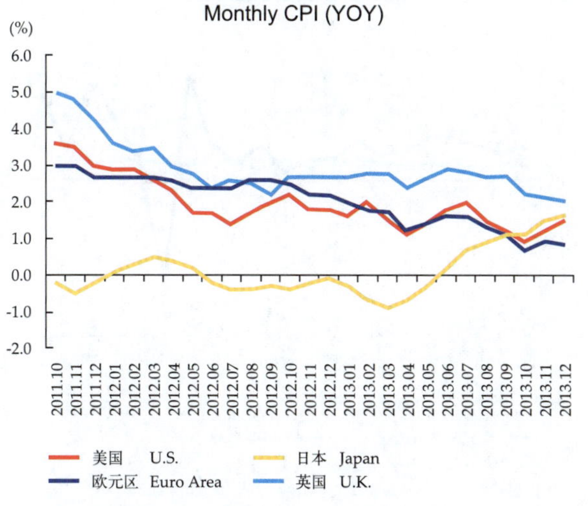

数据来源：各经济体官方统计网站。
Source: Official Statistical Websites of the Economies.

三、失业率
3. Unemployment Rate

失业率（季节调整后）
Unemployment rate
(after seasonal adjustment)

单位：% Unit: %

年/月 Year/Month	美国 U.S.	日本 Japan	欧元区 Euro Area	英国 U.K.
2012.10	7.9	4.2	11.7	7.8
2012.11	7.8	4.2	11.8	7.8
2012.12	7.8	4.3	11.9	7.8
2013.01	7.9	4.2	12.0	7.8
2013.02	7.7	4.3	12.0	7.8
2013.03	7.5	4.1	12.0	7.8
2013.04	7.5	4.1	12.1	7.8
2013.05	7.5	4.1	12.1	7.8
2013.06	7.5	3.9	12.1	7.8
2013.07	7.3	3.9	12.1	7.6
2013.08	7.2	4.1	12.1	7.6
2013.09	7.2	4.0	12.1	7.6
2013.10	7.2	4.0	12.0	7.2
2013.11	7.0	3.9	12.0	7.2
2013.12	6.7	3.7	12.0	7.2

数据来源：各经济体官方统计网站。
Source: Official Statistical Websites of the Economies.

失业率（季节调整后）
Unemployment rate
(after seasonal adjustment)

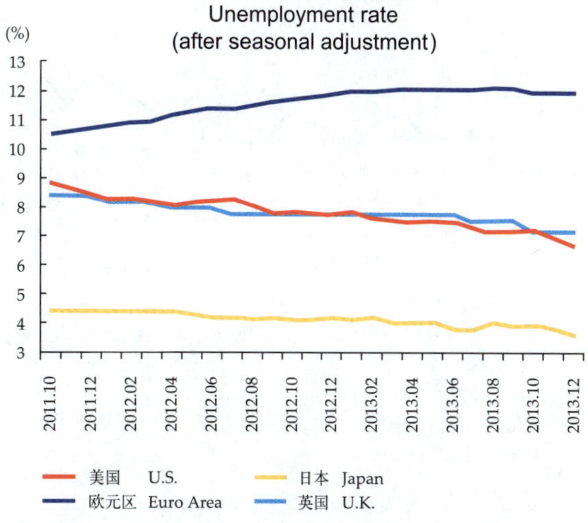

数据来源：各经济体官方统计网站。
Source: Official Statistical Websites of the Economies.

四、国际收支①
4. BOP[1]

经常项目差额
Current account balance

单位：10亿美元
Unit: USD billion

年/季 Year/Quarter	美国 U.S.	日本 Japan	欧元区 Euro Area	英国 U.K.
2008Q3	-194.84	39.60	-51.36	-15.07
2008Q4	-152.17	19.07	-32.55	-11.29
2009Q1	-78.00	27.88	-34.73	-7.08
2009Q2	-90.05	34.42	-17.21	-16.78
2009Q3	-110.96	45.10	14.11	-9.73
2009Q4	-102.62	39.62	23.63	-3.46
2010Q1	-91.10	57.54	-18.49	-16.98
2010Q2	-118.56	41.52	-6.77	-15.28
2010Q3	-135.10	58.51	8.41	-22.99
2010Q4	-104.72	46.36	22.43	-19.98
2011Q1	-95.36	48.45	-24.33	-7.70
2011Q2	-124.15	18.81	-13.29	-1.50
2011Q3	-123.58	39.84	7.17	-18.05
2011Q4	-114.64	11.96	40.61	-5.51
2012Q1	-100.43	25.92	-7.00	-18.11
2012Q2	-118.34	14.19	33.55	-26.78
2012Q3	-122.48	20.62	54.40	-29.13
2012Q4	-99.18	0.13	80.29	-20.54
2013Q1	-82.06	17.15	32.47	-37.30
2013Q2	-104.57	—	69.01	-18.74

资本项目差额
Capital account balance

单位：10亿美元
Unit: USD billion

年/季 Year/Quarter	美国 U.S.	日本 Japan	欧元区 Euro Area	英国 U.K.
2008Q3	6.04	-1.10	2.20	1.12
2008Q4	-0.01	-2.11	2.73	1.17
2009Q1	-0.02	-1.04	3.24	1.05
2009Q2	-0.03	-0.76	3.40	1.43
2009Q3	-0.04	-1.98	2.21	1.25
2009Q4	-0.06	-1.21	1.90	1.41
2010Q1	0.00	-1.34	3.24	1.74
2010Q2	0.00	-0.75	1.53	1.28
2010Q3	-0.15	-1.91	1.53	1.12
2010Q4	-0.01	-0.96	0.44	1.60
2011Q1	-0.03	-2.04	2.82	0.91
2011Q2	-0.83	-0.06	1.34	1.49
2011Q3	-0.30	-0.10	2.69	1.62
2011Q4	-0.06	2.69	8.25	1.16
2012Q1	0.00	0.76	-8.20	1.46
2012Q2	-0.24	0.28	1.56	1.53
2012Q3	-0.47	-1.51	4.69	1.58
2012Q4	7.67	-0.54	8.12	1.41
2013Q1	-0.04	-2.49	2.35	1.53
2013Q2	0.00		6.94	2.23

经常项目差额
Current account balance

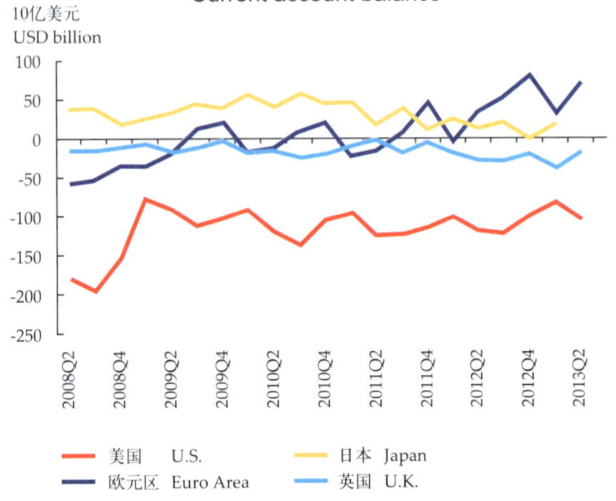

数据来源：国际货币基金组织《国际金融统计》(2013年12月)。
Source: *International Finance Statistics*, IMF, December, 2013.

资本项目差额
Capital account balance

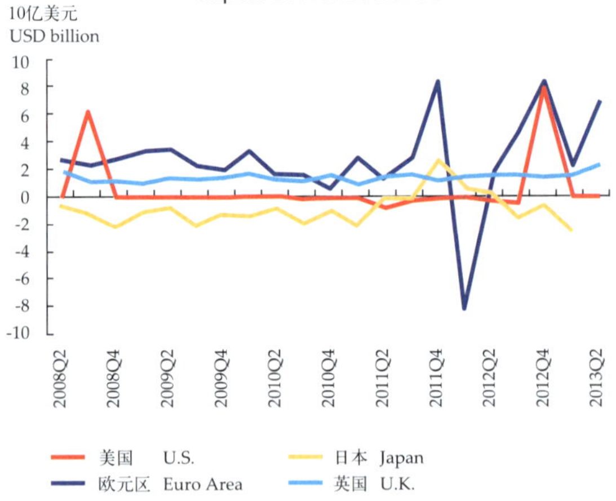

数据来源：国际货币基金组织《国际金融统计》(2013年12月)。
Source: *International Finance Statistics*, IMF, December, 2013.

---

①国际货币基金组织《国际金融统计》自2012年8月起，将国际收支统计规则由BPM5调整至BPM6。数据从2005年起调整。根据BMP6，金融账户由“贷方和借方”改为“金融资产净获得和负债净产生”，金融账户的总差额为净贷款/净借款。净贷款表示，考虑了金融资产的取得和处置以及负债的发生和偿还后，一个经济体向世界其他地方提供资金。

1. The IMF's International Financial Statistics (IFS) is publishing balance of payments data on BPM6 presentational basis instead of BPM5 since the August 2012.The data series stars in 2005. In BPM6, the headings of the financial account have been changed from "credit and debits" to "net acquisition of financial assets" and "net incurrence of liabilities". The overall balance on the financial account is called net lending/net borrowing. Net lending means the economy supplies funds to the rest of the world, taking into account acquisition and disposal of financial assets and incurrence and repayment of liabilities.

金融项目差额
Financial account balance

单位：10亿美元
Unit: USD billion

年/季 Year/Quarter	美国 U.S.	日本 Japan	欧元区 Euro Area	英国 U.K.
2008Q3	-172.34	28.34	-53.23	-16.74
2008Q4	-215.10	40.88	-36.59	-25.59
2009Q1	-7.27	63.40	-45.42	6.83
2009Q2	-15.84	22.78	-16.12	-30.80
2009Q3	-81.20	30.91	-40.41	-44.43
2009Q4	-178.88	30.86	24.25	-2.72
2010Q1	-72.59	76.09	-16.90	-13.78
2010Q2	-24.26	32.40	-1.95	-3.70
2010Q3	-230.58	57.98	9.92	-21.76
2010Q4	-112.44	29.13	-2.45	-34.42
2011Q1	-203.55	57.32	4.17	0.29
2011Q2	-139.16	6.74	11.74	-13.95
2011Q3	-167.97	4.65	28.70	-0.78
2011Q4	-56.91	-87.51	50.27	-5.71
2012Q1	-257.96	39.81	-15.35	-3.37
2012Q2	-13.01	37.92	17.27	-41.18
2012Q3	-23.72	28.90	52.57	-16.16
2012Q4	-149.13	-4.44	129.33	-36.60
2013Q1	-33.55	-4.35	39.85	-21.61
2013Q2	-65.31		76.63	-4.50

金融项目差额
Financial account balance

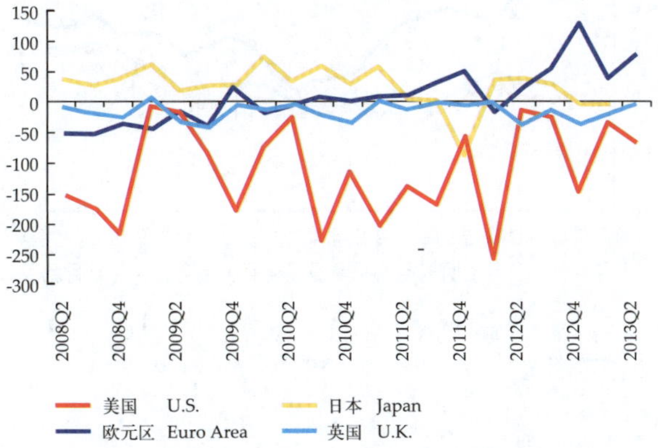

数据来源：国际货币基金组织《国际金融统计》(2013年12月)。
Source: *International Finance Statistics*, IMF, December, 2013.

五、利率
5. Interest Rates

1. 中央银行目标利率
(1) Central bank base rates

中央银行目标利率
Central bank base rates

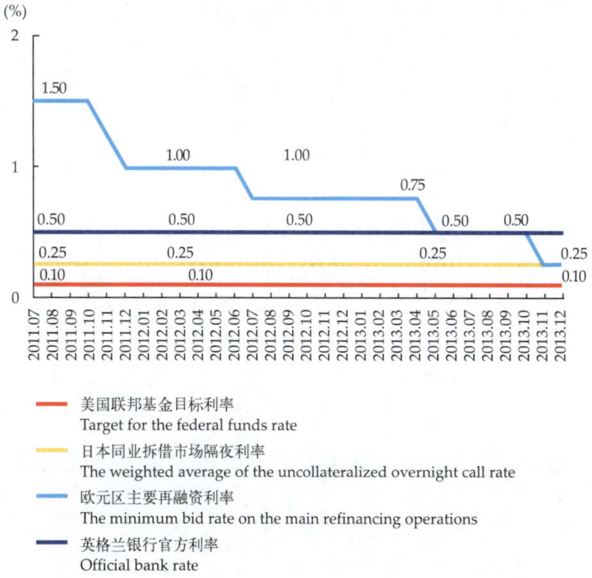

数据来源：各经济体中央银行网站。
Source: Central Bank Websites of the Economies.

2.短期利率
(2) Short-term interest rates

3个月期银行间市场拆借利率（年率，月平均）
3-month inter-bank rate (annualized, monthly average)

单位：% Unit: %

年/月 Year/Month	美元 USD	日元 JPY	欧元 EUR	英镑 GBP
2012.10	0.33	0.19	0.21	0.54
2012.11	0.31	0.19	0.19	0.50
2012.12	0.31	0.18	0.19	0.50
2013.01	0.30	0.17	0.20	0.49
2013.02	0.29	0.16	0.22	0.49
2013.03	0.28	0.16	0.21	0.49
2013.04	0.28	0.16	0.21	0.49
2013.05	0.27	0.16	0.20	0.49
2013.06	0.27	0.15	0.21	0.49
2013.07	0.27	0.16	0.22	0.48
2013.08	0.26	0.15	0.23	0.49
2013.09	0.25	0.15	0.22	0.49
2013.10	0.24	0.15	0.23	0.50
2013.11	0.24	0.15	0.22	0.50
2013.12	0.24	0.15	0.27	0.53

3.长期利率
(3) Long-term interest rates

10年期国债收益率（年率，月平均）
10-year government bond yield (annualized, monthly average)

单位：% Unit: %

年/月 Year/Month	美元 USD	日元 JPY	欧元 EUR	英镑 GBP
2012.10	1.75	0.77	2.31	1.81
2012.11	1.65	0.78	2.25	1.82
2012.12	1.72	0.73	2.10	1.89
2013.01	1.91	0.82	2.40	2.13
2013.02	1.98	0.80	2.86	2.24
2013.03	1.96	0.64	3.03	2.04
2013.04	1.76	0.55	2.86	1.83
2013.05	1.93	0.60	2.69	2.01
2013.06	2.30	0.86	3.07	2.38
2013.07	2.58	0.88	3.10	2.55
2013.08	2.74	0.80	3.10	2.80
2013.09	2.81	0.77	3.41	2.94
2013.10	2.62	0.68	3.16	2.76
2013.11	2.72	0.61	3.17	2.85
2013.12	2.90	0.65	3.31	3.05

3个月期银行间市场拆借利率（年率，月平均）
3-month inter-bank rate (annualized, monthly average)

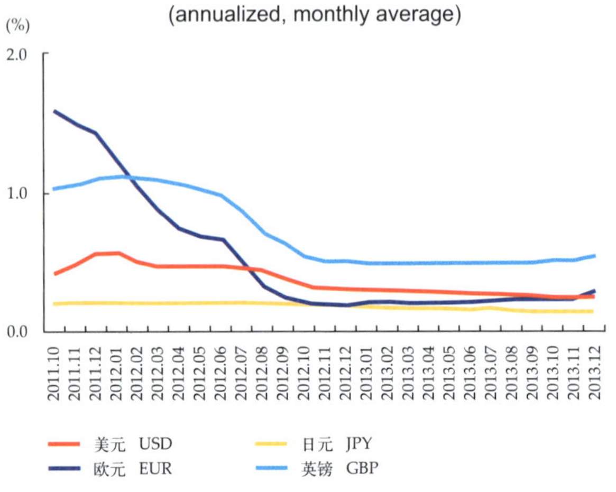

数据来源：《欧洲中央银行统计月报》及CEIC。
Source: *Monthly Bulletin of ECB*, CEIC.

10年期国债收益率(年率，月平均)
10-year government bond yield (annualized, monthly average)

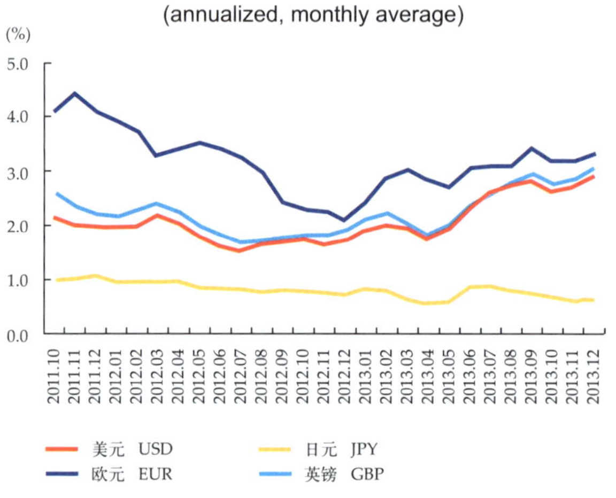

数据来源：CEIC。
Source: CEIC.

六、汇率
6. Exchange Rates

汇率（月平均）
Exchange rates (monthly average)

年/月 Year/Month	美元/欧元 USD/EUR	美元/英镑 USD/GBP	日元/美元 JPY/USD
2012.08	1.2400	1.5713	78.66
2012.09	1.2857	1.6119	78.17
2012.10	1.2974	1.6083	78.97
2012.11	1.2828	1.5966	80.79
2012.12	1.3119	1.6144	83.58
2013.01	1.3288	1.5967	89.16
2013.02	1.3359	1.5482	93.17
2013.03	1.2964	1.5074	94.79
2013.04	1.3026	1.5296	97.70
2013.05	1.2982	1.5307	101.08
2013.06	1.3189	1.5503	97.33
2013.07	1.3080	1.5191	99.75
2013.08	1.3310	1.5493	97.87
2013.09	1.3348	1.5870	99.28
2013.10	1.3635	1.6100	97.82

实际有效汇率（月平均，2005年=100）
Real effective exchange rates (monthly average, year 2005=100)

年/月 Year/Month	美元 USD	欧元 EUR	日元 JPY	英镑 GBP
2012.07	91.0	88.6	105.4	90.7
2012.08	90.3	88.5	104.7	90.5
2012.09	88.9	90.7	104.1	90.6
2012.10	88.9	91.4	102.6	90.4
2012.11	89.4	90.7	100.1	90.5
2012.12	88.7	92.7	96.2	90.2
2013.01	89.0	93.5	89.9	89.1
2013.02	90.0	94.5	85.8	86.3
2013.03	90.9	93.2	85.1	86.1
2013.04	90.4	93.3	82.5	87.3
2013.05	90.8	93.5	79.7	87.8
2013.06	91.2	95.1	82.9	88.0
2013.07	91.8	95.1	81.2	87.0
2013.08	91.2	96.1	82.4	87.9
2013.09	91.0	95.8	80.9	90.1

汇率(月平均)
Exchange rates (monthly average)

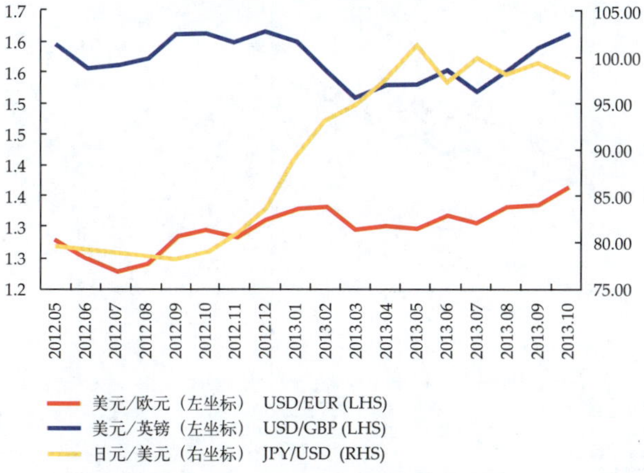

数据来源：国际货币基金组织《国际金融统计》(2013年12月)。
Source: *International Finance Statistics*, IMF, December, 2013.

实际有效汇率(月平均，2005年=100)
Real effective exchange rates (monthly average, year 2005=100)

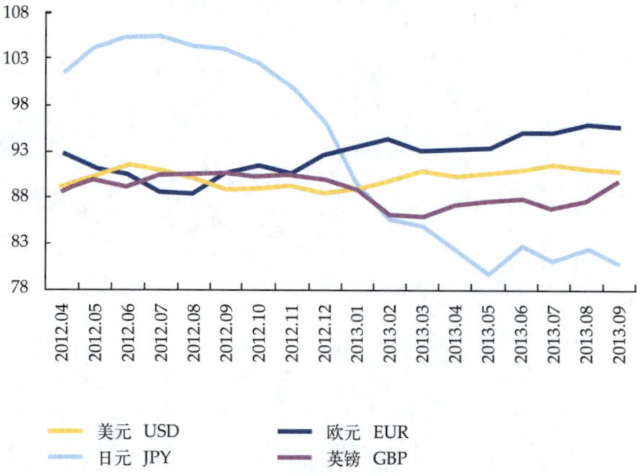

数据来源：国际货币基金组织《国际金融统计》(2013年12月)。
Source: *International Finance Statistics*, IMF, December, 2013.

七、股票市场指数
7. Stock Market Indices

主要股票市场指数（期末）

Major stock market indices (end-period)

年/月 Year/Month	美国道琼斯30种股票平均价格指数 Dow Jones 30	纳斯达克综合指数 NASDAQ	日本日经225种股票平均价格指数 Nikkei 225	道琼斯欧元区STOXX50股票指数 Dow Jones EURO STOXX 50
2012.10	13 096	2 977	8 928	2 504
2012.11	13 026	3 010	9 446	2 575
2012.12	13 104	3 020	10 395	2 636
2013.01	13 861	3 142	11 139	2 703
2013.02	14 054	3 160	11 559	2 634
2013.03	14 579	3 268	12 398	2 624
2013.04	14 840	3 329	13 861	2 712
2013.05	15 116	3 456	13 775	2 770
2013.06	14 910	3 403	13 677	2 603
2013.07	15 500	3 626	13 668	2 768
2013.08	14 810	3 590	13 389	2 721
2013.09	15 130	3 771	14 456	2 893
2013.10	15 546	3 920	14 328	3 041
2013.11	16 086	4 060	15 662	3 087
2013.12	16 577	4 177	16 291	3 109

主要股票市场指数（期末）

Major stock market indices (end-period)

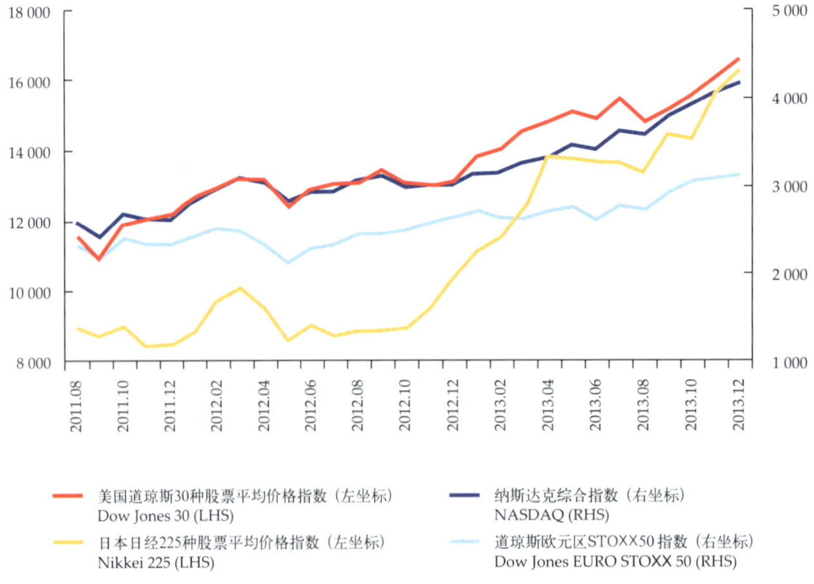